Maurice BOKANOWSKI
Docteur en Droit
Avocat à la Cour de Paris — Député de la Seine
Ancien Rapporteur général de la Commission des Finances de la Chambre

et

Edmond LASKINE
Avocat à la Cour de Paris, Agrégé de l'Université

COMMENTAIRE PRATIQUE
de la
NOUVELLE LOI DE FINANCES
du
13 Juillet 1925

(DISPOSITIONS FISCALES)

Impôts cédulaires — Impôt général sur le revenu
Enregistrement et Timbre
Impôts sur les valeurs mobilières
Impôt sur les opérations de Bourse
Contributions indirectes
Douanes
Taxe sur le chiffre d'affaires
Bénéfices de guerre

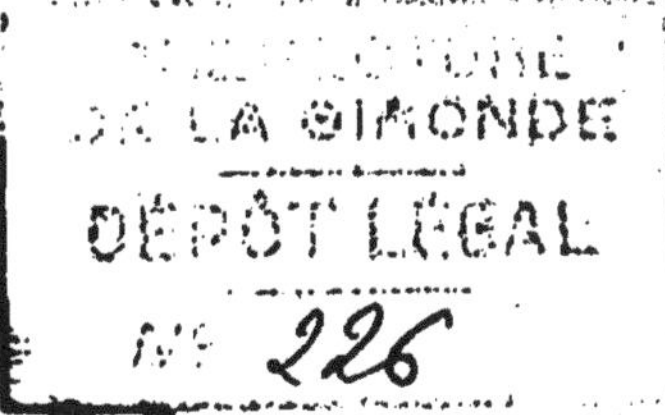

Librairie des
JURIS-CLASSEURS
18, Rue Séguier, 18
Paris-VIe

COMMENTAIRE PRATIQUE

de la

NOUVELLE LOI DE FINANCES

du

13 Juillet 1925

(DISPOSITIONS FISCALES)

Maurice BOKANOWSKI
Docteur en Droit
Avocat à la Cour de Paris — Député de la Seine
Ancien Rapporteur général de la Commission des Finances de la Chambre

et

Edmond LASKINE
Avocat à la Cour de Paris, Agrégé de l'Université

COMMENTAIRE PRATIQUE

de la

NOUVELLE LOI DE FINANCES

du

13 Juillet 1925

(DISPOSITIONS FISCALES)

Impôts cédulaires — Impôt général sur le revenu
Enregistrement et Timbre
Impôts sur les valeurs mobilières
Impôt sur les opérations de Bourse
Contributions indirectes
Douanes
Taxe sur le chiffre d'affaires
Bénéfices de guerre

Librairie des
JURIS-CLASSEURS
18, Rue Séguier, 18
Paris-VIe

AVANT-PROPOS

La loi de finances du 13 juillet 1925, élaborée au cours de longs débats et de discussions particulièrement complexes, est l'une des plus importantes que le Parlement français ait votées, par le nombre et la gravité des modifications qu'elle a introduites dans notre législation fiscale.

Impôts cédulaires, impôt général sur le revenu, enregistrement et timbre, impôts sur les valeurs mobilières, impôt sur les opérations de bourse, contributions directes et taxes assimilées, contributions indirectes, taxes sur le chiffre d'affaires, contribution extraordinaire sur les bénéfices de guerre, il n'est pas une partie de notre droit fiscal à laquelle la loi du 13 juillet 1925 n'apporte des changements essentiels.

Aucun contribuable, aucun commerçant ou industriel notamment, ne peut se dispenser de les connaître. Le commentaire pratique que nous offrons aujourd'hui au public n'a d'autre ambition que de lui rendre la tâche plus facile.

Faisant volontairement abstraction de toute controverse politique, économique ou doctrinale comme de toute préoccupation législative, il s'efforce, à propos de chaque article de la loi de finances, de préciser le sens et la portée du texte, les modifications qu'il apporte à la législation ancienne, les questions controversées qu'il résout, les questions nouvelles qu'il peut poser et, le cas échéant, la solution que suggèrent les travaux préparatoires et la jurisprudence.

Si, comme nous l'espérons, notre travail rend quelques services aux contribuables et les aide à trouver la voie dans le dédale de plus en plus compliqué de notre législation fiscale, notre intention est de consacrer une étude semblable, conçue dans le même esprit, aux lois fiscales actuellement à l'étude, lois qui, imposées par les besoins impérieux du pays, doivent nécessairement avoir une incidence profonde sur l'ensemble de notre législation.

M. B. et E. L.

Table des Articles de la loi de Finances

contenant

de nouvelles dispositions fiscales

ENREGISTREMENT ET TIMBRE

(FIN DE LA TABLE DES ARTICLES.)

Index alphabétique des matières

(Les chiffres renvoient aux pages de l'ouvrage.)

COMMENTAIRE PRATIQUE

de la

NOUVELLE LOI DE FINANCES

(Loi du 13 Juillet 1925)

CREDITS OUVERTS.

.. ..

IMPOTS ET REVENUS AUTORISES. — CONTRIBUTIONS DIRECTES ET TAXES ASSIMILEES.

Conditions d'application, en ce qui concerne l'impôt sur les bénéfices industriels et commerciaux, de la déduction des revenus des immeubles affectés à l'exploitation et des intérêts des valeurs mobilières figurant à l'actif de l'entreprise.

Art. 2. — *Pour l'établissement de l'impôt sur les bénéfices industriels et commerciaux, les revenus des valeurs et capitaux mobiliers figurant à l'actif de l'entreprise et atteints par l'impôt perçu en vertu des lois du 29 mars 1914 (titre II) et du 31 juillet 1917 (titre V) ou exonérés de ce dernier impôt par la législation en vigueur sont déduits du bénéfice net après imputation à ces revenus de la quote-part des frais et charges y afférents.*

Cette quote-part est forfaitairement fixée dans la proportion de ces revenus à l'ensemble des produits bruts de l'entreprise.

Pour l'application de la déduction prévue à l'article 4 de la loi du 31 juillet 1917, la valeur locative des immeubles affectés à l'exploitation doit s'entendre de la valeur locative retenue pour l'assiette de la contribution foncière.

Cet article, qui présente un intérêt considérable pour tous les redevables de l'impôt sur les bénéfices industriels et commerciaux, a pour objet de déterminer comment, pour le calcul de ces bénéfices, on doit déduire les revenus des immeubles affectés à l'exploitation et les intérêts des valeurs mobilières qui figurent à l'actif de l'entreprise.

Il importe de bien préciser, dès l'abord, que ce texte ne vise point la totalité des immeubles ou des valeurs mobilières possédés par l'assujetti, mais *uniquement les immeubles affectés à l'exploitation et les valeurs mobilières figurant à l'actif de l'entreprise.*

En principe, le bénéfice net soumis à l'impôt cédulaire sur les bénéfices commerciaux et industriels est constitué par l'ensemble des profits que l'exploitant retire de l'exercice de sa profession et qui proviennent tant de son activité personnelle que de la mise en œuvre de ses capitaux. Quand les immeubles affectés à une entreprise industrielle ou commerciale sont la propriété de l'exploitant ou que celui-ci possède des valeurs en portefeuille, le capital représenté par ces valeurs et ces immeubles se trouve engagé dans l'entreprise, et la portion des bénéfices nets produite par lui devrait théoriquement rester comprise dans la base d'imposition au même titre que l'intérêt des autres « capitaux appartenant à l'exploitant » (Exposé des motifs du *projet de loi* n° 441, p. 39).

Mais l'exploitant supporte déjà la contribution foncière sur le revenu des immeubles dont il est propriétaire, et, d'autre part, l'impôt sur le revenu des valeurs et capitaux mobiliers (Loi du 29 mars 1914, titre II; loi du 31 juillet 1917, titre V) à raison des valeurs figurant à l'actif de l'entreprise.

L'article 4 de la loi du 31 juillet 1917 dispose expressément que la valeur locative des immeubles affectés à l'exploitation doit être déduite des bénéfices. « Si les immeubles ne sont pas la propriété de l'exploitant, la déduction s'opère automatiquement dans la comptabilité du fait que le montant du loyer est porté aux frais généraux. *Si, au contraire, les immeubles appartiennent à l'exploitant, il y a lieu d'effectuer une déduction spéciale sur le bénéfice net, car le revenu de ces immeubles étant déjà frappé par l'impôt foncier ne peut évidemment être atteint une seconde fois par l'impôt cédulaire commercial* » (Maguéro et Tassain, *Répertoire fiscal*, v° *Bénéfices commerciaux et industriels*, n° 81).

En ce qui concerne les revenus mobiliers, la déduction n'était expressément prévue par aucun texte législatif; mais elle découlait logiquement du même principe et était toujours admise. A une question écrite (n° 20490) posée le 12 février 1918 par M. Léon Nérel, député, le ministre des Finances répondait : « Un contribuable, particulier ou société, ne peut être imposé personnellement pour les mêmes revenus dans plusieurs cédules à la fois. Par conséquent, *une société anonyme qui acquitterait déjà sur les revenus des valeurs mobilières qu'elle possède en propre la taxe de 5 p. 100 instituée par la loi du 29 mars*

1914 ne saurait être cotisée une seconde fois pour ces mêmes revenus, au titre de l'impôt sur les bénéfices industriels et commerciaux. Mais elle resterait, bien entendu, passible de ce dernier impôt à raison des profits qu'elle retirerait d'opérations commerciales et industrielles. »

Le texte nouveau apporte la sanction législative à cette interprétation incontestable, en précisant que si dans l'actif d'une entreprise figurent des valeurs ou capitaux mobiliers atteints par l'impôt prévu par les lois du 29 mars 1914 (titre II) et du 31 juillet 1917 (titre V), le revenu de ces valeurs ou capitaux doit être retranché du bénéfice de l'entreprise pour l'établissement de la cédule des bénéfices commerciaux et industriels.

Cette déduction doit s'appliquer, non seulement aux intérêts des valeurs et capitaux mobiliers qui supportent l'impôt de 12 % (décimes compris), mais aussi aux intérêts qui en sont légalement exonérés en vertu d'une disposition législative spéciale : rentes sur l'Etat, intérêts des bons de la Défense nationale et des obligations du Trésor. Cette assimilation nécessaire avait déjà, sous l'empire de la législation antérieure, été dégagée par la doctrine (Maguéro et Tassain, *loc. cit.*, n° 82) et elle est justifiée en ces termes dans l'exposé des motifs du projet de loi du Gouvernement (n° 441, p. 40) : « Il n'en saurait être autrement, car si on excluait du bénéfice de cette réduction les revenus qui sont exemptés de l'impôt cédulaire sur les revenus des valeurs et capitaux mobiliers, on aboutirait à supprimer l'immunité spéciale dont jouit cette catégorie de revenus, puisque ceux-ci supporteraient au titre de la cédule des bénéfices industriels et commerciaux l'impôt qu'il n'est pas possible de leur appliquer au titre de la cédule des valeurs mobilières. »

Le texte voté coupe court, d'ailleurs, à toute controverse en prévoyant la déduction des revenus des valeurs et capitaux mobiliers *exonérés* de l'impôt perçu en vertu de la loi du 31 juillet 1917 (titre V) par la législation en vigueur.

Mais, une fois posé le principe de la déduction des revenus immobiliers et mobiliers compris dans le bénéfice total des entreprises, certaines questions restent à résoudre.

Tout d'abord, il y a lieu de savoir comment doit être déterminée la *valeur locative* dont la loi du 31 juillet 1917 prescrit la déduction. L'article 2 de la nouvelle loi précise qu'il s'agit de la valeur locative d'après laquelle est calculé le revenu net servant de base à l'impôt foncier, autrement dit la valeur locative cadastrale.

Toutefois, la valeur locative est un *revenu brut* avant déduction des charges diverses (amortissement, entretien, assurances, etc.) qui grèvent la propriété immobilière. Si donc l'on se bornait à retrancher purement et simplement du bénéfice net la valeur locative, comme les charges de la propriété immobilière sont déjà entrées en compte pour le calcul de ce bénéfice net, on les déduirait, en fait, *deux fois*. Pour éviter cette double déduction, évidemment injustifiable, il faudrait, par une opération assez complexe, exclure des frais généraux et réintégrer aux bénéfices le montant de ces charges.

En fait, les contribuables procèdent, d'accord avec l'Administration, plus simplement : ils laissent subsister, parmi les dépenses de l'entreprise, celles qui ont trait aux immeubles et retranchent du bénéfice net, non pas la valeur locative, mais le *revenu net servant de base à la contribution foncière*, qui est égal à la valeur locative diminuée de 25 p. 100 pour les maisons et de 40 p. 100 pour les usines, ces déductions de 25 et 40 p. 100 correspondant respectivement au montant *forfaitaire* des dépenses d'entretien, d'assurance, d'amortissement, etc., afférentes à la propriété immobilière (Maguéro et Tassain, *loc. cit.*, n° 81).

Le nouveau texte ne fait pas obstacle à la continuation de cette pratique rationnelle.

De même, il est logique de ne distraire du bénéfice imposable dans la cédule commerciale que le produit *net* des titres mobiliers.

Mais une grave difficulté se présente lorsqu'il s'agit d'évaluer la part de frais généraux (salaires des employés, loyer, chauffage et éclairage) des locaux affectés d'une manière générale à tous les besoins de l'entreprise qui est spécialement afférente à la gestion du portefeuille titres.

Jusqu'ici, du reste, on déduisait du bénéfice net de l'exploitation la totalité du revenu brut du portefeuille, ce qui aboutissait à déduire deux fois la part des frais généraux nécessitée par la gestion du portefeuille.

L'article 2 précise que la *quote-part des frais généraux afférente aux revenus des valeurs et capitaux mobiliers figurant à l'actif de l'entreprise sera toujours fixée forfaitairement, proportionnellement à l'importance de ces revenus par rapport à l'ensemble des recettes de l'entreprise.*

Ce système, vivement critiqué lors de la discussion devant la Chambre, par M. François-André Poncet (2e séance du 19 février 1925, *Journal officiel* 20 février. Débats parlementaires, Chambre, p. 1010), qui proposait la fixation forfaitaire de cette quote-part à 1 p. 100 des revenus, se substitue désormais au régime antérieur.

Un exemple, emprunté au rapport de M. Violette (*Rapport* n° 537, p. 8 et 9) en fera bien saisir l'économie et les conséquences :

Régime antérieur à la loi du 13 juillet 1925.

Une banque fait un bénéfice total de .... Fr.		100.000.000
se décomposant ainsi :		
Bénéfice commercial ...... Fr.	60.000.000	
Revenu du portefeuille.........	40.000.000	
Frais généraux à déduire		55.000.000
Reste, bénéfice net		45.000.000

Le bénéfice net imposable est déterminé comme il suit :

Bénéfice net de l'exploitation. Fr.	45.000.000
Revenu du portefeuille à déduire.	40.000.000
Reste, bénéfice imposable......	5.000.000

Régime de la loi du 13 juillet 1925.

Bénéfice brut de l'exploitation .... Fr.		100.000.000
se décomposant ainsi :		
Bénéfice commercial ...... Fr.	60.000.000	
Revenu du portefeuille	40.000.000	
Frais généraux		55.000.000
se décomposant ainsi :		
a) Frais généraux afférents à l'exploitation commerciale : $\frac{60 \times 55.000.000}{100}$ = ...	33.000.000	
b) Frais généraux afférents à la gestion du portefeuille : $\frac{40 \times 55.000.000}{100}$ = ..	22.000.000	
Bénéfice net de l'exploitation.....................		45.000.000
Déduction du revenu net des valeurs du portefeuille 40.000.000 — 22.000.000 = ...		18.000.000
d'où, bénéfice imposable avec le régime nouveau, au lieu de 5 millions sous le régime antérieur.. Fr.		27.000.000

Modification de l'assiette de l'impôt pour certaines catégories d'exploitations agricoles.

Art. 3. — *Le premier alinéa de l'article 17 de la loi du 31 juillet 1917, modifié par l'article 2 de la loi du 25 juin 1920, est complété comme suit :*

« Toutefois, jusqu'à l'application de la revision de la propriété non bâtie, les coefficients seront appliqués à la valeur locative cadastrale préalablement majorée de 75 p. 100. »

En outre, le même article est complété par les dispositions suivantes :

« Si le revenu cadastral des terrains exploités excède 2.500 francs, l'exploitant est tenu de remettre avant le 1er février, à la mairie de la commune du siège de chaque exploitation, pour être transmise au contrôleur des Contributions directes, une déclaration dont il lui sera donné reçu, indiquant la contenance et le revenu cadastral des parcelles composant l'exploitation, classées par nature de culture. La déclaration n'est pas renouvelée tant qu'il n'intervient pas de changement dans la consistance de l'exploitation ou de modification sensible dans les natures de culture. Dans le cas de métayage, la déclaration est faite par le propriétaire ou le fermier général.

« En l'absence de déclaration, le contribuable est invité à souscrire celle-ci dans un délai de vingt jours à dater de la réception de la lettre d'avis. Passé ce délai, le bénéfice imposable sera déterminé en appliquant à la valeur locative totale des terrains exploités le plus élevé des coefficients fixés pour les principales natures de culture de la région. La lettre d'avis rappellera ces dispositions. »

L'article 19, complété par l'article 13 de la loi du 30 juin 1923 et modifié par l'article 5 de la loi du 22 mars 1924 est modifié comme suit :

« L'impôt est établi au nom des exploitants dans la commune où ils ont leur habitation principale au 1er janvier de l'année de l'imposition et d'après la consistance de leurs exploitations au 1er janvier de l'année précédente.

« Dans le cas de bail à portion de fruits, le bailleur et le métayer sont personnellement imposés pour la part de revenu imposable revenant à chacun d'eux proportionnellement à leur participation dans les produits. A chaque renouvellement ou modification de bail, le bailleur est tenu de faire connaître au contrôleur des Contributions directes du siège de l'exploitation, dans le délai de trois mois, la part proportionnelle de chacun. L'abattement ne joue pour le bailleur que sur l'ensemble de ses propriétés.

« En tout état de cause, qu'il s'agisse de bail à ferme ou de colonat partiaire, le propriétaire est tenu de remettre au contrôleur des Contributions directes, à chaque renouvellement de bail, dans le délai de trois mois, une déclaration indiquant la désignation de l'exploitation, les nom et prénoms du fermier et du métayer entrant et la date de son entrée. S'il s'agit de marchés de terre, la déclaration doit indiquer, en outre du nom de l'amodiataire, la désignation et le revenu cadastral des parcelles louées.

« A défaut de déclaration dans les cas prévus aux deux alinéas précédents, l'impôt est établi au nom du propriétaire. »

Ce texte, dû à l'initiative de la Chambre des députés, modifie, en vue d'améliorer l'assiette de l'impôt sur les bénéfices agricoles, le mode de détermination du revenu imposable.

Aux termes de l'article 17 de la loi du 31 juillet 1917, modifié par l'art. 2 de la loi du 25 juin 1920, « le bénéfice provenant de l'exploitation agricole est considéré, pour l'assiette de l'impôt, comme égal à la valeur locative des terres exploitées, telle qu'elle résulte de l'évaluation cadastrale, multipliée par un coefficient approprié. Le coefficient est fixé par région agricole et par nature de culture ». Les coefficients sont arrêtés annuellement par une commission spéciale, dans les limites des maxima et minima fixés également chaque année par la loi.

Le nouveau texte précise que pour une *période transitoire*, jusqu'à l'application de la revision de la propriété non bâtie, les *coefficients prévus pour les diverses natures de cultures* seront appliqués *à la valeur locative cadastrale préalablement majorée de 75 p. 100.*

D'autre part le nouvel article dispose que les exploitants dont le domaine comporte *un revenu cadastral de plus de 2.500 francs* devront remettre au contrôleur, dans les deux premiers mois de l'année, une déclaration indiquant la contenance et le revenu cadastral des parcelles exploitées, classées par nature de cultures. Il leur sera donné reçu de cette déclaration, *qui n'aura pas besoin d'être renouvelée* tant qu'il ne sera pas intervenu de changement dans la « consistance de l'exploitation » ou de « modification *sensible* dans les natures de cultures ».

Le texte, incorporant un amendement présenté à la Chambre par M. Victor Boret, prévoit que le contribuable n'ayant pas présenté de déclaration sera invité à souscrire celle-ci dans un délai de vingt jours, conformément à la règle en vigueur pour tous les impôts cédulaires.

A défaut de déclaration il sera fait application à la valeur locative cadastrale de l'exploitation totale du plus élevé des coefficients prévus pour les principales natures de cultures de la région. Ainsi, dans une région de terres et de prés, le coefficient des prés sera applicable au contribuable qui se sera abstenu de fournir l'état de ses parcelles par nature de cultures.

La lettre d'avis invitant le contribuable à souscrire rappellera les dispositions qui pénalisent ainsi le défaut de déclaration.

Aux termes de l'article 19 de la loi du 31 juillet 1917 l'impôt était établi au nom des exploitants dans la commune où ils ont leur habitation principale au 1er janvier de l'année de l'imposition et d'après la consistance de leurs exploitations *à la même date.*

Il en résultait une anomalie dans le cas de changement d'exploitation au cours de l'année précédant celle de l'imposition, le nouvel exploitant étant soumis à l'impôt pour l'année entière, tandis que l'exploitant sortant se trouvait exonéré de toute cotisation.

Le nouveau texte met fin à cette anomalie en précisant que l'impôt est établi d'après la consistance des exploitations au 1er *janvier de l'année précédente.* Il y aura donc lieu désormais de tenir compte des terres que le contribuable aura exploitées au cours de l'année précédente et dont il aurait abandonné l'exploitation avant le début de l'année au titre de laquelle l'impôt est établi.

L'article 3 de la loi de finances du 13 juillet 1925, reproduisant par ailleurs les dispositions de l'art. 5 de la loi du 22 mars 1924, dispose que, dans le cas de bail à portion de fruits, le bailleur et le métayer seront l'objet d'impositions personnelles, chacun pour la part de revenu imposable qui lui revient proportionnellement à sa participation dans les produits.

Pour permettre cette répartition, le bailleur doit, à chaque renouvellement ou modification du bail, notifier au contrôleur des Contributions directes, la part proportionnelle de chacun.

En ce qui concerne le bailleur, l'abattement à la base prévu par l'article premier de la loi du 25 juin 1920, et modifié par l'article 4 de la loi du 13 juillet 1925, ne joue que sur *l'ensemble de ses propriétés.* Il ne peut donc cumuler les abattements à la base que pourraient comporter les diverses impositions qui seront personnellement établies à son nom à proportion de sa part dans les produits de diverses exploitations.

Abattements à la base et taux de l'impôt sur les bénéfices agricoles.

ART. 4. — *Le premier alinéa de l'article 18 de la loi du 31 juillet 1917, modifié par l'article 1er de la loi du 25 juin 1920, est remplacé par les dispositions suivantes :*

« Sur le montant du revenu de l'exploitation agricole calculé comme il est dit à l'article précédent, l'exploitant n'est taxé que sur la fraction supérieure à 2.500 francs. Il a droit, en outre, à une déduction des trois quarts sur la fraction comprise entre 2.500 et 4.000 francs et de moitié sur la fraction comprise entre 4.000 et 8.000 francs. »

Aux termes de l'article 18 de la loi du 31 juillet 1917, modifié par l'article 1er de la loi du 25 juin 1920, sur le montant du revenu de l'exploitation agricole, l'exploitant n'était taxé que sur la fraction supérieure à 1.500 francs. Il avait droit, en outre, à une déduction de moitié sur la fraction comprise entre 1.500 et 4.000 francs.

L'article 4 substitue à ces paliers anciens d'abattement et de déduction des paliers nouveaux.

Impôt cédulaire sur les traitements, salaires et rentes viagères. Modification des abattements à la base.

ART. 5. — *Les trois premiers alinéas et le sixième alinéa de l'article 23 de la loi du 31 juillet 1917, modifié ou complété par les articles 1er de la loi du 25 juin 1920 et de la loi du 31 juillet 1920, 6 de la loi du 30 mars 1923 et 42 de la loi du 22 mars 1924, sont remplacés par les dispositions suivantes :*

« *1er et 2e alinéas. — Les revenus provenant de traitements publics et privés, des indemnités et émoluments, des salaires, des pensions et des rentes viagères sont assujettis à un impôt portant sur la partie de leur montant annuel qui dépasse 7.000 francs.*

» *3e alinéa. — L'abattement ci-dessus sera augmenté, pour chaque contribuable soumis à l'impôt, d'une somme de 3.000 francs pour sa femme, si celle-ci n'a ni salaire ni revenus personnels, de 3.000 francs par enfant de moins de dix-huit ans et non salarié, et de 2.000 francs pour chacune des autres personnes à sa charge, dans les mêmes conditions que celles de l'article 7 de la loi du 25 juin 1920.*

» *6e alinéa. — En outre, pour le calcul de l'impôt, la fraction comprise entre le minimum exempté et 9.000 francs sera comptée pour moitié.* »

Cet article est dû à l'initiative de la Commission des finances de la Chambre qui a estimé que, le Gouvernement devant procéder à un relèvement général des traitements, « pour ne pas enlever une partie de son efficacité à cette mesure, il convenait de procéder en même temps à un relèvement du montant des déductions admises pour le calcul de l'impôt cédulaire sur les traitements, salaires et rentes viagères » (Rapport n° 537 de M. Viollette, page 14).

Pourtant l'article vise, non seulement les fonctionnaires, mais aussi *tous les salariés.*

D'autre part, le texte ne modifie point seulement les taux antérieurement en vigueur : considérant que « le prix de la vie est sensiblement le même partout, et qu'en particulier il n'y a guère de différence entre le coût de l'existence dans les grandes agglomérations et dans les banlieues voisines », il supprime le système des « abattements discriminatoires » pour les remplacer par un taux unique.

Il remplace les abattements échelonnés par *un abattement unique fixé à 7.000 francs.*

Il maintient la disposition du palier suivant laquelle, pour le calcul de l'impôt, la fraction comprise entre le minimum exempté et 8.000 francs était *comptée pour moitié*, mais en élevant cette limite à *9.000 francs.*

Par voie de conséquence, il y avait lieu de modifier non seulement le texte de l'article 6 de la loi du 30 mars 1923, relatif à l'impôt cédulaire sur les traitements et salaires, mais également l'article 7 de la même loi s'appliquant à l'impôt cédulaire sur les bénéfices des professions non commerciales, et l'article 8 de la même loi, ainsi que l'article 6 de la loi du 25 juin 1920 sur l'impôt général sur le revenu; les dispositions nécessaires ont été insérées dans la loi de finances du 13 juillet 1925 (art. 7).

Enfin, sous le régime antérieur, les *enfants infirmes* à la charge du contribuable donnaient lieu à une déduction de 3.000 francs, quel que fût leur âge; par contre, lorsqu'ils avaient atteint la majorité, ils n'entraînaient plus, pour le calcul de l'impôt général, qu'une déduction de 1.500 francs, que l'article 5 porte d'ailleurs à 2.000 francs : pour uniformiser autant que possible les déductions applicables, le texte admet les enfants infirmes *de plus de 18 ans* parmi les personnes qui, pour le calcul de l'impôt cédulaire, donnent droit à une déduction de 2.000 francs.

M. Durafour avait fait observer, lors de la discussion à la Chambre (1re séance du 21 février 1925, *Journal officiel* 22 février, Débats parlementaires, Chambre, p. 1074) que, par sa place et sa rédaction, la disposition prévoyant que, « pour le calcul de l'impôt, la fraction comprise entre le minimum exempté et 9.000 francs sera comptée seulement pour moitié », ne bénéficierait qu'aux célibataires. Car, expliquait l'honorable député, « d'une part, elle vient après deux alinéas, dont l'un fixe l'abattement de principe à 7.000 francs, dont l'autre arbitre à 3.000 francs pour la femme, à 3.000 francs pour chaque enfant les réductions pour charges de famille, et, d'autre part, elle précise que la réduction de moitié jouera sur la portion entre 7.000 et 9.000 francs. On est donc enclin à croire que seuls les contribuables célibataires pourront en profiter ».

Cette interprétation restrictive du texte voté a été réfutée en termes décisifs par M. Bordugo, directeur général des Contributions directes, commissaire du Gouvernement, qui a déclaré : « Pour déterminer le revenu imposable, on commence par déduire du revenu réel le montant des charges de famille, puis on compare le chiffre ainsi obtenu à l'abattement à la base de 7.000 francs, et au maximum de 9.000 francs. *Une personne mariée et ayant des enfants bénéficie donc des réductions prévues au dernier paragraphe de l'article 7 dans la même mesure qu'un célibataire.* »

Au cours de la discussion à la Chambre, M. About a fait remarquer (*Ibid.*, p. 1074) que le troisième alinéa de l'art. 6 de la loi du 30 mars 1923 était ainsi conçu : « Les déductions ci-dessus seront augmentées, pour chaque contribuable soumis à l'impôt, d'une somme de 3.000 francs pour sa femme, si celle-ci n'a ni salaire, ni revenus personnels, de 2.000 francs par enfant de moins de 18 ans *ou infirme* et non salarié; et de 1.500 francs par personne à sa charge, dans les mêmes conditions que celles de l'article 7 de la loi du 23 juin 1920 ».

Or, l'article 5 ne contient plus les mots *ou infirme* et n'accorde aux salariés qu'une exonération de 3.000 francs par enfant jusqu'à 18 ans. M. About observait que « dans toute notre législation, l'enfant âgé de plus de 18 ans, mais *infirme*, a toujours bénéficié des indemnités ou déductions de charges accordées à l'enfant valide de moins de 18 ans ». Le rapporteur général de la Commission des finances a répondu (*loc. cit.*, p. 1075) : « Oui, comme les personnes à la charge du contribuable. *Il continue à bénéficier comme tel des mêmes déductions.* » M. About a pris acte de cette déclaration, exclusive de toute controverse, et renoncé, en conséquence, à présenter un amendement destiné à préciser ce point.

Déclarations à fournir par les employeurs en matière d'impôts sur les traitements et salaires.

ART. 6. — *L'article 26 de la loi du 31 juillet 1917 est complété comme suit :*

« Par contre, elle s'applique, quel que soit le montant de leurs rémunérations ramenées à l'année, aux personnes qui remplissent des fonctions susceptibles d'être exercées simultanément auprès de plusieurs entreprises, telles que les fonctions d'administrateur, membre ou secrétaire de comité ou conseil de direction, de gestion ou de surveillance, quelle qu'en soit la dénomination, commissaire des comptes, trésorier, etc., et même dans le cas où ces rémunérations sont passibles de la taxe d'enregistrement sur le revenu des valeurs mobilières.

» Les chefs d'entreprise sont en outre tenus de faire connaître au contrôleur des Contributions directes, dans les conditions prévues au paragraphe précédent, le montant des commissions, courtages ou autres rémunérations qu'ils versent à l'occasion de l'exercice de leur profession à des courtiers, commissionnaires ou autres intermédiaires de commerce n'ayant pas la qualité de salariés, ainsi que le montant des honoraires, vacations ou autres rémunérations susceptibles d'entrer en compte pour l'établissement de l'impôt sur les bénéfices des professions non commerciales et dont le montant total brut, au cours de l'année, aura atteint, pour une même personne, la somme de 1.000 francs, quelles que soient, d'ailleurs, les localités où sont domiciliés le déclarant et le contribuable. »

Pour l'établissement de l'impôt cédulaire sur les traitements et salaires, la loi du 31 juillet 1917 (art. 26) oblige tous particuliers et toutes sociétés et associations occupant des employés, commis, ouvriers ou auxiliaires, à déclarer chaque année au contrôleur des Contributions directes les noms et adresses des personnes qu'ils ont occupées pendant l'année précédente, ainsi que le montant des salaires payés à chacune d'elles pendant l'année.

Mais cette disposition n'est applicable qu'à l'égard des personnes dont les émoluments ramenés à l'année dépassent le minimum imposable, de sorte que « les contrôleurs ne possèdent que des renseignements incomplets pour établir l'impôt dû par les contribuables qui, étant simultanément rétribués par plusieurs employeurs, reçoivent de certains d'entre eux des appointements ne dépassant pas la limite d'exemption » (Exposé des motifs du *Projet de loi* n° 441).

Le texte voté rend obligatoire, quel qu'en soit le montant, la déclaration des émoluments versés à des personnes pouvant exercer en même temps leur fonction ou leur emploi auprès de plusieurs entreprises, *même dans le cas où ces émoluments soumis à la taxe d'enregistrement sur les revenus des valeurs mobilières ne sont pas passibles de l'impôt cédulaire sur les traitements*, pourvu que leur montant total ait atteint 1.000 francs pour la même personne.

L'article 6 dispose, en outre, que les chefs d'entreprise devront fournir les mêmes déclarations en ce qui concerne les contribuables exerçant des professions atteintes soit par l'impôt sur les bénéfices industriels et commerciaux (courtiers, commissionnaires, intermédiaires quelconques), soit par l'impôt sur les bénéfices des professions non commerciales (experts, conseils techniques, juridiques et autres).

Il a été précisé, au cours de la discussion à la Chambre (1re séance du 21 février 1925, *Journal officiel* 22 février, Débats parlementaires, Chambre, p. 1076-1078), qu'il en sera ainsi pour les représentants ou voyageurs de commerce lesquels ne sont plus assujettis à la patente, mais à la cédule des traitements et salaires (réponse du ministre des Finances à M. About); pour les honoraires des médecins et avocats, qui devront être déclarés par les chefs d'entreprises, par les sociétés ou associations (déclaration du directeur général des Contributions directes, commissaire du Gouvernement); par les compagnies d'assurances. Mais il n'en sera pas de même pour les pharmaciens, qui sont des commerçants (déclaration du directeur général des Contributions directes).

Cet article sera, dans la pratique, comme l'a reconnu le rapporteur général de la Commission des finances de la Chambre (rapport n° 337 de M. Viollette, p. 17), d'une difficulté d'application considérable.

Le texte ne définit point le chef d'entreprise. *Quid* du cultivateur qui vend ses moutons, ses bœufs? Devra-t-il totaliser les courtages versés par lui?

Quid des intermédiaires « n'ayant pas la qualité de salariés » ? Cette exception vise-t-elle uniquement le salarié de l'entreprise envisagée ou un salarié en soi ?

Il faut noter que le texte voté, si compliqué soit-il, et difficile à mettre en pratique, n'assure nullement le contrôle rigoureux des rémunérations des professions non commerciales : car, ainsi que le remarque le rapport (n° 337) de M. Violette, « le texte prend l'assujetti en tant que chef d'entreprise, mais non en tant que particulier : le patron qui consulte un médecin pour ses ouvriers devra déclarer le montant des honoraires si celui-ci dépasse 1.000 francs par an, *mais s'il consulte un chirurgien pour lui personnellement, il ne devra rien déclarer même s'il verse 10.000 francs.* »

Bénéfices des professions non commerciales. — Abattements à la base.

ART. 7. — *Les deux premiers alinéas de l'article 31 de la loi du 31 juillet 1917, modifié par l'article 1er de la loi du 23 juin 1920 et par l'article 7 de la loi du 30 mars 1923, sont modifiés ainsi qu'il suit :*

« L'impôt ne porte que sur la partie du bénéfice net dépassant la somme de 7.000 francs.

« En outre, pour le calcul de l'impôt, la fraction comprise entre le minimum exempté et 9.000 francs sera comptée pour moitié. »

Les dispositions dont on a trouvé l'explication dans le commentaire sur l'article 5, substituent, en ce qui concerne les bénéfices des professions non commerciales, *un abattement uniforme* de 7.000 francs aux abattement de l'article 31 de la loi du 31 juillet 1917, modifié par l'art. 7 de la loi du 30 mars 1923, différents suivant la population de la commune où est domicilié le contribuable.

D'autre part, le même article prévoyait que, pour le calcul de l'impôt, la fraction du revenu imposable comprise entre le minimum exonéré et la somme de 8.000 *francs* était comptée seulement pour moitié. L'article 7 porte ce palier à 9.000 francs.

Contrôle des déclarations souscrites par les redevables de l'impôt sur les bénéfices des professions non commerciales.

ART. 8. — *L'article 33 de la loi du 31 juillet 1917, modifié par l'article 7 de la loi du 30 juin 1923, est modifié ainsi qu'il suit :*

« Toute personne passible de l'impôt à raison de bénéfices réalisés dans l'une des professions visées à l'article 30 est tenue de produire dans les deux premiers mois de chaque année une déclaration indiquant le montant de son bénéfice brut, celui de ses dépenses professionnelles et le chiffre de son bénéfice net de l'année précédente.

« Les redevables qui sont astreints par les règlements à la tenue d'une comptabilité doivent en outre la représenter à toute réquisition du contrô-

leur à l'appui des énonciations de leur déclaration. Dans le cas de non-présentation de la comptabilité, le bénéfice imposable est déterminé d'office et l'impôt est majoré de moitié.

« Pour les officiers ministériels, la production de la comptabilité ne peut être exigée que pour les écritures de la comptabilité-étude, à l'exclusion de celles qui concernent les dépôts de fonds appartenant aux clients. »

L'impôt sur les bénéfices des professions non commerciales institué par le titre IV de la loi du 31 juillet 1917 est établi sur la déclaration du contribuable, adressée au contrôleur des Contributions directes qui (art. 35 de la loi) « prend pour base de l'impôt le chiffre du bénéfice déclaré, à moins qu'il ne le reconnaisse inexact. »

Mais « alors qu'en matière d'impôt sur les bénéfices commerciaux, les commerçants et industriels sont tenus d'appuyer leurs déclarations de toutes les justifications utiles à la vérification du montant soit de leurs bénéfices, soit de leur chiffre d'affaires, aucune disposition n'oblige les redevables de l'impôt sur les bénéfices non commerciaux à tenir une comptabilité de leurs recettes et de leurs dépenses professionnelles ni, quand ils en possèdent, à justifier leurs déclarations par la production de cette comptabilité » (Exposé des motifs du *Projet de loi* n° 441, sous l'art. 8).

Le projet de loi primitif du Gouvernement obligeait tous les contribuables passibles de l'impôt sur les bénéfices des professions non commerciales à tenir un registre annuel sur lequel ils auraient dû inscrire, d'une part, les honoraires et profits de toute nature qu'ils acquièrent à l'occasion de leur profession, d'autre part, le montant de leurs dépenses professionnelles. Ce livre aurait dû être conservé pendant dix ans, être présenté à toute réquisition du contrôleur des Contributions directes; le refus de le communiquer aurait été sanctionné par une amende.

La Commission des finances de la Chambre, dès le premier examen de cet article, reconnut qu'il s'appliquait à des catégories de redevables très différentes.

« Pour les officiers ministériels, avoués, notaires, il n'y a pas de difficulté : ils sont astreints à une comptabilité très rigoureuse; il suffit de les obliger à la communiquer à l'Administration pour le contrôle de leur déclaration ».

Mais, continuait le rapporteur général de la Commission des finances (*Rapport* n° 537, p. 19 et 20) « comment forcer le professeur qui donne des leçons particulières, qui écrit des articles de journaux et de revues, à porter en recette sur son livre la totalité de ces recettes? Un tableau est vendu 10.000 francs; si l'artiste inscrit 2.000 fr., comme la valeur est relative et dépendra du goût ou de la curiosité de l'amateur, comment vérifier? Exigera-t-on son nom et son adresse?

Pour le médecin et l'avocat les difficultés seront encore plus grandes, car le *secret professionnel leur interdira de faire figurer à leur livre des noms propres.* Tel qui a reçu 5.000 francs d'honoraires inscrira par exemple : « 29 octobre, B... 500 francs. » *Comme on ne peut demander qui est B...* et qu'il ne suffirait pas d'ailleurs de savoir qui il est et qu'il faudrait encore savoir la raison de sa consultation, le contrôle est impossible ».

La Commission des finances de la Chambre rejeta donc le texte du Gouvernement comme « illusoire et inopérant » et le remplaça par le texte actuel de l'article.

La loi de 1917 n'imposait que la déclaration du *bénéfice.* Or le bénéfice est le résultat d'une soustraction entre deux quantités (recettes et dépenses) dont les éléments restaient inconnus du contrôleur.

Le texte nouveau oblige le redevable à déclarer, chaque année, les *recettes brutes, les dépenses* et le bénéfice net de *l'année précédente.*

Dans la pensée du législateur (*loc. cit.*), « un contrôle peut aussitôt s'instituer rien que par la considération des vraisemblances, car il est aisé de voir si les dépenses professionnelles alléguées sont possibles, puisque cette fois on a le chiffre brut... Le produit brut des recettes révèlera, le cas échéant, certaines affirmations inadmissibles » par la comparaison avec le train de vie et les dépenses ostensibles du redevable.

Il importe de noter que l'article impose uniquement au redevable la triple déclaration des recettes brutes, des dépenses professionnelles et du bénéfice de l'année précédente, substituée à la déclaration du seul bénéfice net de l'exercice.

C'est l'unique innovation de la loi en ce qui concerne les redevables de l'impôt sur les bénéfices des professions non commerciales, que des règlements spéciaux n'astreignent point par ailleurs à la tenue d'une comptabilité.

Il reste vrai sans aucune restriction, comme sous l'empire de la loi du 31 juillet 1917, qu' « aucune disposition n'oblige les redevables de l'impôt sur les bénéfices des professions non commerciales à tenir une comptabilité de leurs recettes et de leurs dépenses professionnelles ni, quand ils en possèdent, à justifier leurs déclarations par la production de cette comptabilité ».

On peut même dire qu'il résulte, du rejet catégorique de la disposition du projet de loi gouvernemental qui obligeait les redevables à la tenue d'une comptabilité, et des considérations précitées du rapport de la Commission des finances de la Chambre, que la volonté du législateur a été, à cet égard, particulièrement formelle.

En particulier, le secret professionnel, menacé par le projet de loi du Gouvernement, sort affermi de ce débat. Des travaux préparatoires il ressort nettement que le *médecin ou l'avocat n'a point le droit de faire figurer des noms propres sur ses livres, s'il en tient, et que le contrôleur des Contributions directes ne saurait, en aucun cas, pour le contrôle de la déclaration du redevable, demander à ce dernier des renseignements sur la personnalité de ses clients et les services qu'il a pu leur rendre.*

Il en était exactement ainsi avant la loi du 13 juillet 1925; mais celle-ci apporte une consécration nouvelle à ces principes.

En ce qui concerne les officiers ministériels, obligés à la tenue d'une comptabilité, et en particulier les notaires, le ministre des Finances a été amené à donner au Sénat, à l'occasion d'un amendement de M. le sénateur Milan (Sénat, 27 mai 1925, *Journal officiel* 28 mai, Débats parlementaires, Sénat, p. 1004), d'importantes précisions sur la portée du texte nouveau.

M. Milan demandait, par voie d'amendement, que, pour les redevables tenus par la loi au secret professionnel, la production de la comptabilité ne pût être exigée que pour les écritures postérieures à la promulgation de la loi, et qu'elle fût limitée aux écritures personnelles du contribuable, à l'exclusion de celles qui concernent les clients. »

M. Milan faisait remarquer que le décret du 30 janvier 1890 a obligé les notaires à tenir deux comptabilités : l'une comptabilité-étude, l'autre comptabilité-clients. La comptabilité-étude est celle qui est relative aux recettes et aux dépenses de la gestion de l'étude, et il n'y a aucun inconvénient à mettre sous les yeux du fisc cette comptabilité. La deuxième comptabilité, comptabilité-clients, est relative aux dépôts faits par les clients, jusqu'à l'accomplissement de certaines formalités, notamment les formalités hypothécaires, ou quelquefois dans un but secret, suivant le désir du client qui en a déterminé l'objet ou l'affectation. Or le décret du 15 février 1890 a autorisé les notaires à tenir les deux comptabilités sur le même registre; la plupart des notaires ont usé de cette faculté et tiennent un livre-journal et un grand-livre sur quatre colonnes, comprenant aussi bien la comptabilité-clients que la comptabilité-étude.

Le ministre des Finances a répondu à M. Milan (*loc. cit.*, p. 1005):

1° que « la loi ne donnera aux agents du directeur général des Contributions directes ***aucun droit de regarder en arrière.*** **Ils n'auront** *le droit de vérifier que la déclaration de 1926 et des années* *postérieures...* L'agent du fisc aura le droit de réclamer communication de la comptabilité *pour* 1925; *pas avant. Il ne pourra remonter dans la comptabilité des années antérieures* ».

2° que « les agents du fisc ne pourront, en examinant la comptabilité des notaires, rechercher ce qui concerne leurs clients. Ce droit, a précisé le ministre des Finances (*loc. cit.*, p. 1005), nous ne l'avons pas, nous ne pouvons pas l'avoir; pas plus que les agents de l'Enregistrement qui vont dans les banques et ont à déterminer les bénéfices, ne peuvent donner communication de ce qu'ils y ont découvert et ne peuvent s'en servir contre le client des établissements vérifiés. Nous n'avons pas ce droit dans les études de notaire : l'article en question ne nous en investira pas ».

Il est donc bien établi que l'obligation édictée par l'article 8 en ce qui concerne la comptabilité des officiers ministériels, ne s'applique que pour la comptabilité de l'année 1925, *à l'exclusion des années antérieures*, et que, d'autre part, le contrôleur des Contributions directes ne pourra se servir contre les clients des indications qu'il aura pu rencontrer dans la comptabilité des notaires.

Contrôle des déclarations de bénéfices des professions non commerciales.

ART. 9. — *L'article 35 de la loi du 31 juillet 1917 est remplacé par les dispositions suivantes :*

« Le contrôleur prend pour base de l'impôt le chiffre du bénéfice déclaré, à moins qu'il ne le reconnaisse inexact.

« Lorsqu'il aura réuni des éléments précis permettant d'établir que les dépenses d'un contribuable sont notoirement supérieures au revenu qu'il a déclaré, il devra les soumettre au contribuable et celui-ci sera tenu de justifier la différence.

« Faute de fournir les justifications nécessaires dans un délai de vingt jours à partir de la réception de l'avis par lequel elles lui sont demandées, le contribuable est taxé d'office dans les conditions prévues par l'article 19 de la loi du 15 juillet 1914, modifié par l'article 5 de la loi du 30 décembre 1916. »

Cet article introduit une grave modification dans le régime de la *taxation d'office* en ce qui concerne les bénéfices des professions non commerciales : il a, en effet, pour conséquence, *d'imposer au contribuable le fardeau de la preuve*, toutes les fois que le contrôleur n'estimera pas suffisantes les justifications que le contribuable lui fournira de la *différence existant entre le montant de ses dépenses et celui des bénéfices par lui déclarés*.

D'après l'article 35 de la loi du 31 juillet 1917, le chiffre du bénéfice déclaré par les contribuables passibles de l'impôt sur les bénéfices des professions non commerciales était pris comme base de l'impôt, à moins que le contrôleur ne l'estimât inexact. Dans ce dernier cas, le contrôleur pouvait le rectifier, mais il devait, alors, faire connaître au contribuable avant d'établir l'imposition, le chiffre qu'il se proposait de substituer à celui de la déclaration, en indiquant les motifs qui lui paraissaient justifier le redressement.

Le contribuable était en même temps invité à présenter ses observations et, si le désaccord persistait, l'intéressé conservait le droit de réclamer, après la publication du rôle, devant la juridiction contentieuse, contre le chiffre d'après lequel il avait été taxé. Devant le tribunal, l'Administration n'avait pas à faire la preuve du chiffre de bénéfice qu'elle estimait devoir être retenu; mais, de son côté, le redevable n'avait pas non plus à prouver l'exactitude de sa déclaration, et le Conseil de préfecture devait fixer la base de l'impôt en appréciant les motifs invoqués de part et d'autre.

Le Gouvernement, dans le *Projet de loi* n° 1608, avait présenté un texte aux termes duquel, lorsque le contrôleur et le contribuable se trouveraient en désaccord sur la fixation du bénéfice imposable, le différend serait soumis à l'appréciation d'une commission d'experts, composée de personnes ayant, par leur profession, une compétence spéciale, commission qui aurait entendu contradictoirement le contribuable et le représentant de l'Administration, et dont l'avis, conservant d'ailleurs le caractère d'une consultation, n'eût pas lié les parties; mais la partie qui n'eût pas accepté cet avis aurait eu la charge de la preuve devant la juridiction contentieuse.

Dans le projet du Gouvernement, dix jours au moins avant la réunion de la commission, les contribuables intéressés étaient invités à se faire entendre ou à faire parvenir leurs observations écrites; après examen des motifs invoqués par l'Administration et par le contribuable, la commission formulait par écrit un avis indiquant le chiffre du bénéfice professionnel susceptible d'être attribué au contribuable. L'avis de la commission était notifié à l'intéressé par l'Administration, qui l'informait en même temps du chiffre d'après lequel elle se proposait de le taxer. Si le chiffre était conforme à l'évaluation de la commission, le contribuable ne pouvait obtenir de réduction, par voie de réclamation devant la juridiction contentieuse, qu'en apportant la preuve du chiffre exact de ses bénéfices; si, au contraire, le revenu pris pour base de l'impôt excédait le chiffre indiqué par la commission, la charge de la preuve devant la juridiction contentieuse incombait à l'Administration. Enfin, au cas où la commission ne se réunirait pas ou refuserait son avis, l'imposition devait être établie suivant la procédure de la loi du 31 juillet 1917.

Mais, devant l'opposition du Sénat, le système de la commission d'experts a été abandonné. Et il en résulte que c'est le contrôleur qui sera juge, en premier lieu, de la question de savoir si le contribuable a ou non « fourni les justifications nécessaires ». S'il estime que ces justifications ne sont pas fournies, il établira d'office lui-même le bénéfice imposable; cette taxation d'office sera faite dans les conditions prévues par l'article 19 de la loi du 15 juillet 1914, modifié par l'article 5 de la loi du 30 décembre 1916.

Il importe de noter que le contrôleur ne pourra contester le chiffre du bénéfice déclaré, uniquement parce qu'il le tiendrait pour inexact. Il faudra qu'il ait « réuni des éléments précis permettant d'établir que les dépenses d'un contribuable sont notoirement supérieures au revenu qu'il a déclaré ». Il s'agit là d'une sorte de contrôle des déclarations *d'après les signes extérieurs.*

Que faut-il entendre par « éléments précis permettant d'établir que les dépenses d'un contribuable sont notoirement supérieures au revenu qu'il a déclaré » ? Il ressort du texte même, d'une part, que le contrôleur ne peut se contenter de simples indices, présomptions ou bruits sans précision; d'autre part, que les dépenses du contribuable doivent dépasser *notoirement* le montant du revenu déclaré.

Il suit de là que le contrôleur ne peut faire état de données qui seraient recueillies par voie d'indiscrétions, inquisition, dénonciation ou espionnage sous une forme quelconque, mais uniquement d'éléments dont la notoriété soit indiscutable, et qui soient portés jusqu'à lui par la commune renommée.

Il faut encore, pour qu'il puisse en faire état, que les dépenses du contribuable, ainsi constatées, apparaissent *supérieures au revenu déclaré;* si donc il semblait seulement au contrôleur que ces dépenses dépassent *la proportion normale des dépenses par rapport au revenu* déclaré, mais sans dépasser certainement et évidemment ce revenu, le contrôleur ne serait pas en droit de faire jouer la procédure organisée par l'article 9.

L'esprit dans lequel doit être interprété cet article ressort d'ailleurs clairement des observations contenues dans le *Rapport* (n° 337) de la Commission des finances de la Chambre sur l'article 17, qui organisait le contrôle des déclarations d'impôt général sur le revenu d'après les signes extérieurs. « Votre Commission, lit-on dans ce *Rapport* (p. 30), a posé le droit du contrôleur de s'enquérir, *non pas certes d'espionner* les déjeuners en ville ou au restaurant, mais de *considérer les dépenses saisissables évidentes :* loyer d'abord, mais aussi automobiles, domestiques, chasses, villégiature... Ayant réuni ces « indices précis », le contrôleur ne pourra en faire état sans les avoir au préalable soumis au contribuable... Ce que nous voulons éviter, c'est que le contrôleur vienne relancer le contribuable pour rien. Il n'aura le droit de provoquer ses explications, il faut y insister, que s'il a déjà réuni des *présomptions certaines de fraude.* »

Il a été précisé au cours de la discussion de l'ancien article 17 à la Chambre (1re séance du 21 février 1925, *Journal officiel* 22 février, Débats parlementaires, Chambre, p. 1083) par le ministre des Finances que « si un contribuable dilapide *son capital*, il lui suffira de l'établir, et il sera taxé, non sur le total des sommes qu'il aura dépensées, mais *sur les parts de revenu qu'elles comprennent.* »

D'autre part, il faut bien préciser les conditions dans lesquelles aura lieu, sous l'empire de l'article 9 de la loi du 13 juillet 1925, la taxation d'office et les conséquences qu'elle entraînera. Ces précisions sont indispensables, étant données les obscurités du texte qui sont nettement apparues pendant la discussion de la loi de finances à la Chambre.

Le texte, à le prendre en lui-même, pourrait signifier que, désormais, contrairement à la législation antérieure, devant la juridiction contentieuse, c'est au contribuable taxé d'office malgré sa déclaration qu'il appartiendrait de faire sa preuve.

Cependant, le rapport (n° 537) de M. Viollette au nom de la Commission des finances de la Chambre s'exprime en des termes exclusifs de cette interprétation (p. 30) : « Ayant réuni ces « indices précis », le contrôleur ne pourra pas en faire état sans les avoir au préalable soumis au contribuable. Il provoquera alors ses explications, mais *il est bien entendu que devant la juridiction contentieuse l'Administration restera tenue d'administrer la preuve* qui résultera d'ailleurs de l'évidence de ces indices précis, s'ils sont reconnus fondés. »

C'est donc à l'Administration qu'incombera, sous l'empire de l'article 9, la charge de prouver le bien-fondé de sa taxation d'office.

Cette conclusion semble difficilement compatible avec la référence faite par le texte aux termes de l'article 9 de la loi de 1914, instituant la taxation d'office, avec sa conséquence, à savoir le déplacement de la charge de la preuve au profit de l'Administration.

Le texte est incontestablement obscur, et malaisément intelligible. Il est heureusement éclairé d'une lumière assez vive par la discussion qui eut lieu à la Chambre à la deuxième séance du 21 février 1925.

M. Piétri avait montré, avec beaucoup de netteté, que l'article 9 en discussion, à en juger par sa lettre, ou bien n'apportait aucune arme nouvelle aux contrôleurs, ou bien renversait d'une manière inadmissible les principes d'administration de la preuve posés par la législation antérieure et rappelés dans le rapport de M. Violllette.

M. Paul Morel apporta à ce moment (2e séance du 21 février 1925, *Journal officiel* 22 février, Débats parlementaires, Chambre, p. 1093) une interprétation qui a reçu l'approbation du rapporteur général de la Commission des finances et qui résout la contradiction existant entre la référence à la taxation d'office et le maintien à la charge de l'Administration du fardeau de la preuve :

M. Paul Morel : « Voici comment je comprends le sens et la portée du nouveau texte. Sous l'empire de la législation en vigueur, le contrôleur saisi d'une déclaration a le droit de demander, d'une part, des justifications en ce qui concerne certaines déductions et, d'autre part, des éclaircissements sur tous les autres points. Le contribuable lui donne les éclaircissements ou ne les lui donne pas. Le contrôleur les estime suffisants ou insuffisants. Si le contribuable n'a pas donné ces éclaircissements, ou s'ils sont jugés insuffisants par le contrôleur, celui-ci rectifie la déclaration. C'est, en réalité, une forme de taxation d'office. Le contribuable accepte ou n'accepte pas. S'il n'accepte pas, on va devant le Conseil de préfecture et c'est à l'Administration qu'il incombe d'établir la réalité du revenu pour lequel elle veut frapper le contribuable.

» Avec le *nouveau texte*, que va-t-il se produire? Le contrôleur recherchera les *dépenses extérieures, ostensibles, manifestes*, du contribuable... S'il estime que le total de ces dépenses est hors de proportion avec le revenu déclaré, il provoquera des explications du contribuable, comme dans le cas précédent. On se mettra d'accord ou on ne se mettra pas d'accord. Si on ne se met pas d'accord, on ira devant le conseil de préfecture. *L'Administration gardera la charge de la preuve, mais pas de la même preuve. Ce qu'elle devra prouver, ce ne sera plus la réalité du revenu, mais la réalité de la dépense ostensible.*

» Je ne discute pas; je cherche à bien comprendre le sens et la portée du nouveau texte proposé. Si je ne suis pas d'accord avec la Commission et le Gouvernement, ils me le diront. »

M. le Rapporteur général : « Nous sommes d'accord. »

M. Paul Morel : « Dans la législation actuelle, le contrôleur peut déjà pour lui-même — et c'est ce qui peut le conduire à demander des éclaircissements — faire état de la différence apparente entre le revenu déclaré et les conditions de vie du contribuable. C'est un élément d'appréciation dont il a le droit de se servir pour déterminer sa propre conviction... Il peut aussi l'apporter devant le Conseil de préfecture, si l'affaire y est appelée, et le Conseil, saisi, a le droit d'en apprécier la valeur.

» Au contraire, avec le texte que nous allons voter..., *quand le contrôleur aura établi la réalité, la certitude des dépenses dépassant manifestement le revenu déclaré, il aura fait sa preuve. Ce sera alors au contribuable à justifier la différence en prouvant qu'il a fait face à ses dépenses, non pas avec son revenu, mais au moyen d'un prélèvement sur son capital.* Chacun peut approuver ou désapprouver cette solution. Ce que je cherche à préciser en ce moment, c'est le *sens du texte* proposé par la Commission. Si je suis d'accord avec la Commission sur le sens que je viens de lui donner... »

M. le Rapporteur général : « Pleinement d'accord. »

M. Paul Morel : « ... Chacun de nous saura à quoi s'en tenir sur la portée de cette disposition. »

Ainsi, comme il a d'ailleurs été précisé dans la suite de la discussion, ce que l'Administration sera tenue de prouver, c'est seulement *l'existence de l'indice invoqué*, que cet indice est précis, qu'il concerne bien le contribuable incriminé.

L'Administration garde bien la charge de la preuve, mais il s'agit uniquement de la *preuve de l'indice.*

Mais, cela fait, c'est au contribuable qu'il appartiendra d'apporter contre la taxation d'office dont il aura été l'objet toutes les justifications nécessaires. Ce sera le redevable qui devra prouver que la consistance de ses revenus, telle que l'apprécie l'Administration, n'est pas exacte.

Il a été précisé, au cours de la discussion de l'article 16, que le *délai de vingt jours* prévu au texte n'était pas un délai de rigueur entraînant automatiquement forclusion. En réponse à diverses questions posées par M. Lefas à la Chambre (2e séance du 21 février 1925, *loc. cit.*, p. 1100 et 1101), il a été formellement déclaré par M. Borduge, directeur général des Contributions directes, commissaire du Gouvernement, et par le rapporteur général de la Commission des finances, que « quand il y aura des circonstances de force majeure qui auront empêché le contribuable de fournir ou de réunir les renseignements nécessaires dans le délai de vingt jours, ce délai pourra être augmenté, c'est-à-dire qu'une conversation s'engagera entre le contribuable et le contrôleur, qui durera le temps nécessaire. »

D'autre part, en cas d'absence du contribuable, celui-ci sera saisi par lettre recommandée, et *le délai ne courra qu'à partir du moment où le redevable aura été certainement touché.*

Extension de la majoration pour insuffisance de déclaration au cas où l'insuffisance excède 20.000 francs.

ART. 10. — *Le premier alinéa de l'article 37 de la loi du 31 juillet 1917, modifié par l'article 3 de la loi du 31 juillet 1920, est complété par les mots suivants :*

« ou excède 20.000 francs ».

En vertu de la législation antérieure, les insuffisances de déclarations ne donnaient lieu à l'application des droits en sus que lorsqu'elles excédaient 10 p. 100 du bénéfice.

En conséquence, un contribuable ayant un million de bénéfice net à déclarer pouvait dissimuler 100.000 francs sans s'exposer à aucune pénalité, tandis qu'un contribuable ayant 20.000 francs de bénéfice seulement était pénalisé s'il dissimulait 3.000 francs, cette somme excédant 10 p. 100 de son revenu total.

L'article 10 dispose que le droit en sus sera encouru si l'insuffisance relevée excède 10 p. 100 *ou 20.000 francs.*

Réduction de trois à deux mois du délai prévu à l'art. 36 de la loi du 31 juillet 1917.

ART. 11. — *L'article 36 de la loi du 31 juillet 1917 est modifié ainsi qu'il suit :*

« Les mots « trois premiers mois de l'année » sont remplacés par les mots « deux premiers mois de l'année. »

L'article 33 de la loi du 31 juillet 1917 disposait que toute personne passible de l'impôt sur les bénéfices des professions non commerciales était tenue de produire dans les trois premiers mois de chaque année une déclaration du montant de ses bénéfices. Aux termes de l'article 36 de la même loi, tout contribuable astreint à la déclaration, qui n'aurait pas souscrit celle-ci dans les trois premiers mois de l'année, serait invité par le contrôleur à la produire dans un nouveau délai de vingt jours.

La loi du 30 juin 1923 (art. 7) a réduit à deux mois le délai de déclaration prévu par l'article 33 de la loi du 31 juillet 1917, mais sans rien changer au texte de l'article 36. Il en résultait qu'au cas de non-déclaration, le contrôleur devait attendre la fin du mois de mars pour inviter les contribuables exerçant une profession non commerciale à souscrire la déclaration qu'ils n'auraient pas spontanément produite avant la fin du mois de février.

Le nouveau texte fait disparaître cette anomalie en faisant partir de l'expiration du délai légal de déclaration la date à compter de laquelle les contribuables peuvent être mis en demeure de déclarer leurs bénéfices.

Modalités d'application des abattements à la base effectués en matière d'impôts cédulaires sur les revenus, en ce qui concerne les contribuables qui disposent de revenus professionnels provenant de sources différentes.

ART. 12. — *Les contribuables qui disposent à la fois de revenus professionnels susceptibles d'être taxés d'après les règles respectivement applicables à l'impôt sur les bénéfices industriels et commerciaux et à l'impôt sur les bénéfices des professions non commerciales, sont cotisés pour l'ensemble de ces revenus, déterminés suivant le mode propre à chaque nature de profession, conformément aux règles prévues pour l'impôt sur les bénéfices industriels et commerciaux.*

Les contribuables qui disposent à la fois de revenus provenant de traitements publics et privés, indemnités et émoluments, salaires, pensions et rentes viagères et de bénéfices de professions non commerciales autres que les bénéfices des charges et offices, sont cotisés pour l'ensemble de ces revenus, déterminés suivant le mode propre à chaque catégorie, d'après les règles applicables à l'impôt sur les traitements, salaires, pensions et rentes viagères. Le total imposable sera ensuite fractionné proportionnellement au montant des revenus de chaque catégorie, et chaque fraction sera taxée d'après le taux spécial à sa cédule.

Antérieurement au vote de cette disposition, lorsqu'un contribuable disposait de revenus professionnels relevant d'impôts cédulaires différents (par exemple : traitements ou salaires d'une part, et d'autre part, bénéfices de professions non commerciales), ces revenus devant, en principe, être soumis séparément aux impôts cédulaires susceptibles de les atteindre spécialement, les intéressés bénéficiaient *simultanément des abattements à la base prévus pour le calcul de chacun de ces impôts.*

Il y avait là une anomalie certaine, car la raison d'être des abattements étant de soustraire à toute taxation le chiffre de revenus correspondant au minimum nécessaire à l'existence, il n'était pas logique qu'un même contribuable cumulât le bénéfice de plusieurs abattements pour le seul motif que ses revenus étaient d'origines différentes.

Le texte voté vise les deux situations qui ont paru se rencontrer fréquemment :

a) contribuable possédant des revenus constitués en partie par des bénéfices *industriels et commerciaux*, et en partie par *des béné-*

fices non commerciaux (par exemple : courtier d'assurances qui est en même temps agent d'une compagnie déterminée); dans ce cas, l'ensemble des revenus dont dispose le contribuable sera cotisé d'après les règles prévues pour le *calcul de l'impôt sur les bénéfices industriels et commerciaux.*

b) contribuable possédant des revenus constitués en partie par des *traitements, salaires, pensions, ou rentes viagères*, et en partie par des *bénéfices de professions non commerciales* autres que des bénéfices de charges et offices (par exemple : dessinateur qui est en même temps expert-géomètre); dans ce cas, *l'ensemble des revenus dont dispose le contribuable sera taxé d'après les règles applicables à l'impôt sur les traitements, salaires, pensions et rentes viagères.*

L'article 12 empêchera donc désormais le cumul des abattements à la base pour l'établissement des impôts cédulaires.

Mais le législateur n'a pas voulu que cette modification eût pour effet de rendre un contribuable passible du tarif le plus élevé, lorsqu'il possède des revenus susceptibles d'être taxés à des taux différents.

Aussi a-t-il spécifié, dans la dernière phrase de l'article, que les différents revenus des contribuables seraient taxés séparément d'après le taux de la cédule à laquelle ils appartiennent.

Suppression, sous certaines réserves, de la faculté accordée aux contribuables, en matière d'impôt général sur le revenu, d'évaluer ceux de leurs revenus qui sont soumis à un impôt cédulaire spécial, d'après les règles fixées pour l'assiette de cet impôt cédulaire.

Art. 13. — *Le dernier alinéa de l'article 10 de la loi du 15 juillet 1914, modifié par les articles 1er de la loi du 23 février 1917 et 50 de la loi du 31 juillet 1917, est remplacé par les dispositions suivantes :*

« *Toutefois, en ce qui concerne les bénéfices de l'exploitation agricole, l'exploitant a la faculté de les évaluer d'après les règles fixées pour l'assiette de l'impôt cédulaire qui frappe spécialement les revenus de cette catégorie.*

» *La même faculté est accordée en ce qui touche les bénéfices des exploitations industrielles ou commerciales.*

» *Les contribuables peuvent également évaluer les revenus de leurs propriétés, bâties ou non bâties, d'après les règles applicables pour l'assiette de l'impôt foncier.*

» *Au cas où les propriétés, bâties ou non bâties, seraient louées ou affermées pour un prix supérieur, compte tenu des frais de gestion, d'assurances, d'entretien et d'amortissement du capital immobilier, au revenu net servant de base à la contribution foncière, le contrôleur pourra, à charge par lui d'en apporter la justification, substituer le montant du revenu réel au revenu net imposable. »*

En vertu du dernier alinéa de l'article 10 de la loi du 15 juillet 1914, modifié par l'article 1er de la loi du 23 février 1917 et par l'article 50 de la loi du 31 juillet 1917, les contribuables ont la faculté d'évaluer, dans leurs déclarations relatives à l'impôt général, ceux de leurs revenus qui sont assujettis à un impôt cédulaire perçu par voie de rôles, suivant les règles applicables pour l'établissement de ce dernier impôt.

L'article 13 maintient cette faculté. Ainsi pourront être retenues, comme par le passé, en vue de l'établissement de l'impôt général, l'évaluation forfaitaire des bénéfices agricoles et l'évaluation des bénéfices industriels et commerciaux obtenue par l'application d'un coefficient au chiffre d'affaires.

Le revenu des propriétés bâties et non bâties pourra aussi être considéré comme étant le revenu *net* assigné à ces immeubles pour servir de base à la contribution foncière.

Mais, sur ce dernier point, l'article 13 apporte une restriction à la règle générale; lorsqu'il s'agit de propriétés louées ou affermées, il autorise le contrôleur à substituer le revenu réel, résultant du prix de location, au revenu pris pour base de l'impôt foncier.

Impôt foncier : Assujettissement des terrains nouvellement plantés de vignes.

ART. 14. — *Sont et demeurent abrogées les dispositions de la loi du 1er décembre 1887 tendant à exonérer de l'impôt foncier les terrains nouvellement plantés en vignes.*

Impôt général sur le revenu. Réductions pour charges de famille.

ART. 15. — *Le troisième alinéa de l'article 12 de la loi du 15 juillet 1914, modifié par les articles 3 de la loi du 29 juin 1918, 7 de la loi du 25 juin 1920 et 13 de la loi du 22 mars 1924, est modifié ainsi qu'il suit :*

« En outre, tout contribuable a droit, sur son revenu annuel, à une déduction de 2.000 francs par personne à sa charge, si le nombre des personnes à sa charge ne dépasse pas cinq. »

Le régime des déductions pour charges de famille présentait certaines incohérences provenant de la nature fragmentaire des dispositions législatives qui sont venues successivement le constituer.

Alors que pour l'établissement de l'impôt sur les traitements et salaires, les ascendants âgés de plus de 70 ans ou infirmes donnaient lieu à une déduction de 2.000 francs, pour le calcul de l'impôt général, cette déduction n'était plus que de 1.500 francs.

L'article 15 porte la déduction à 2.000 francs pour le calcul de l'impôt général, et la rend applicable pour les enfants infirmes majeurs, qui n'entraînaient que la déduction de 1.500 francs.

Contrôle des déclarations d'impôt général sur le revenu d'après les signes extérieurs.

ART. 16. — *Les dispositions de l'article 9 de la présente loi sont applicables pour l'établissement de l'impôt général sur le revenu.*

Cet article rend applicables, pour l'impôt général sur le revenu, les dispositions de l'article 9 relatives au contrôle des déclarations de bénéfices des professions non commerciales par les signes extérieurs.

Nous renvoyons donc aux explications qui ont été données *supra* à propos de l'article 9.

Le sens de l'article 16 est que, dans le cas où il apparaîtra une discordance inexpliquée entre le revenu déclaré et les dépenses ostensibles du contribuable, l'Administration aura à faire devant la juridiction contentieuse, la preuve de cette discordance et par conséquent celle des dépenses ostensibles, mais que, cela fait, c'est au contribuable taxé d'office qu'il appartiendra d'établir l'exactitude du revenu par lui déclaré.

L'article 16 fait jouer, en matière d'impôt général sur le revenu, un nouveau cas de taxation d'office, du fait que le contrôleur a fourni la preuve des dépenses jugées par lui supérieures au revenu déclaré : tout se passe, à partir de ce moment, comme chaque fois qu'un contribuable est taxé d'office dans les conditions prévues par l'article 19 de la loi du 15 juillet 1914, modifié par l'article 5 de la loi du 30 décembre 1916, c'est-à-dire que le fardeau de la preuve du revenu exact est à la charge du contribuable. (Voir en ce sens les explications de MM. Piétri, Paul Morel, Bokanowski, Bedouce, Pierre Dupuy, à la 1re et à la 2e séance du 21 février 1925 de la Chambre).

Il résulte nettement des discussions parlementaires que les « éléments précis » permettant d'établir que les dépenses d'un contribuable sont notoirement supérieures au revenu qu'il a déclaré, doivent être des éléments manifestes, ostensibles, de telle nature qu'ils permettront ultérieurement au contrôleur d'administrer la preuve de ce fait devant la juridiction compétente. (En ce sens observations de M. Bokanowski et réponse conforme du rapporteur général de la Commission des finances de la Chambre, 2e séance du 21 février 1925, *Journal officiel*, 22 février, Débats parlementaires, Chambre, p. 1097).

Il ressort des travaux préparatoires que, dans l'*appréciation des signes extérieurs*, l'administration ne tirera pas argument, contre les contribuables appartenant aux professions libérales, de leurs dépenses ostensibles dans les premières années qui suivent leur installation (Réponse du rapporteur général de la Commission des finances de la Chambre à M. Angoulvant, qui avait présenté un amendement aux termes duquel les signes extérieurs ne joueraient, contre un contribuable appartenant aux professions libérales, que cinq ans après son installation, 2e séance du 21 février 1925, *loc. cit.* p. 1101). La Commission des finances de la Chambre avait d'ailleurs repoussé le texte primitif du Gouvernement, qui ne considérait que le montant du loyer, parce que ce système faisait peser des charges excessives et des présomptions inéquitables notamment sur les jeunes médecins et les jeunes avocats qui, quand ils s'installent, assument, pour leur train de vie, des charges supérieures à leur revenu du moment.

Au cours de la discussion, M. Angoulvant avait, en outre, fait observer que, dans les signes extérieurs, l'Administration tiendrait compte de l'usage d'une automobile. L'honorable député présentait en conséquence une disposition additionnelle précisant que, dans l'appréciation des dépenses ostensibles, en ce qui concerne l'usage ou la possession d'une voiture automobile, il devrait être tenu compte de la force de la voiture et surtout du fait que le contribuable la conduit personnellement ou utilise un chauffeur. La disposition additionnelle a été retirée par son auteur sur cette observation de M. Borduge, directeur général des Contributions directes, commissaire du Gouvernement : « Il est évident que l'Administration distinguera entre les grosses et les petites voitures et n'imposera pas également le propriétaire de l'automobile qui conduit lui-même et celui qui a un chauffeur. »

Impôt général sur le revenu. — Abattement à la base.

ART. 17. — *Le troisième alinéa de l'article 8 de la loi du 25 juin 1920 est modifié comme suit :*

« *L'impôt est calculé en tenant, en outre, pour nulle, la fraction du revenu qui, défalcation faite des déductions prévues à l'article 12, n'excède pas 7.000 francs.*

L'article 8 de la loi du 25 juin 1920 disposait que l'impôt général sur le revenu est calculé en tenant pour nulle la fraction du revenu qui, défalcation faite des déductions prévues à l'article 12 de la loi du 15 juillet 1914 (déductions pour charges de famille), n'excède pas 6.000 francs.

Le texte voté porte à 7.000 francs la fraction qui doit être ainsi tenue pour nulle comme correspondant au minimum d'existence.

Extension de la majoration pour insuffisance de déclaration au cas où l'insuffisance excède 20.000 francs.

ART. 18. — *Le deuxième alinéa de l'article 18 de la loi du 15 juillet 1914, modifié par l'article 2 de la loi du 31 juillet 1920, est complété par les mots suivants :*

« ou excède 20.000 francs. »

Cet article, dû à l'initiative de la Commission des finances de la Chambre, a été inspiré par les mêmes considérations que l'article 10 précédent, relatif à l'application des majorations pour insuffisance de déclaration en matière d'impôt sur les bénéfices des professions non commerciales.

Aux termes de l'article 18 de la loi du 15 juillet 1924, modifié par l'article 2 de la loi du 31 juillet 1920, la majoration de 400 p. 100 de l'impôt général fraudé prévue à l'égard des contribuables qui ont produit *de mauvaise foi* une déclaration insuffisante n'est applicable que si l'insuffisance constatée est supérieure au dixième du revenu imposable.

Il s'ensuit qu'un contribuable disposant de 20.000 francs de revenu était passible de la majoration pour avoir dissimulé 2.100 francs, alors qu'un redevable dont les revenus atteignent deux millions pouvait, chaque année, sans encourir aucune pénalité, commettre sciemment une insuffisance de déclaration de 200.000 francs (*Rapport* n° 140 de M. Berenger, p. 57).

Le nouveau texte décide que la majoration de 400 p. 100 pourra être appliquée dès l'instant où l'insuffisance constatée excéderait 20.000 francs (pourvu, bien entendu, que la déclaration ait été faite de mauvaise foi).

Modification des conditions d'application des majorations d'impôt prévues par l'article 9 de la loi du 25 juin 1920.

ART. 19. — *L'article 9 de la loi du 25 juin 1920 est modifié ainsi qu'il suit :*

« Le montant de l'impôt général sur le revenu est majoré de 25 p. 100 pour les contribuables âgés de plus de trente ans qui sont célibataires ou divorcés et qui, n'ayant pas d'enfant, n'ont aucune personne à leur charge.

» Le même montant est majoré de 10 p. 100 pour les contribuables âgés de plus de trente ans, mariés depuis deux ans au 1er janvier de l'année de l'imposition lorsque, à la même date, ces contribuables n'ont pas d'enfant et se trouvent n'avoir aucune personne à leur charge.

» Les dispositions ci-dessus ne sont pas applicables aux contribuables des catégories visées, titulaires d'une pension prévue par la loi du 31 mars 1919 pour une invalidité de 40 p. 100 et au-dessus, ni aux contribuables dont tous les enfants sont morts. »

L'article 9 de la loi du 25 juin 1920 dispose, dans un premier alinéa, que le montant de l'impôt général sur le revenu est majoré de 25 p. 100 pour les contribuables âgés de plus de trente ans qui sont célibataires ou divorcés et qui n'ont aucune personne à leur charge.

Il résultait de la combinaison de ces dispositions avec celles de l'article 13 de la loi du 15 juillet 1914 que les contribuables célibataires ou divorcés n'étaient soustraits à l'application de la majoration, lorsqu'ils avaient des enfants, que si ces enfants étaient âgés de moins de vingt et un ans ou infirmes. Par contre, du jour où les enfants atteignaient leur majorité, ils ne pouvaient plus être considérés, à moins qu'ils ne fussent infirmes, comme étant à la charge du contribuable, et celui-ci devenait dès lors passible de la majoration de 25 p. 100.

Une telle conséquence était incontestablement contraire à l'intention du législateur qui avait voulu exonérer de la majoration les contribuables ayant des enfants.

Les deux premiers alinéas de l'article 19 font disparaître cette anomalie en disposant que la majoration de 25 (ou 10) p. 100 ne frappe que les contribuables qui sont célibataires ou divorcés, et n'ont point d'enfant légitime ou reconnu, ni de personne à leur charge.

Aux termes du troisième alinéa de l'article 9 de la loi du 25 juin 1920, la majoration de 25 p. 100 prévue à l'égard des contribuables célibataires ou divorcés qui n'ont pas de personnes à leur charge et celle de 10 p. 100 prévue à l'égard des contribuables mariés sans enfants ne sont pas applicables aux redevables dont *tous les enfants* sont morts à la guerre.

Il en résultait qu'un contribuable dont trois enfants sur quatre étaient morts à la guerre et le quatrième mort de maladie n'était pas exonéré des majorations de 25 ou 10 p. 100, alors que celui dont l'unique enfant était mort à la guerre bénéficiait de cette exonération.

Le dernier alinéa de l'article fait disparaître cette anomalie en appelant à bénéficier de l'exonération les contribuables dont les enfants sont décédés.

Les invalides de 40 p. 100 et au-dessus sont de même exemptés des majorations prévues par l'article 9 de la loi du 25 juin 1920.

Date d'applicabilité des dispositions des précédents articles.

ART. 20. — *Les dispositions des articles* 2, 3, 4, 5, 7, 9, 10, 12, 13, 15, 16, 17, 18 *et* 19 *de la présente loi sont applicables à compter du 1er janvier 1925.*

Déclaration des avoirs à l'étranger. Serment fiscal. Dispositions d'amnistie et délais de grâce.

ART. 21. — *Toutes personnes de nationalité française domiciliées ou résidant habituellement en France et possédant à l'étranger, au jour de la promulgation de la présente loi, sous quelque forme que ce soit, des dépôts de sommes ou de valeurs mobilières, qui transféreront en France, avant le 1er janvier 1926, lesdites sommes ou valeurs mobilières, ne pourront être recherchées en payement de tous droits, taxes ou pénalités dont elles seraient débitrices à raison de la possession de ces sommes et valeurs. Passé ce délai, ne bénéficieront pas des mêmes avantages les redevables français qui auront maintenu des biens mobiliers à l'étranger.*

A partir du 1er janvier 1926, toutes personnes de nationalité française domiciliées ou résidant habituellement en France, conservant à l'étranger des biens mobiliers ou y possédant des biens immobiliers, devront fournir, dans les deux premiers mois de chaque année, au contrôleur des Contributions directes, une déclaration détaillée décrivant la nature, la valeur de ces biens et le revenu y attaché. Cette déclaration sera obligatoire, que le contribuable soit ou non assujetti à l'impôt sur le revenu.

Toutefois, il ne pourra être réclamé aucun supplément de droit, ni appliqué aucune amende fiscale aux personnes qui auront spontanément et complètement réparé, dans les déclarations devant intervenir avant le 1er mars 1926, les insuffisances, omissions ou dissimulations antérieures au 1er janvier 1926.

La déclaration, tant des différents éléments d'actif que du revenu, se fera sous la foi du serment.

L'absence de déclaration, comme la déclaration sciemment inexacte, sera punie, outre des sanctions prévues par l'article 366 du Code pénal, d'une amende égale (décimes compris) à la moitié du montant de l'avoir dissimulé, sans préjudice de l'affichage du nom du contrevenant et des motifs de la contravention à la porte de la mairie du lieu de son imposition.

Les articles 59, 60 et 463 du Code pénal sont applicables au délit spécifié au présent article.

Les dispositions qui précèdent ne s'appliquent pas aux exportateurs soumis aux dispositions de la loi du 22 mars 1924, article 72.

Aucune poursuite pour infraction à la loi du 22 mars 1924, article 72, ne sera exercée contre les exportateurs résidant en France qui auront rapatrié avant le 1er janvier 1926, par une remise en francs, les fonds qu'ils avaient irrégulièrement à l'étranger au regard de la loi susvisée.

L'article 21 de la présente loi est applicable à l'Algérie.

Cet article est un de ceux qui ont, au cours de la discussion de la loi de finances, subi les modifications les plus profondes et suscité les plus vives discussions : ce n'est qu'après une longue résistance, notamment, que le Sénat a accepté l'introduction de la déclaration « sous la foi du serment ».

L'article, tel qu'il a été voté dans son texte définitif :

a) organise la déclaration obligatoire des avoirs à l'étranger;

b) punit pour l'avenir la non-déclaration ou la déclaration inexacte des avoirs à l'étranger;

c) exonère, soit des droits encourus, soit des pénalités dont elles sont passibles, les personnes qui, dans des conditions déterminées, auront réparé les infractions par elles commises soit en matière d'exportation de capitaux, soit en matière d'impôt cédulaire ou d'impôt général sur le revenu du fait de leurs avoirs à l'étranger.

Ces diverses dispositions seront successivement examinées.

a) A partir du 1er janvier 1926 toutes les personnes *de nationalité française*, pourvu qu'elles aient en France *un domicile légal* ou une *résidence habituelle*, qui conservent à l'étranger des *biens mobiliers* ou y possèdent des *biens immobiliers, même si elles ne sont pas assujetties à l'impôt général sur le revenu*, doivent *obligatoirement, dans les deux premiers mois de l'année*, fournir une *déclaration détaillée* décrivant la *nature*, la *valeur de ces biens* et le *revenu qu'ils produisent*. Les personnes morales sont assujetties à cette obligation.

Seuls sont exemptés de cette obligation les *exportateurs* soumis aux dispositions de l'article 72 de la loi du 22 mars 1924. Il eût en effet été absurde de considérer comme des biens mobiliers ou avoirs à l'étranger les sommes, représentant le prix de marchandises exportées, dont l'exportateur a besoin pour payer des marchandises qu'il a importées ou importera.

Les dispositions précitées ne comportent aucun commentaire particulier. Il est évident que le revenu que le redevable doit déclarer est le revenu *net global, sous déduction des charges diverses supportées* par les avoirs à l'étranger, puisqu'il s'agit, à l'aide de ces éléments, d'asseoir précisément l'impôt général sur le revenu.

Il est trop certain que la valeur des biens conservés ou situés à l'étranger, surtout des biens immobiliers, peut donner lieu, en toute bonne foi, à de sérieuses divergences d'appréciation. C'est d'ailleurs pour cette raison que le législateur a pris soin de spécifier, au cinquième alinéa, que la déclaration *sciemment* inexacte sera seule punissable.

La déclaration, tant des différents éléments d'actif que du revenu, se fera *sous la foi du serment.*

Cette disposition, encore qu'elle ait donné lieu à de longues et âpres discussions, reste obscure et les travaux préparatoires ne l'éclairent pas. Car il n'a jamais été répondu, pendant les débats parlementaires, aux questions de ceux qui cherchaient à savoir quel sens précis pourraient avoir, dans une déclaration fiscale écrite, les mots *sous la foi du serment.*

Vainement on s'est demandé à la Chambre (M. Bokanowski, 2e séance du 19 juillet 1925, *Journ. officiel* 2 juillet, Débats parlem., Chambre, p. 3054), au Sénat (M. Georges Berthoulat, M. Gaston Japy, M. Morand, séance du 12 juillet 1925, *Journal officiel* 13 juillet, Déb. parlem., Sénat, p. 1531) en quoi consisterait le serment, sur quoi on prêterait serment, quelles seraient les conséquences du serment et du refus du serment.

On ne saurait trouver ni dans les déclarations des rapporteurs généraux des Commissions des finances de la Chambre et du Sénat, ni dans celles du Gouvernement, aucune lumière sur aucun de ces points importants.

M. Georges Berthoulat, au Sénat, ayant demandé devant qui l'on prêterait serment, M. Henry Bérenger, rapporteur général, lui a répondu en ces termes significatifs (*loc. cit.*, p. 1532) : « Je suis, pour ma part, assez embarrassé, comme commentateur de la loi, pour répondre (*Rires*). D'ordinaire, en effet, la formalité du serment — car tout homme d'honneur peut considérer aujourd'hui que le serment est une formalité — se passe devant un tribunal réuni, devant des hommes qui, comme l'a dit Pascal, ont mis des robes pour se différencier des autres citoyens et leur imposer par plus de majesté (*Sourires*); alors quelqu'un, assez embarrassé, se présente devant ces hommes en robe et lève la main, et l'on pense que cela l'impressionne plus que le sentiment de son honneur. C'est fort possible; en tout cas, c'est ainsi que la moralité du serment paraît avoir été comprise. Dans le cas qui nous occupe, y aura-t-il un tribunal en robe ? Est-ce que les contrôleurs des Contributions directes seront habillés d'une façon spéciale pour recevoir le serment des contribuables ? (*Rires*)... Je ne crois pas que le rôle du rapporteur général soit d'entrer dans une série d'explications sur la nature religieuse ou laïque du serment. On m'a posé la question : sur quoi prêtera-t-on serment ? Dans l'espèce, M. Japy, il semble que c'est probablement sur le code fiscal... Il est impossible à un législateur, étant donné que la Chambre des députés a prévu une simple formalité, de formuler une réponse ferme et définitive sur les deux questions que nos honorables collègues ont posées... La question est de savoir si nous allons éterniser un débat que, pour ma part, j'estime un peu puéril. »

Le dialogue suivant entre plusieurs sénateurs et M. Steeg, garde des sceaux (*loc. cit.*, p. 1532), n'est pas beaucoup plus instructif :

M. Gaston Japy : « On n'a pas répondu à ma question : sur quoi jurera-t-on ? »

M. le Garde des sceaux : « Je demande la parole. »

M. le Président : « La parole est à M. le Garde des sceaux »

M. le Garde des sceaux : « Quand nous appelons un Français à s'engager gravement devant lui-même, ce n'est pas insignifiant. Ce que nous voulons, c'est qu'au moment où il fait sa déclaration, le contribuable puisse prendre conscience du sérieux de l'acte qu'il accomplit. Cela ne nous paraît pas superflu et c'est pour cette raison que je demande au Sénat de vouloir bien adopter la proposition de la Commission des finances. »

M. Hervey : « Le contribuable jure sur l'honneur. »

M. le Garde des sceaux : « C'est cela ! »

Vainement, de même, M. Bokanowski avait demandé, à la tribune de la Chambre, si l'on allait considérer comme un serment, reçu par une personne ayant, à cet effet, délégation de la puissance publique, une déclaration écrite sur une feuille de papier, et si, dans ce cas, on allait considérer comme un faux serment ou une fausse déclaration une inscription sur cette feuille de papier, avant le moment où le contrôleur la recevrait et aurait à prendre acte de la déclaration. Ces questions n'étaient pas inutiles, étant données certaines décisions de jurisprudence qui admettent, pour l'application de la loi du 18 avril 1918, que la fausse affirmation ou déclaration inexacte est commise et les peines définitivement encourues dès que les énonciations inexactes sont portées sur une feuille de papier, même si cette feuille est détruite, si elle n'est jamais présentée à aucun agent de l'Administration ou si elle est rectifiée conformément à la réalité des faits avant toute communication aux agents de l'assiette.

C'est en vain, d'autre part, que M. Morand, sénateur, a demandé à la tribune du Sénat, le 12 juillet 1925 (*loc. cit.*, p. 1532), quelles seront les conséquences du refus de serment : conséquences au double point de vue judiciaire et fiscal : « Si le contribuable ne veut pas prêter serment, le contrôleur ou l'agent des Contributions directes pourra-t-il porter contre lui une pénalité et la fixer au chiffre qui lui plaira ?... Quelles seront les conséquences pour le citoyen qui refusera de déférer à la demande qui lui est faite ? Que fera-t-on de lui ? Le Gouvernement n'a-t-il aucune opinion sur ce point ? »

C'est par voie de simple interruption qu'à ce moment M. Schrameck, ministre de l'Intérieur, s'est écrié : « La taxation d'office ! »

Cette opinion, que l'honorable ministre de l'Intérieur n'a justifiée d'aucun argument de texte ou d'analogie, ne saurait être considérée comme résolvant la question soumise, d'autant qu'elle n'émane ni du ministre des Finances ni du ministre de la Justice, qui auraient été particulièrement qualifiés pour répondre aux questions très précises de M. le sénateur Morand.

Il y a d'ailleurs lieu de remarquer qu'à ce moment, M. Bordugo, directeur général des Contributions directes, commissaire du Gouvernement, a pris la parole pour exprimer une opinion toute différente sur les conséquences du refus de serment. Le commissaire du Gouvernement s'est exprimé en ces termes (*loc. cit.*, p. 1533) : « Messieurs, on demande s'il y aura quelque chose de changé. Il y aura évidemment quelque chose de changé, puisque cette déclaration des avoirs à l'étranger est une déclaration nouvelle. On demande ensuite quelles seront les sanctions si on refuse de prêter serment pour affirmer l'exactitude de la déclaration; si on refuse cette attestation sous la foi du serment, la déclaration sera considérée comme inexistante, et dans ces conditions, on appliquera les dispositions de l'article en discussion où il est dit : « L'absence de déclaration, comme la déclaration sciemment inexacte, sera punie, outre les sanctions prévues par l'article 366 du Code pénal, d'une amende égale (décime compris) à la moitié du montant de l'avoir dissimulé, sans préjudice, etc...

» Il ne s'agit d'ailleurs pas d'une formule entièrement nouvelle, puisque en matière de successions il existe déjà l'affirmation de l'authenticité de la déclaration, sous les peines qui frappent le faux serment en matière civile. »

Cette interprétation de l'honorable commissaire du Gouvernement paraît discutable, et elle ajoute, en tout cas, à un texte qui, étant de nature pénale, ne paraît susceptible que d'une interprétation stricte. La loi punit l'absence de déclaration et la déclaration inexacte; or, dans l'hypothèse envisagée, il y aura eu précisément déclaration, et la déclaration pourra avoir été parfaitement exacte.

Rien, dans le texte voté, ne permet d'assimiler le défaut de serment au défaut de déclaration, d'autant qu'à l'alinéa qui est consacré au serment, il n'est question d'aucune peine, et que la disposition d'après laquelle la déclaration des différents éléments d'actif et du revenu, se fera sous la foi du serment, n'est assortie d'aucune sanction soit fiscale, soit pénale.

De la lettre du texte, comme de l'ensemble des discussions qui en ont précédé le vote, il paraît résulter que l'alinéa de l'article 21 qui se réfère au serment ne crée aucune obligation spéciale au redevable et équivaut simplement à une déclaration d'honneur.

Il paraît en résulter encore que le législateur a simplement voulu engager par une formalité particulière le sentiment moral du contribuable.

Mais il est permis de regretter que le législateur ait voté un texte qui ne précise ni en quoi consiste la formalité dont il s'agit, ni quelles conséquences peut entraîner le défaut de cette formalité.

b) On a vu que l'absence de déclaration ainsi que la déclaration *sciemment inexacte* sera punie, d'une part, des sanctions prévues par l'article 366 du Code pénal, qui punit le faux serment en matière civile, et d'autre part, d'une amende égale (décimes compris) à la moitié du montant de l'avoir dissimulé, sans préjudice de l'affichage du nom du contrevenant et des motifs de la contravention à la porte de la maison du lieu de son imposition.

Le texte précise que seule la déclaration *sciemment* inexacte sera punie des sanctions prévues à cet article.

L'erreur commise de bonne foi sur la nature, la valeur des biens conservés ou possédés à l'étranger et sur le revenu qui y est attaché est exclusive de toute pénalité.

Les peines prévues à l'article 21 s'appliquent aux complices du délit (art. 59 et 60) et peuvent être mitigées par les circonstances atténuantes (art. 463 du Code pénal).

c) Enfin le texte prévoit des dispositions qui, au cours de la discussion parlementaire, ont été qualifiées de dispositions d'amnistie, au profit de diverses catégories de redevables qui se seront mis en règle avec le fisc dans les conditions prévues par le texte voté.

1° En premier lieu, aux termes du premier alinéa, les personnes de nationalité française, qui ont en France leur domicile légal ou une résidence habituelle et qui possèdent à l'étranger, au jour de la promulgation de la loi du 13 juillet 1925, sous une forme quelconque, des dépôts de sommes ou de valeurs mobilières, sont exonérées du payement de tous droits, taxes ou pénalités dont elles seraient débitrices à raison de la possession de ces sommes ou valeurs, pourvu qu'elles les transfèrent en France avant le 1er janvier 1926. Les redevables français qui n'auront pas opéré ce transfert avant le 1er janvier 1926, et qui auront, par conséquent, maintenu leurs biens mobiliers à l'étranger ne bénéficieront pas de cette disposition bienveillante destinée, dans la pensée du législateur, à favoriser le rapatriement des avoirs français à l'étranger.

Du texte de la loi il résulte clairement que cette disposition ne s'applique qu'aux dépôts de sommes ou valeurs mobilières que les personnes visées possédaient à l'étranger à la date du 13 juillet 1925; on ne saurait étendre le bénéfice de cette disposition aux avoirs qui auraient été constitués à l'étranger postérieurement à cette date.

Que faut-il entendre par l'exonération du payement de tous droits, taxes ou pénalités dont les redevables seraient débiteurs à raison de la possession de ces sommes et valeurs ?

Il s'agit certainement des droits et taxes qui auraient dû, si des déclarations avaient régulièrement été faites par le contribuable, être établis à sa charge au titre de l'impôt cédulaire sur les valeurs mobilières étrangères, de l'impôt général sur le revenu, et des pénalités qui auraient été encourues de ce chef pour absence de déclaration ou déclaration inexacte. Lors de la discussion de ce texte au Sénat (2e séance du 30 mai 1925, *Journal officiel* 31 mai, Débats parl., Sénat, p. 1118). M. Caillaux, ministre des Finances, avait nettement indiqué que, dans l'intérêt de l'économie nationale, et pour favoriser le rapatriement des valeurs en question en France, il était désirable que les redevables eussent la certitude que s'ils transféraient leurs avoirs en France, ils ne seraient point recherchés par le fisc à l'occasion de ces avoirs.

Mais, *quid* des droits, taxes ou pénalités dont les contribuables seraient passibles en vertu de la législation sur l'exportation des capitaux, à raison des mêmes sommes et valeurs?

La question, fort délicate, de l'incidence de l'article 21 sur l'exportation des capitaux avait été très nettement posée, au cours de la discussion au Sénat, par M. Charles Dumont (*loc. cit.*, p. 1117-1118).

Il est certain que la possession de sommes et valeurs mobilières exportées en contravention des dispositions légales réglementant l'exportation des capitaux a constitué les redevables débiteurs de droits et de taxes et les a rendus passibles de pénalités.

La généralité de la formule « ne pourront être recherchées en payement de tous droits, taxes ou pénalités dont elles seraient débitrices à raison de la possession de ces sommes et valeurs » implique que les dispositions pénales concernant l'exportation des capitaux ne sauraient être appliquées aux personnes de nationalité française, remplissant les conditions précisées à la première phrase du 1er alinéa de l'article 21, qui transféreraient en France, avant le 1er janvier 1926, les sommes ou valeurs mobilières indûment exportées. Cette interprétation paraît résulter des termes, d'ailleurs assez peu explicites, de la réponse du ministre des Finances à la question susvisée de M. Charles Dumont (*loc. cit.*, p. 1118).

En sens contraire, on fera peut-être valoir que l'article 22 suivant, qui vise spécialement l'exportation des capitaux et qui maintient en principe la législation antérieure relative à ce délit, ne contient aucune disposition de cette nature, ni aucune référence à l'article 21. Mais les termes de l'article 21 sont aussi extensifs que possible, et exonèrent de *toutes pénalités, sans distinction*, les personnes qui se mettront en règle avant le 1er janvier 1926.

2° En second lieu, le texte prévoit que les personnes qui auront spontanément et complètement réparé, dans les déclarations fiscales devant intervenir avant le 1er mars 1926, les insuffisances, omissions ou dissimulations antérieures au 1er janvier 1926 et relatives aux sommes ou valeurs mobilières qu'elles possèdent à l'étranger, ne pourront se voir réclamer aucun supplément de droit et seront exonérées des amendes fiscales qu'elles auraient encourues de ce chef.

Cette disposition, analogue à celle de l'article 51 de la loi du 22 mars 1924, paraît devoir être interprétée comme celle-ci l'a été par la jurisprudence : c'est-à-dire qu'elle s'applique à toutes les infractions fiscales antérieures à la date indiquée dans la loi, pourvu que ces infractions aient fait l'objet de la part du contribuable, dans le délai imparti par la loi, de rectifications sincères et complètes entièrement spontanées, c'est-à-dire intervenues avant toute poursuite, recherche, ou interpellation de la part de l'Administration.

3° En troisième lieu, le texte voté organise une amnistie analogue au profit des exportateurs qui auraient commis l'exportation de capitaux prévue par l'article 72 de la loi du 22 mars 1924, c'est-à-dire qui auraient laissé à l'étranger le prix des marchandises exportées, alors qu'ils n'auraient pas besoin de ce prix pour payer des marchandises importées par eux ou à importer, dans les six mois.

Aucune poursuite ne sera exercée de ce chef contre ces exportateurs si, avant le 1er janvier 1926, ils rapatrient, sous forme d'une remise en francs, les fonds qu'ils avaient irrégulièrement laissés à l'étranger.

La loi n'indique pas comment doit s'opérer cette remise en francs, si l'exportateur devra rapatrier en France la quantité même de francs qu'il a irrégulièrement laissés à l'étranger, et qui représente le prix des marchandises par lui exportées, ou s'il y aura lieu de considérer l'usage qu'il a pu faire de ses fonds et l'emploi qu'il a pu leur donner en devises ou valeurs étrangères.

Il y a lieu d'observer que, pour l'application de l'article 21, les biens, fonds et valeurs possédés *dans les colonies* sont considérés comme existant en France. En revanche, les mêmes biens, fonds et valeurs possédés dans les *pays de protectorat* et les *territoires à mandat* sont considérés comme avoirs *à l'étranger* et doivent être déclarés comme tels. C'est ce qui résulte du rejet par le Sénat et de l'abandon par la Chambre d'une disposition exceptant de l'article 21 les avoirs existants dans les pays de protectorat, ainsi que des explications fournies, en réponse à des déclarations de M. Angoulvant, député, par le ministre des Finances (Chambre, 1re séance du 11 juillet 1925, *Journal officiel* 12 juillet, Débats parlementaires, Chambre, p. 3380).

Exportation des capitaux.

Art. 22. — *Les dispositions de la loi du 3 avril 1918, de l'article 13 de la loi du 28 février 1921, de la loi du 31 mars 1922 et des articles 72 à 77 de la loi du 22 mars 1924, réglementant l'exportation des capitaux et l'importation des titres et valeurs mobilières, sont maintenues en vigueur jusqu'au 31 décembre 1925 sous les modifications et additions suivantes :*

« *Tombe sous le coup des pénalités édictées par la loi du 17 août 1915 l'exportation matérielle ou la tentative d'exportation matérielle de toutes monnaies, valeurs, titres et coupons, dont l'envoi hors de France est interdit par la loi du 3 avril 1918, complétée et modifiée par les lois subséquentes des 31 mars 1922 et 22 mars 1924 (art. 72 à 77).*

» *L'importation matérielle ou la tentative d'importation matérielle, sans déclaration, des titres et valeurs mobilières dont l'entrée en France est interdite par la loi du 3 avril 1918, complétée et modifiée par les lois subséquentes des 31 mars 1922 et 22 mars 1924 (art. 72 à 77), est passible des pénalités prévues par les lois des 28 avril 1816 (art. 41, 42 et 43), 21 avril 1818 (titre VI, art. 37) et 2 juin 1875 (art. 1er et 4).*

» *Les infractions aux paragraphes 1er et 2 du présent article sont constatées, les instances instruites et jugées comme en matière de douane. Les poursuites ne pourront être exercées que sur la plainte du ministre des Finances. Le ministre des Finances est autorisé à transiger. L'article 463 du Code pénal est applicable.* »

Les dispositions des lois des 3 avril 1918, 28 février 1921 (art. 13), 31 mars 1922, 22 mars 1924 (art. 72 à 77), qui ne sont pas contraires à celles des alinéas 2, 3 et 4 du présent article demeurent en vigueur.

L'avant-dernier alinéa de la loi du 31 mars 1922 est ainsi modifié :

« Un décret rendu sur la proposition du ministre des Finances pourra, antérieurement au 31 décembre 1925, suspendre l'application des dispositions de la loi du 3 avril 1918, de l'article 13 de la loi du 28 février 1921, de la loi du 31 mars 1922, des articles 72 à 77 de la loi du 22 mars 1924 et du présent article. »

Les dispositions du présent article sont applicables à l'Algérie.

La loi du 30 juin 1924 avait prorogé jusqu'au 31 décembre de la même année la durée d'application de la loi du 3 avril 1918 réglementant l'exportation des capitaux et l'importation des titres et valeurs mobilières.

L'article 22 maintient ces dispositions en vigueur jusqu'au 31 décembre 1925, mais en laissant au Gouvernement la faculté de suspendre, par un décret rendu sur la proposition du ministre des Finances, l'application de l'ensemble de cette législation. Il modifie les pénalités prévues par cette législation.

L'*exportation* de capitaux ou la tentative de ce délit est frappée des peines prévues par la loi du 17 août 1915, relative à la répression des infractions aux dispositions réglementaires portant prohibition de sortie ou de réexportation en suite d'entrepôt, de dépôt, de transit, de transbordement ou d'admission temporaire de certains produits ou objets. Aux termes de cette loi, le délit ou la tentative était punie d'un mois à deux ans d'emprisonnement et d'une amende de 100 à 1.000 francs, ou de l'une de ces deux peines seulement; les marchandises et objets saisis étaient confisqués ainsi que les moyens de transport. Le tribunal pouvait ordonner dans tous les cas que le jugement de condamnation serait publié intégralement ou par extraits dans les journaux qu'il désignerait et affiché dans les lieux qu'il indiquerait, le tout conformément aux conditions prescrites par l'article 7 de la loi du 1er août 1905. La peine pouvait être mitigée par l'admission des circonstances atténuantes (Code pénal, art. 463).

L'*importation* matérielle, sans déclaration, de titres et de valeurs mobilières en violation de la législation en vigueur est punie des peines prévues par les articles 41, 42 et 43 de la loi du 28 août 1816, 37 de la loi du 21 avril 1818, et 1er et 4 de la loi du 2 juin 1875, contre tout versement frauduleux, dans l'enceinte des ports ou sur les côtes, de marchandises prohibées. Les marchandises servant à masquer la fraude sont confisquées avec l'objet de contrebande et les moyens de transport; les délinquants sont punis d'une amende solidaire égale à la valeur des marchandises importées en fraude, sans pouvoir descendre au-dessous du maximum de 500 francs et d'un emprisonnement de trois jours à un mois. La peine d'emprisonnement est obligatoire pour les tribunaux (Cass. crim., 16 juin 1827, 14 janvier 1830, Dalloz, *Répertoire*, v° *Douanes*, n° 992-1°).

L'article prévoit que les infractions sont constatées, les instances instruites et jugées *comme en matière de douanes*. Or, en cette matière, toutes les infractions qui, outre l'amende, donnent lieu à des peines corporelles constituent des délits soumis à la *compétence des tribunaux correctionnels;* il en est ainsi notamment des délits d'importation sans déclaration et en contrebande.

Le *tribunal* compétent pour juger le délit est *celui dans l'arrondissement duquel est situé le bureau de douane le plus voisin* et où, par conséquent, le procès-verbal a été dressé et où les marchandises ont été déposées (Paris, 21 juin 1904, D. P. 1905. 2. 329), alors même que la saisie a été faite dans le ressort d'une autre juridiction; et *cette attribution de compétence*, dérogatoire au droit commun, est d'*ordre public* et exclusive de toute autre.

L'article 22 précise que les poursuites ne pourront être exercées que sur la plainte du ministre des Finances, qui tient de la loi le pouvoir de transiger.

Les peines prévues par l'article 22 peuvent être mitigées par l'admission des circonstances atténuantes (art. 463 du Code pénal).

Enfin l'ensemble de la législation sur l'exportation des capitaux et l'importation des titres et valeurs mobilières reste en vigueur dans la mesure où les dispositions n'en sont pas contraires à celles de l'article 22.

Suppression du bordereau de coupons.

Art. 23. — *Les articles 61 à 64 et 66 à 68 de la loi du 22 mars 1924 sont abrogés.*

La Commission des finances de la Chambre avait inséré dans le projet de loi de finances deux articles, n°s 21 et 22, destinés à permettre l'utilisation des *bordereaux de coupons* institués par les articles 61 à 64 et 66 à 68 de la loi du 22 mars 1924, pour rendre plus efficace le contrôle des revenus des valeurs mobilières.

Mais, à la troisième séance du 21 février 1925 (*Journal officiel* 22 février, Débats parlementaires, Chambre, p. 1123), le Gouvernement a demandé et la Chambre a décidé, sans rapport préalable ni débat, par cet article, la suppression du bordereau de coupons.

Le rapport (n° 140) de M. Bérenger, rapporteur général de la Commission des finances du Sénat, commente en ces termes l'article : « Le système imaginé par la loi du 22 mars 1924 a soulevé dans l'opinion générale une opposition si unanime et si justifiée, il a provoqué un tel exode des capitaux, qu'il s'est trouvé définitivement condamné avant même d'avoir été appliqué. »

Exonération à titre temporaire de la redevance des mines en faveur des concessions de pétrole et de gaz combustibles.

ART. 24. — *Les concessions de pétrole et gaz combustibles accordées pendant une période de quinze ans, à compter du 1er janvier 1920 sont, durant les dix années suivant celle de la concession, exonérées de la redevance proportionnelle des mines prévue par les articles 33 à 42 de la loi du 2 avril 1810, modifiés par l'article 4 de la loi du 8 avril 1910, par l'article 7 de la loi du 30 décembre 1916, par l'article 53 de la loi du 31 juillet 1917 et par l'article 1er de la loi du 25 juin 1920.*

En vue d'encourager les recherches d'hydrocarbures, cet article institue une exonération temporaire de la redevance proportionnelle des mines en faveur des nouvelles concessions de pétroles et gaz combustibles *et des concessions accordées depuis le 1er janvier 1920* (extension apportée au projet primitif du Gouvernement par la Commission des finances de la Chambre). Cette exonération vaut pour une période de dix années suivant celle de la concession.

Taxe pour le développement de l'enseignement technique et de l'apprentissage.

ART. 25. — *Toute personne ou société exerçant une profession industrielle ou commerciale, ou se livrant à l'exploitation minière, ou concessionnaire d'un service public, est assujettie à une taxe, dite taxe d'apprentissage, dont le produit, inscrit au budget de l'Etat, contribue aux dépenses nécessaires au développement de l'enseignement technique et de l'apprentissage ainsi qu'à celles des laboratoires scientifiques.*

Le produit de cette taxe est affecté à l'extension des écoles de métiers, des écoles pratiques de commerce et d'industrie, des écoles professionnelles nationales, des cours professionnels ou de toutes autres œuvres ayant pour objet la rénovation de l'apprentissage ou la préparation des enfants à une profession commerciale ou industrielle, ainsi qu'au développement et au fonctionnement des laboratoires de sciences pures et appliquées.

Sont notamment comprises dans les dépenses ci-dessus les bourses d'apprentissage et l'allocation de primes aux petits employeurs qui forment des apprentis.

Le taux de la taxe d'apprentissage est fixé chaque année dans la loi de finances en prenant pour base le montant total des appointements, salaires, rétributions quelconques payés pendant l'année précédente par le chef d'entreprise.

Ne seront pas considérées comme chefs d'entreprise, aux termes du présent article, et ne seront pas soumises à la taxe, les personnes énumérées à l'article 10 de la loi du 30 juin 1923 qui ne sont pas assujetties à l'impôt sur les bénéfices industriels et commerciaux, ainsi que celles qui, dans l'année, n'auront pas payé en espèces plus de 10.000 francs de salaires.

Des exonérations partielles ou totales pourront être, en outre, accordées aux assujettis, dans les conditions ci-après, en considération des dispositions prises par eux en vue de favoriser l'enseignement technique et l'apprentissage, soit directement, soit par l'intermédiaire des chambres syndicales, des chambres de commerce ou de toutes associations consacrant une partie de leurs ressources à ce but. Les exonérations seront accordées par les comités départementaux de l'enseignement technique. Pour les assujettis exerçant leur industrie dans plusieurs départements, l'exonération sera prononcée par le comité départemental du siège social. Compteront seuls, pour ces exonérations :

1° Les frais des cours professionnels et techniques de degrés divers;

2° Les salaires des techniciens qui sont chargés, à l'exclusion de tout autre travail, de la formation et de la direction des apprentis isolés ou en groupe, dans la limite maxima d'un technicien pour dix apprentis;

3° Les salaires payés aux apprentis :

a) pendant les dix premiers mois de l'apprentissage, lorsqu'ils sont soumis à un programme d'apprentissage méthodique;

b) pour les heures de présence aux cours professionnels;

4° Les subventions aux écoles, bourses et allocations d'études;

5° Les frais des œuvres complémentaires de l'enseignement technique et de l'apprentissage.

Les dépenses des œuvres et écoles seront soumises au contrôle de l'inspection de l'enseignement technique et des comités départementaux.

La taxe est due au 1er janvier pour l'année entière. Elle est établie et recouvrée, les réclamations sont instruites et jugées comme en matière de contributions directes.

Les états matrices sont dressés annuellement par les comités départementaux de l'enseignement technique d'après les renseignements qui leur sont fournis par les chefs d'entreprises. Les rôles sont établis par l'administration des Contributions directes.

Dans le cas où ces déclarations seraient reconnues inexactes, les chefs d'entreprises seront tenus de verser en sus des droits régulièrement dus le double droit sur la partie omise.

Lorsque le chef d'établissement n'aura pas fait de déclaration, il sera imposé d'office et ne pourra bénéficier d'aucune exonération.

Pour l'examen des exonérations, le comité départemental de l'enseignement technique prendra l'avis des représentants dûment qualifiés qui demanderont à être entendus par lui. Toutes ses décisions sont susceptibles d'appel devant la commission permanente du conseil supérieur de l'enseignement technique qui statue en dernier ressort.

Un règlement d'administration publique fixera les conditions d'application des présentes dispositions qui entreront en vigueur à dater du 1er janvier 1925.

ART. 26. — *Pour l'année 1925, le taux de la taxe prévue à l'article 25 est fixé à 0,20 p. 100.*

L'article 25, qui institue une taxe pour le développement de l'enseignement technique et de l'apprentissage, est un de ceux qui ont, lors de la discussion de la loi de finances, suscité les plus longues et les plus vives discussions.

L'idée directrice de l'ensemble de ces dispositions, énoncée dans l'Exposé des motifs du *projet* n° 441, est qu'il faut restaurer l'apprentissage professionnel; que les dépenses qu'entraîne la formation d'une main-d'œuvre qualifiée ne peuvent être mises exclusivement à la charge de l'Etat; que « la plus forte partie de ces dépenses doit être directement supportée par les intéressés, c'est-à-dire par les industriels et les commerçants, mais en tenant compte, dans un sens ou dans l'autre, des sacrifices déjà consentis par les uns, de l'abstention égoïste des autres » (*loc. cit.*, p. 53).

L'exposé des motifs s'exprimait, sur ce dernier point, en ces termes : « Il faut donc prévoir en même temps des surcharges pour ceux-ci, des exonérations pour ceux-là. Le comité départemental de l'enseignement technique constitué par la loi du 25 juillet 1919 et qui est composé de représentants élus des patrons, des ouvriers et des employés serait qualifié pour apprécier les situations particulières ».

Le projet de loi du Gouvernement prévoyait l'exonération des personnes exemptées de l'impôt sur les bénéfices des professions commerciales et industrielles par la loi du 30 juin 1923 et donnait pour base à la taxe le chiffre des salaires, appointements et rétributions en espèces.

La Commission des finances de la Chambre décida dès l'abord de réduire le nombre des exploitations passibles de la taxe, afin d'éviter d'encombrer les rôles de petites cotes d'un rendement nul (*Rapport* n° 538 de M. Viollette, p. 49).

Le texte primitif du projet a subi, avant de trouver sa forme définitive, de nombreuses modifications de détail, qui en ont pourtant laissé subsister l'économie générale.

Le produit de la taxe d'apprentissage est *inscrit au budget de l'Etat;* après de longs débats il a été reconnu qu'il y aurait les plus graves inconvénients à rompre l'unité budgétaire. Le produit de la taxe est donc affecté à l'extension des œuvres énoncées au deuxième alinéa, mais il ne s'agit point là d'une affectation spéciale qui ferait sortir cette recette du cadre du budget.

Les laboratoires scientifiques, qu'il s'agisse de sciences pures ou appliquées, sont compris parmi les œuvres qui profiteront de la taxe; il en a été ainsi décidé conformément à un amendement de MM. Emile Borel, Léon Bérard, Léon Blum, Bokanowski, Ducos, Loucheur et Locquin, pour cette raison que la recherche scientifique n'est pas moins importante que l'enseignement technique et l'apprentissage pour le développement du commerce et de l'industrie (cf. Chambre, séance du 23 février 1925, *Journal officiel* 24 février, Débats parlementaires, Chambre, p. 1177).

Est *assujettie à la taxe* « toute personne ou société exerçant une profession industrielle ou commerciale » aux termes du premier alinéa. En réalité ces expressions sont trop générales : car il ressort du rapprochement du premier alinéa avec le cinquième que, pour être soumis à la taxe, il ne suffit pas d' *« exercer une profession industrielle ou commerciale »*; il faut être un *chef d'entreprise* industrielle ou commerciale *déjà assujetti à l'impôt sur les bénéfices industriels et commerciaux*.

Commentant cet article, le sous-secrétaire d'Etat de l'Enseignement technique disait à la Chambre (séance du 23 février 1925, *loc. cit.*, p. 1167) : « Chaque *patron d'industrie* sera astreint à la taxe, exception faite des artisans et des petits patrons » (cf. dans le même sens Sénat, 2e séance du 9 juillet 1925, *Journal officiel*, 10 juillet, Débats parlementaires, Sénat, p. 1427.)

Seuls les patrons ou chefs d'entreprises auront donc à payer la taxe . il n'a jamais été question d'y soumettre, comme on parut le penser certains députés, au cours des travaux préparatoires, les techniciens du commerce et de l'industrie.

Une double exception est d'ailleurs apportée par le cinquième alinéa au principe posé par le premier : sont *exemptées de la taxe* et ne sont pas considérées comme chefs d'entreprise, au sens de l'article 25:

a) Les personnes énumérées à l'article 10 de la loi du 30 juin 1923 *qui ne sont pas assujetties à l'impôt sur les bénéfices industriels et commerciaux*, mais à l'impôt sur les traitements et salaires, c'est-à-dire :

1° Les ouvriers travaillant chez eux, soit à la main, soit à l'aide de la force motrice, que leurs instruments de travail soient ou non leur propriété, lorsqu'ils *opèrent exclusivement à façon* pour le compte d'industriels ou de commerçants, avec des matières premières fournies par ces derniers, et lorsqu'ils n'utilisent pas d'autre concours que celui de leur femme, de leurs père et mère, de leurs enfants et petits-enfants, habitant avec eux, d'un apprenti de moins de 16 ans et d'un compagnon;

2° Les *artisans* travaillant chez eux ou au dehors, qui se livrent principalement à la vente du produit de leur propre travail et qui n'utilisent pas d'autre concours que celui des personnes énumérées au paragraphe précédent;

3° La *veuve de l'ouvrier et celle de l'artisan*, travaillant dans les conditions précisées aux deux paragraphes précédents, lorsqu'elle continue la profession précédemment exercée par son mari;

4° Les *personnes qui vendent elles-mêmes et pour leur compte* en ambulance dans les rues, dans les lieux de passage et dans les marchés, *des marchandises de faible valeur ou de menus comestibles*, à la condition que ces personnes soient munies d'autorisations administratives et que les marchandises destinées à la vente soient transportées autrement que par véhicule automobile ou par voiture attelée;

5° Les *mariniers propriétaires d'un seul bateau* qu'ils conduisent et gèrent eux-mêmes;

6° Les *chauffeurs et cochers propriétaires d'une ou deux voitures qu'ils conduisent et gèrent eux-mêmes*, à la condition que les deux voitures ne soient pas mises simultanément en service, qu'elles ne comportent pas plus de quatre places et que les conditions de transport soient conformes à un tarif réglementaire;

7° Les *pêcheurs* se livrant personnellement à la pêche des poissons, crustacés, coquillages et autres produits de la mer ou d'eau douce.

b) Sont également *exemptées de la taxe d'apprentissage* et ne sont pas considérées comme chefs d'entreprises les personnes qui, tout en étant assujetties à l'impôt sur les bénéfices industriels et commerciaux, comme ne rentrant dans aucune des catégories précédentes, n'auront *pas payé en espèces plus de 10.000 francs de salaires.*

Il ressort du texte qu'il s'agit des *salaires payés durant l'année précédente*, et, d'autre part des *salaires en espèces*, à l'exclusion de toutes rémunérations supplémentaires ou avantages divers alloués en *nature* au personnel (tels que nourriture, chauffage, logement), qui, par ailleurs et à d'autres points de vue, notamment pour le calcul de l'impôt sur les traitements et salaires, devraient entrer en ligne de compte.

S'agissant de *salaires*, il semble qu'il n'y ait pas lieu non plus de tenir compte des *allocations familiales* qui ne constituent point un salaire proprement dit, c'est-à-dire la rémunération directe d'un travail.

Seront donc exempts de la taxe d'apprentissage les petits patrons qui n'auront pas, dans l'année précédant celle de l'imposition, versé à leur personnel en *espèces, à titre de salaire proprement dit*, au moins 10.001 francs.

Le taux de la taxe d'apprentissage est fixé par l'article 26 de la loi de finances à 0,20 pour 100 pour l'année 1925; mais il sera fixé chaque année dans la loi de finances « en prenant pour base le montant total des appointements, salaires, rétributions quelconques payés pendant l'année précédente par le chef d'entreprise ».

Cette fixation annuelle du taux de la taxe s'explique par le fait que le législateur a voulu que le produit de la taxe atteignît un chiffre déterminé, jugé nécessaire pour les besoins de l'apprentissage — 100 millions pour l'année 1925 (déclaration du sous-secrétaire d'État à l'Enseignement technique). La base, constituée par le chiffre des salaires versés pendant l'année écoulée par les chefs d'entreprise assujettis, devant nécessairement varier d'année en année, il était rationnel de prévoir que le taux de la taxe serait aussi fixé annuellement.

Pour *l'établissement de la taxe*, les chefs d'entreprise assujettis sont tenus de souscrire la déclaration des salaires par eux versés dans l'année écoulée.

Le texte ne dit pas clairement à quel fonctionnaire doivent être envoyées les déclarations, ni quel est le délai de déclaration : il semble que l'on puisse considérer, étant donné l'économie générale de la taxe, que le contrôleur des Contributions directes recevra les déclarations et que celles-ci devront être adressées dans le même délai que celles afférentes à l'impôt sur les bénéfices industriels et commerciaux. Le règlement d'administration publique sera sans doute plus explicite sur tous ces points que la loi elle-même, qui, pourtant, entre en vigueur, rétroactivement, au 1er janvier 1925.

Le chef d'établissement qui n'aura pas souscrit de déclaration sera *imposé d'office;* le législateur n'a pas cru devoir préciser sur quelles bases et sur la foi de quels renseignements l'Administration des Contributions directes établirait, en matière de taxe d'apprentissage, les impositions d'office.

On ne peut que regretter cette lacune, à laquelle ne supplée que d'une manière très insuffisante la référence faite dans le même article, à l'établissement de la taxe « comme en matière de contributions directes ». En effet, le législateur a été beaucoup plus précis quand il s'est agi de fixer les règles de la taxation d'office en matière d'impôt général sur le revenu et d'impôts cédulaires.

Le contrôleur trouvera, le plus souvent, des bases pour l'imposition d'office dans les déclarations de salaires faites par l'employeur pour l'établissement de l'impôt sur les traitements et salaires.

La loi précise que *le chef d'entreprise taxé d'office ne pourra bénéficier d'aucune exonération;* il sera donc privé du bénéfice qui pourra être accordé aux chefs d'entreprise justifiant des efforts qu'ils font pour l'apprentissage.

Enfin le chef d'entreprise dont les déclarations auraient été reconnues inexactes sera tenu de verser, en sus des droits régulièrement dus, le *double droit sur la partie omise*, c'est-à-dire le double des droits auxquels aurait régulièrement donné lieu la fraction des salaires non déclarée.

Les états des salaires versés qui serviront de base à l'imposition seront annuellement dressés par les *comités départementaux de l'enseignement technique*, d'après les renseignements fournis par les chefs d'entreprise.

D'après ces états matriciels, l'Administration établira les rôles : le recouvrement aura lieu et les *réclamations* seront *instruites et jugées comme en matière de contributions directes.*

Une partie particulièrement importante de la loi est celle qui concerne les *exonérations* qui pourront être accordées aux assujettis « en considération des dispositions prises par eux en vue de favoriser l'enseignement technique et l'apprentissage, soit directement, soit par l'intermédiaire des chambres syndicales, des chambres de commerce et de toutes associations consacrant une partie de leurs ressources à ce but ».

Ces dispositions, dont la raison d'être est évidente, ont donné lieu, lors de la discussion à la Chambre, à de longs débats.

Le texte voté dispose que des exonérations *pourront* être accordées. Il ne s'agit donc pas d'une exonération *de droit*, automatique, en faveur du chef d'entreprise dont l'effort personnel pour l'apprentissage aura été suffisant. L'exonération de droit n'a pas été admise par la Chambre. Celle-ci a repoussé (séance du 23 février 1925, *Journal officiel* 26 février, Débats parlementaires, Chambre, p. 1187) un amendement de M. René Lafarge ainsi rédigé : « Des exonérations *correspondant aux dépenses effectuées seront accordées* aux personnes et sociétés imposables en considération des dispositions qu'elles prennent en vue de favoriser le développement de l'enseignement technique et de l'apprentissage ».

Mais l'exonération totale ou partielle, si elle n'est jamais *obligatoire*, n'a pourtant pas été abandonnée à l'arbitraire administratif. Les exonérations seront prononcées, non par l'Administration, non par le sous-secrétaire d'État à l'Enseignement technique, comme certains l'avaient proposé, mais *par les comités départementaux de l'enseignement technique*, après avis des représentants qualifiés du commerce et de l'industrie qui demanderont à être entendus par eux.

Toutes les décisions de ces comités seront susceptibles d'appel devant la *commission permanente du Conseil supérieur de l'Enseignement technique, qui statue en dernier ressort.* Cette heureuse disposition, introduite dans la loi à la suite d'un amendement de M. Verlot, exclut l'arbitraire dans l'octroi des exonérations. Le texte précise que le Conseil supérieur ne donne pas simplement un avis, mais *statue, comme juridiction* et en dernier ressort.

La loi énumère les motifs d'exonération totale ou partielle qui pourront être retenus par les commissions; l'énumération de ces frais, salaires et subventions est *limitative;* il ne pourra être tenu compte d'autres dépenses que celles qui entrent dans les cinq catégories énoncées par la loi.

Il avait été proposé, au cours des débats, que l'exonération fût totale si les dépenses ainsi faites par le chef d'entreprise étaient supérieures au montant de la taxe à laquelle il serait cotisé en raison du montant des salaires par lui versés.

Il avait été demandé, d'autre part, que le fait pour un patron d'être membre cotisant d'un syndicat patronal possédant une école professionnelle lui valût une exonération ou tout au moins une réduction de la taxe d'apprentissage.

Ces suggestions n'ont pas été retenues. Ainsi que l'a déclaré à la Chambre (1re séance du 11 juillet 1925, *Journal officiel* 12 juillet, Débats parlementaires, Chambre, p. 3383) le sous-secrétaire d'État à l'Enseignement technique, « quand des sacrifices auront été faits par des syndicats ou des chambres de commerce, il en sera tenu compte *dans la mesure* de ce qui aura été fait et *de ce qui sera possible* ».

Il pouvait naître certaines difficultés d'interprétation du fait que, au sixième alinéa, il est écrit, d'abord, que « des exonérations partielles ou totales *pourront être accordées* », puis, plus loin, que « les exonérations *seront accordées* », de telle sorte que le texte paraît, dans un même alinéa, admettre à la fois le caractère obligatoire et le caractère facultatif de l'exonération.

Cette contradiction, de pure apparence, est dissipée par l'étude des travaux préparatoires. Le Sénat avait écrit, à la première phrase du sixième alinéa, les mots : « des exonérations partielles ou totales *seront* accordées... ». La Chambre substitua à ces mots, qui affirmaient le principe de l'exonération *obligatoire*, les mots « *pourront être* accordées », qui affirmaient nettement le principe du caractère *facultatif* de l'exonération.

A la séance du Sénat du 12 janvier 1925, M. Serre, rapporteur du budget du commerce, s'est expliqué en ces termes sur ces textes (*Journal officiel* 13 juillet, Débats parlementaires, Sénat, p. 1834) : « Nous avions dit : *des exonérations seront accordées.* La Chambre répond : *pourront être accordées.* La différence aurait peut-être une importance, si ces exonérations étaient soumises à la seule appréciation du ministre ou de l'Administration. On pourrait craindre, à tort ou à raison, que sa décision ne comporte une part d'arbitraire. Mais il est indiqué dans le texte que ce sont les comités départementaux qui statueront sur les exonérations. Or, dans l'enseignement technique, ces comités ne comprennent que des négociants et des industriels. Nous pouvons leur faire confiance. Dans ces conditions, je vous demande d'adopter sans modification le texte qui nous vient de la Chambre. »

Un amendement de M. Gaston Japy, substituant aux mots *pourront être accordées* les mots *seront accordées,* fut repoussé par le Sénat.

Les mots *seront accordées,* dans la seconde phrase du même alinéa, signifient donc que ces exonérations, *sans caractère obligatoire,* seront prononcées par les comités départementaux, qui auront seuls qualité pour statuer, sous réserve de l'appel des assujettis à la Commission supérieure, et que *la décision des comités ou de la Commission sera obligatoire* pour l'Administration.

Cette interprétation est celle qui résulte des travaux préparatoires, et elle est imposée par ce passage de la discussion à la Chambre (1re séance du 11 juillet 1925, *Journal officiel* 12 juillet, Débats parlementaires, Chambre, p. 3384) :

M. Maurice Bokanowski : « ... Je retiens que M. le sous-secrétaire d'Etat de l'Enseignement technique a déclaré à deux reprises que des dérogations « seraient » apportées. Par conséquent, *de fait ce ne sera plus la faculté, mais l'obligation de l'exonération lorsque l'avis du conseil départemental aura été favorable.* Dans ces conditions, toute la Chambre va voter ce texte; mais, bien que le mot « peuvent » y figure, il est bien entendu que c'est une *obligation* qu'entend assumer le représentant du Gouvernement... »

M. le Rapporteur général : « L'interprétation qui vient d'être donnée par M. Maurice Bokanowski répond exactement à ce que la Commission des finances a décidé hier. C'est l'esprit dans lequel nous avons fait ces modifications, et si mes paroles, qui figureront au *Journal officiel,* peuvent en faire foi, je vous donne ce témoignage. »

M. Maurice Bokanowski : « Par conséquent, vous considérez aussi *que c'est une obligation dès que l'avis du comité est favorable à l'exonération.* »

Ainsi le comité départemental est libre, sous réserve de l'appel à la Commission suprême, d'accorder ou de refuser l'exonération soit totale, soit partielle; mais sa décision s'impose à l'Administration.

Impôt sur les bénéfices industriels et commerciaux. Sociétés en nom collectif et en commandite simple.

ART. 27. — *L'article 11 de la loi du 30 juin 1923 est complété ainsi qu'il suit :*

« *Les impositions ainsi comprises dans les rôles au nom des associés n'en demeurent pas moins des dettes sociales.* »

Cet article constitue une disposition purement interprétative qui, sans innover en rien, précise, pour couper court à des divergences de vues, la portée de l'article 11 de la loi du 30 juin 1923 (*Projet de loi* n° 441; Exposé des motifs de l'article 19).

L'article 11 de la loi du 30 juin 1923, complétant l'article 3 de la loi du 31 juillet 1917, dispose que les impositions à la cédule des bénéfices industriels et commerciaux seront comprises dans les rôles, pour les sociétés en nom collectif, au nom de chaque associé pour la part des bénéfices sociaux correspondant à ses droits dans la société et, pour les sociétés en commandite simple, au nom de chacun des commandités gérants pour sa part respective de bénéfices et pour le surplus au nom de la société.

Certains avaient paru considérer que cet article avait transformé l'impôt sur les bénéfices industriels et commerciaux dû par les sociétés en nom collectif et les sociétés en commandite simple à raison des bénéfices réalisés par ces collectivités, en une dette personnelle à chacun des associés, et ils en avaient conclu que cet impôt serait recouvrable sur les biens de ces derniers à l'exclusion des biens sociaux et de ceux des autres associés en nom collectif ou associés gérants des sociétés en commandite par intérêt.

Cette interprétation, que l'article 27 a pour objet d'écarter définitivement en « rappelant de façon indiscutable le *caractère social de la dette* » (*Rapport* n° 537 de M. Violette, p. 50), était manifestement erronée : il résultait clairement des travaux préparatoires de la loi du 30 juin 1923 (*Rapport* n° 5274 de M. Bokanowski, 19 décembre 1922, p. 47) que la disposition en question avait pour objet de permettre aux associés participant en fait à l'exploitation dans les sociétés de personnes de bénéficier des réductions accordées aux autres contribuables en raison de leurs charges de famille; mais que, si chaque associé doit être nominativement inscrit aux rôles de l'impôt cédulaire sur les bénéfices industriels et commerciaux pour sa part de bénéfices sociaux, l'impôt afférent aux bénéfices réalisés par la société (loi du 31 juillet 1917, art. 2) n'en conserve pas moins son caractère de *charge de l'entreprise* exploitée par la société.

Modifications apportées au mode d'exécution de la revision des évaluations des propriétés non bâties par les articles 45 et 47 de la loi du 22 mars 1924. — Ajournement des revisions périodiques dont la reprise était fixée par l'article 48 de la même loi.

ART. 28. — *La revision exceptionnelle des évaluations foncières des propriétés non bâties prescrite par les articles 45 et 47 de la loi du 22 mars 1924 devra comprendre la recherche des changements survenus dans les natures de culture et un nouveau classement des parcelles; elle sera effectuée dans les conditions fixées par les articles 8 à 12 de la loi du 29 mars 1914. Les résultats de cette revision serviront de base à l'impôt à partir de l'année 1931.*

L'article 48 de la loi du 22 mars 1924 est abrogé. Une disposition législative ultérieure déterminera, pour les propriétés bâties et pour les propriétés non bâties, la date d'exécution des revisions périodiques prévues par la loi du 29 mars 1914 ainsi que le point de départ de l'application de leurs résultats.

Cet article a pour origine les amendements proposés à la Commission des finances de la Chambre par MM. Malvy, Georges Bonnet, Deyris et de Monicault.

L'article 45 de la loi du 22 mars 1924 prévoyait qu'une revision exceptionnelle des évaluations foncières dans toutes les communes serait entreprise en 1924, et que les résultats en serviraient à l'assiette de l'impôt à partir du 1er janvier 1926 et jusqu'à l'application des résultats de la prochaine revision périodique.

Aux termes de l'article 46 de la même loi, cette revision doit, en ce qui concerne les *propriétés bâties*, être effectuée suivant les règles applicables à l'exécution des revisions normales; *pour les propriétés non bâties*, les opérations sont limitées par l'article 47 à la revision des tarifs d'évaluation pour les mettre en rapport avec le taux actuel des valeurs locatives.

Cette dernière disposition avait donné lieu à de vives critiques, dont le rapporteur général de la Commission des finances de la Chambre (*Rapport* n° 537 de M. Violette, p. 11) s'est fait l'écho : « On a reproché notamment à cette opération d'aboutir à des rehaussements manquant d'homogénéité et souvent exagérés, d'avoir pour effet de surtaxer les propriétaires liés par des contrats conclus depuis un grand nombre d'années; d'être effectuée au cours d'une période d'instabilité des prix de location et enfin de n'avoir été ni précédée de la recherche des modifications survenues dans les natures de cultures ni accompagnée d'une réfection du classement parcellaire. »

Le législateur a donc estimé qu'il convenait de *suspendre les opérations de revision de l'évaluation des propriétés non bâties* pour les reprendre ultérieurement sur des bases plus solides, les modifications de nature de culture étant préalablement constatées et le classement parcellaire entièrement revisé.

La mise en application des résultats de la revision ne paraissant pouvoir être assurée que pour l'année 1931, il ne pouvait plus être question d'entreprendre dès 1927 les revisions périodiques ainsi que le prévoyait l'article 48 de la loi du 22 mars 1924. Le texte laisse à une loi ultérieure le soin de fixer l'époque d'ouverture des travaux.

Révision des évaluations foncières des propriétés non bâties. Modification de l'article 8 de la loi du 29 mars 1914.

ART. 29. — *Le premier alinéa de l'article 8 de la loi du 29 mars 1914 est modifié comme suit :*

« Lors de la revision des évaluations dans chaque commune, le tarif des évaluations et le classement des parcelles par nature de culture et par classe seront établis par un représentant de l'administration des Contributions directes assisté du maire et de cinq classificateurs propriétaires fonciers ou assujettis à la cédule des bénéfices agricoles, dont au moins deux forains. Ces classificateurs, de même que cinq classificateurs suppléants, seront choisis par le préfet sur une liste de vingt noms proposés par le Conseil municipal. Lorsque le territoire d'une commune comportera un ensemble de propriétés boisées de 100 hectares, au minimum, la commission devra comprendre au moins un classificateur propriétaire de bois ou forêts ; pour l'évaluation des propriétés boisées, il lui sera adjoint un agent du service forestier si l'administration des Eaux et Forêts le demande. » .

L'article 47 de la loi du 22 mars 1924 prévoyait que la révision des évaluations des propriétés non bâties, prescrite par l'article 45 de la même loi, serait exécutée conformément aux dispositions des articles 8 à 11 de la loi du 29 mars 1914.

Le présent article, dû à l'initiative de la Commission des finances de la Chambre, et qui incorpore un amendement de M. de Monicault (Chambre des députés, 3e séance du 21 février 1925, *Journal officiel* 22 février, Débats parlementaires, Chambre, p. 1132 et 1133), apporte à la procédure de révision des modifications dont l'utilité est apparue au cours des travaux récemment effectués.

Ces modifications visent, d'une part, la qualité de l'agent chargé du travail et, d'autre part, la composition de la Commission communale qui doit l'assister dans l'exécution de ce travail.

Aux termes de l'article 8 précité, le tarif des évaluations et le classement des parcelles par nature de culture et par classes sont établis par le contrôleur des Contributions directes assisté du maire et de cinq classificateurs, propriétaires fonciers, dont au moins deux forains choisis par le Conseil municipal.

Or, il a été reconnu que ces diverses opérations ne pouvant plus à l'avenir être toutes effectuées par le contrôleur des Contributions directes, celui-ci pourra être suppléé pour l'exécution de cette partie de la revision par des agents appartenant à d'autres services de l'administration des Finances, le contrôleur continuant, comme par le passé, à élaborer, avec les classificateurs, les tarifs d'évaluation communaux. C'est pourquoi, dans le texte de l'article 8, loi du 29 mars 1914, les termes « par un représentant de l'administration des Contributions directes » sont substitués à ceux de « par le contrôleur des Contributions directes ».

Par ailleurs, au cours des opérations de revision déjà effectuées, quelques difficultés sont nées du fait que le quorum n'était pas toujours atteint au sein des commissions de classificateurs, qui se trouvaient ainsi dans l'impossibilité de délibérer valablement. Le nouveau texte prescrit donc la désignation de classificateurs suppléants, qui, nommés en même temps et dans les mêmes conditions que les titulaires, peuvent être appelés à compléter la commission.

Enfin, une disposition due à l'initiative de la Chambre des députés permet aux exploitants non propriétaires, mais assujettis à l'impôt sur les bénéfices de l'exploitation agricole, de faire partie de la Commission des classificateurs : cette disposition, conforme à une proposition du Groupe de défense paysanne de la Chambre des députés, apporte une exception au principe toujours suivi en matière d'imposition, d'après lequel doit être provoqué l'avis des seuls contribuables assujettis à l'impôt qu'il s'agit d'établir.

Il résulte nettement des travaux préparatoires (*Rapport* n° 140 de M. Bérenger, p. 69) que, dans toutes les communes où il existe à la fois des propriétaires et des agriculteurs exploitants, le choix du préfet devra se porter à la fois sur des propriétaires et sur des exploitants. Il n'a pas paru nécessaire d'introduire ce détail dans le texte même de la loi, la volonté du législateur se trouvant clairement exprimée à ce sujet par l'addition relative à la composition de la Commission. « Les instructions données au préfet pour la nomination des classificateurs devront, du reste, contenir toutes précisions utiles à cet égard. »

Modification de la composition des commissions départementales et centrale instituées par les articles 9 et 10 de la loi du 29 mars 1914 pour arrêter les tarifs des évaluations des propriétés non bâties.

ART. 30. — *Le huitième alinéa de l'article 9 de la loi du 29 mars 1914 est modifié ainsi qu'il suit :*

« Un propriétaire foncier, désigné par la Chambre d'agriculture ou, jusqu'au fonctionnement de celle-ci, par l'Office agricole départemental. »

ART. 31. — *Les troisième et septième alinéas de l'article 10 de la loi du 29 mars 1914 sont respectivement modifiés ainsi qu'il suit :*

« Un sénateur et un député, nommés par décret.

» Un fonctionnaire du ministère de l'Agriculture et un propriétaire foncier désignés par le ministre de l'Agriculture. »

Cet article modifie la composition des commissions départementales et centrale instituées par les articles 9 et 10 de la loi du 29 mars 1914, en vue d'arrêter les tarifs des évaluations des propriétés non bâties.

Le tarif des évaluations est établi dans chaque commune par le contrôleur des Contributions directes assisté du maire et des cinq classificateurs choisis par les propriétaires fonciers (art. 9). En cas de désaccord entre les classificateurs et les agents de l'Administration, les tarifs sont arrêtés par la commission départementale (art. 9) sous réserve du droit, tant pour les municipalités que pour l'Administration, de faire appel, dans le mois qui suivra l'affichage des tarifs, devant la commission centrale prévue à l'article 10 de la même loi.

Les commissions départementales étaient ainsi composées : le préfet, président; deux conseillers généraux délégués chaque année, pour l'année suivante, par le Conseil général, dans sa deuxième session ou, à défaut, par le préfet; le trésorier-payeur général; le directeur des Contributions directes et du Cadastre; le directeur de l'Enregistrement, des Domaines et du Timbre; le directeur départemental des Services agricoles; un représentant d'une association agricole ou un agriculteur désigné chaque année par le préfet.

L'article 1er de la loi du 29 mars 1924 a ainsi fixé la composition de la commission centrale : le ministre des Finances ou son délégué, président; un sénateur et deux députés nommés par décret; le directeur général des Contributions directes; le directeur général de l'Enregistrement, des Domaines et du Timbre ou son délégué; un fonctionnaire du ministère de l'Agriculture.

Le texte nouveau assure une représentation plus directe des intérêts agricoles au sein de ces commissions et réalise le parallélisme nécessaire dans la constitution de celles-ci, qui comprendront désormais l'une et l'autre, en sus du même nombre de fonctionnaires, deux membres des corps élus et un représentant direct des intérêts agricoles.

Augmentation du coût des avertissements et des extraits du rôle.

ART. 32. — *Sauf dans les cas, prévus par les lois et instructions, où les percepteurs sont tenus de délivrer gratuitement des extraits des rôles, la rétribution à laquelle ont droit ces comptables pour la délivrance des extraits dont il s'agit est fixée à 50 centimes par extrait concernant le même contribuable. Des décrets rendus sur la proposition du ministre des Finances pourront autoriser la délivrance gratuite par les percepteurs des extraits de rôles.*

Les contribuables sont informés du montant des cotisations dont ils sont redevables au titre des contributions directes et taxes assimilées par un avertissement établi par le directeur des Contributions directes. L'article modifie le coût de cet avertissement, qui n'avait subi aucun changement depuis la loi du 15 mai 1918 (art. 52), et qui passe de 5 à 15 centimes.

Chaque contribuable peut réclamer à son percepteur et sur papier libre un extrait relatif à ses contributions. Le coût de cet extrait passe de 25 centimes (art. 2 et 26 de la loi du 2 juillet 1828) à 50 centimes.

Il est d'ailleurs spécifié que les extraits de rôle ou les certificats négatifs que les percepteurs sont tenus, en vertu des lois et instructions, de délivrer gratuitement (aux préfets, sous-préfets et maires, pour les besoins du service, aux indigents, allocataires, bénéficiaires de l'assistance aux vieillards, aux familles nombreuses, aux femmes en couches, etc.) continueront à être délivrés à titre gratuit. Et, comme le prévoit l'article 94 de la loi du 8 avril 1910, des décrets rendus sur la proposition du ministre des Finances pourront autoriser la délivrance gratuite d'extraits de rôles par les percepteurs.

Responsabilité des comptables du Trésor : non-recouvrement des cotes.

ART. 33. — *Un règlement d'administration publique déterminera les conditions dans lesquelles la responsabilité des comptables du Trésor sera mise en jeu ou pourra être atténuée en cas de non-recouvrement des cotes comprises dans les rôles de contributions directes établis, mais non encore soldés ou à émettre dans l'avenir.*

ENREGISTREMENT ET TIMBRE

Cessions de baux. — Indemnité. — Tarif spécial.

ART. 34. — *Toute cession d'un droit à un bail ou du bénéfice d'une promesse de bail portant sur tout ou partie d'un immeuble, quelle que soit la forme qui lui est donnée par les parties, qu'elle soit qualifiée cession de pas de porte, indemnité de départ ou autrement, est soumise à un droit d'enregistrement de 10 francs par 100 francs avec addition des deux décimes institués par l'article 3 de la loi du 22 mars 1924. Ce droit est perçu sur le montant de la somme ou indemnité stipulée par le cédant à son profit. Il est indépendant de celui qui peut être dû pour la mutation de jouissance des biens loués.*

ART. 35. — *Les actes de cession établis en la forme sous seings privés doivent être enregistrés au bureau de la situation des biens dans le délai fixé par l'article 12 de la loi du 29 juin 1918.*

Les dispositions de l'article 22 de la loi du 11 juin 1859 ne leur sont pas applicables.

A défaut d'acte constatant la cession, le droit est perçu sur une déclaration faite au bureau de l'enregistrement de la situation des biens, dans les trois mois de l'entrée en jouissance des biens loués.

A défaut de payement du droit dans les délais ci-dessus fixés, l'ancien et le nouveau locataires sont tenus chacun, personnellement et sans recours, nonobstant toute stipulation contraire, d'un droit en sus qui ne pourra pas être inférieur à 100 francs en principal.

ART. 36. — *Sont applicables aux contrats définis à l'article 19 (1) les dispositions des articles 12 et 13 de la loi du 23 août 1871, 7 de la loi du 27 février 1912, 7, 8, 9, 10 et 14 de la loi du 18 avril 1918, concernant les dissimulations de prix.*

L'insuffisance du prix de la cession peut être constatée par expertise, dans l'année de l'enregistrement de l'acte ou de la déclaration et dans les formes et sous les sanctions prévues par les articles 57 à 61 de la présente loi.

Les cessions de baux donnent lieu, fréquemment, surtout en matière de locaux à usage commercial, au paiement au profit du cédant d'une indemnité communément qualifiée de « pas de porte »; c'est, en définitive, le prix de la cession du *droit au bail*. Ces indemnités atteignent parfois des chiffres très élevés; l'exposé des motifs du projet de loi (Annexe n° 441, p. 61) en cite deux exemples, particulièrement

(1) Référence, maintenue par erreur, à un ancien art. 19 devenu l'art. 34 de la loi.

typiques, dans lesquels des cessions de baux, d'un loyer annuel de 10.500 francs et de moins de 100.000 francs, ont été consenties pour les prix respectifs de 250.000 francs et de 4.500.000 francs.

Ces cessions ne supportaient, le plus souvent, aucun droit d'enregistrement.

Consenties verbalement, elles échappaient à tout impôt.

Lorsqu'elles étaient constatées par actes sous seings privés, et s'il s'agissait d'un local commercial, l'acte présentait le caractère d'un acte de commerce, susceptible de bénéficier, en cas de présentation volontaire à l'enregistrement, du droit fixe (7 fr. 20) édicté par l'article 22 de la loi du 11 juin 1859.

Enfin, rédigées dans la forme authentique, elles étaient passibles, d'après une théorie, d'ailleurs contestable à notre avis, que l'Administration a cherché récemment à faire prévaloir devant le Tribunal de la Seine, du tarif de 6 p. 100 qui frappe les cessions de droits mobiliers.

Les articles 34 à 36 de la loi de finances ont pour but de placer, au point de vue fiscal, les cessions de cette espèce sous un régime analogue à celui que la loi du 28 février 1872 a établi sur les cessions de fonds de commerce, en les frappant d'un droit de mutation, dont le taux est fixé à 12 p. 100, décimes compris.

L'article 34 vise nommément la « cession du droit à un bail » ou du « bénéfice d'une promesse de bail »; ce qui exclut les transactions de toute autre nature; il faut d'ailleurs, pour que l'impôt soit exigible, qu'il s'agisse d'une indemnité stipulée par le cédant « à son profit »; si donc l'indemnité est stipulée au profit d'un tiers, le droit n'est pas dû.

Ce texte fait naître la question de savoir si les indemnités de résiliation tombent dans le champ d'application de la loi nouvelle; la raison de douter provient de ce que le législateur ne paraît pas avoir envisagé les rapports entre *bailleur* et preneur; il se préoccupe exclusivement des rapports entre cédant et cessionnaire, c'est-à-dire entre locataire sortant et locataire entrant. Or, les indemnités de résiliation s'entendent de la cessation du contrat de bail, tandis que la cession ne peut intervenir que lorsque la jouissance continue; le premier contrat exige l'intervention du propriétaire, le second peut intervenir, du moins en général, sans son concours. Pour ces divers motifs, nous estimons que les indemnités de résiliation échappent aux dispositions nouvelles.

Le droit de 12 p. 100 est indépendant de celui qui peut être dû pour la mutation de jouissance des biens loués. Ainsi, à supposer qu'il ait été stipulé une indemnité de 10.000 francs, que le loyer annuel soit de 5.000 francs et qu'il reste à courir trois ans de bail, il sera dû :

1° Un droit de cession à 12 p. 100 sur 10.000 francs;

2° Un droit de bail à 0 fr. 60 p. 100 sur 5000 × 3 = 15.000 francs.

« Si la cession de bail est corrélative à la cession d'un fonds de commerce, le prix global, qui s'applique aussi bien à la cession des autres éléments incorporels qu'à celle du bail et, le cas échéant, du matériel, continuera à n'être passible que du droit afférent aux cessions de fonds de commerce, dont le tarif vient d'être porté à 5,50 p. 100, soit 6,60 p. 100 y compris le double décime (art. 43 de la loi de finances. — V. les déclarations du commissaire du Gouvernement, Chambre, 3e séance du 21 février 1925, *Journal officiel*, Débats, p. 1136).

Tout comme l'impôt qui frappe les cessions de fonds de commerce, le nouvel impôt est un droit de mutation; c'est ce qui résulte implicitement de l'article 35 de la loi, qui fait dépendre l'exigibilité du droit, non de l'existence d'un acte, mais du fait de la mutation.

S'il existe un acte, il doit être présenté à la formalité de l'enregistrement au bureau de la situation de l'immeuble, dans le délai de trois mois de sa date; il doit être établi un double supplémentaire qui reste déposé au bureau de l'Enregistrement.

Ces dispositions ne s'appliquent, bien entendu, qu'aux actes sous seings privés; si donc l'acte est passé devant un notaire résidant en dehors du ressort du bureau de la situation de l'immeuble, il ne peut être assujetti à la formalité qu'au bureau dont dépend le notaire.

Si la mutation est simplement verbale, le droit est acquitté sur déclaration au bureau de la situation des biens, dans les trois mois de l'entrée en jouissance.

En outre, à défaut de paiement du droit dans les délais impartis, chacune des parties est tenue personnellement et sans recours, nonobstant toute stipulation contraire, d'un droit en sus qui ne peut être inférieur à 100 francs en principal.

Toutefois, s'il a été rédigé un acte, le cédant peut s'affranchir du paiement du droit en sus qui lui incombe personnellement en déposant l'acte au bureau compétent dans le courant du quatrième mois, mais il reste tenu du droit simple solidairement avec le cessionnaire.

En matière de dissimulation de prix et d'insuffisance, il est fait application aux cessions de l'espèce des règles qui régissent les ventes d'immeubles et les cessions de fonds de commerce.

S'il s'agit d'une dissimulation de prix, la pénalité sera donc une amende du quart de la somme dissimulée (L. 23 août 1871, art. 12 et 13).

S'il s'agit d'une insuffisance, il sera dû un droit en sus si l'insuffisance est reconnue amiablement et un double droit en sus, si elle est reconnue après expertise (V. le commentaire des articles 58 à 61 ci-après).

Enfin les actes constatant les cessions doivent contenir les affirmations prescrites par l'article 7 de la loi du 18 avril 1918, et, en cas de fausse affirmation, les parties peuvent encourir les sanctions prévues par le Code pénal en matière de faux serment.

Baux à périodes. — Paiement des droits. — Obligations imposées aux contribuables en matière de cession de bail.

ART. 37. — *Le huitième alinéa de l'article 11 de la loi du 23 août 1871 est ainsi modifié :*

« Le droit sera exigible lors de l'enregistrement ou de la déclaration. Toutefois, si le bail est de plus de trois ans et si les parties le requièrent, le montant du droit pourra être fractionné en autant de payements égaux qu'il y aura de périodes triennales dans la durée du bail. Le payement des droits afférents à la première période sera seul acquitté lors de l'enregistrement ou de la déclaration, et celui des périodes subséquentes aura lieu dans les trois mois du commencement de la nouvelle période à la diligence du locataire et du propriétaire, à peine pour chacun d'eux d'un droit en sus égal au droit simple.

» Cette disposition ne sera applicable qu'à l'expiration des trois mois qui suivront la promulgation de la présente loi.

» Tout acte portant sous-bail, subrogation, cession ou rétrocession de bail devra, à peine d'une amende de cinquante francs en principal, contenir la reproduction littérale de la mention d'enregistrement du bail cédé en totalité ou en partie. »

Le huitième alinéa de l'article 11 de la loi du 23 août 1871 concernant le régime fiscal des baux et locations verbales contenait une disposition ainsi conçue :

« Toutefois, si le bail est de plus de trois ans et si les parties le requièrent, le montant du droit pourra être fractionné en autant de payements égaux qu'il y a de périodes triennales dans la durée du bail. Le payement des droits afférents à la première période sera seul acquitté lors de l'enregistrement ou de la déclaration, et celui des périodes subséquentes aura lieu dans le premier mois de l'année qui commencera chaque période. »

Or, les parties se présentaient rarement dans ce délai pour acquitter les droits exigibles, du fait de la continuation du bail pour une nouvelle période, et l'Administration se trouvait dans l'obligation de les leur réclamer. Dans les bureaux chargés, la recherche des nombreuses échéances de baux à périodes constituait un travail considérable qu'il a paru possible d'alléger en obligeant les redevables à effectuer spontanément le payement des droits dans un délai de rigueur, sous la sanction d'un droit en sus.

Tel est le but du premier alinéa de l'article 37 de la loi de finances, qui oblige les locataires comme les propriétaires, en cas de fractionnement par périodes triennales des droits exigibles sur un bail, à se présenter spontanément au bureau de l'Enregistrement dans les trois mois du commencement de la nouvelle période pour acquitter les droits afférents à cette période.

A défaut de paiement dans ce délai, chacun des contrevenants sera passible d'un droit en sus égal au droit simple, sans minimum.

Nous estimons toutefois qu'en matière de locations verbales, le locataire, qui n'est astreint par la loi à aucune obligation, n'encourra jamais le droit en sus en cas de retard dans le paiement des droits, qui incombe au seul bailleur (L. 28 février 1872, art. 6); en outre, pour ce qui concerne le bailleur, les dispositions qui précèdent ne sont pas applicables aux locations verbales faites « suivant l'usage des lieux ». Tel est précisément le cas de la plupart des locations verbales à Paris et dans la majorité des grandes villes.

Les prescriptions nouvelles n'entreront en vigueur que dans un délai de trois mois à compter de la promulgation de la loi.

Enfin, le troisième alinéa du texte contient une disposition sur laquelle nous croyons devoir appeler l'attention. Désormais, tout acte portant sous-bail, subrogation, cession ou rétrocession de bail devra, à peine d'une amende de 50 francs, contenir la *reproduction littérale* de la mention d'enregistrement du bail cédé, en totalité ou en partie.

Transmission d'offices. — Modification des tarifs.

ART. 38. — *Le droit d'enregistrement auquel sont soumis, en vertu des articles 7 de la loi du 25 juin 1841 et 10 de la loi du 30 juillet 1913, les traités ou conventions ayant pour objet la transmission à titre onéreux d'un office, est perçu, sans addition d'aucun décime, pour chacune des fractions du prix, augmenté des charges, suivant les tarifs ci-après :*

De 1 *à* 2.000 *francs*, 3 *p.* 100;
De 2.001 *à* 5.000 *francs*, 4.50 *p.* 100;
De 5.001 *à* 50.000 *francs*, 6 *p.* 100;
De 50.001 *à* 100.000 *francs*, 7.50 *p.* 100;
De 100.001 *à* 200.000 *francs*, 9 *p.* 100;
Au-dessus de 200.000 *francs*, 10.50 *p.* 100.

Lorsque la transmission de l'office sera réalisée par voie de mutation gratuite entre vifs ou par décès, les dispositions de l'article 10 *de la loi du* 30 *juillet* 1913 *resteront applicables.*

Sont maintenues les dispositions prévues par l'article 10 *de la loi du* 30 *juillet* 1913 *concernant les créations nouvelles de charges ou les nomi-*

nations de nouveaux titulaires sans présentation, ainsi que toutes les dispositions de la loi du 28 juin 1841 et de l'article 10 de la loi du 30 juillet 1913 qui ne sont pas contraires au présent article.

Le régime fiscal des transmissions d'office à titre onéreux ou gratuit a été organisé par la loi du 25 juin 1841. Les cessions à titre onéreux étaient uniformément assujetties au tarif de 2 p. 100; quant aux mutations à titre gratuit entre vifs et par décès (donations et successions), elles demeuraient passibles du tarif propre aux mutations de cette nature, sans que le droit puisse être inférieur au tarif de 2 p. 100 prévu pour les mutations à titre onéreux. Toutefois, le montant de l'impôt ainsi déterminé ne pouvait lui-même être inférieur au dixième du cautionnement attaché à la fonction ou à l'emploi.

Ce régime a été modifié par l'article 10 de la loi du 30 juillet 1913 qui institue, aux lieu et place du tarif de 2 p. 100, un tarif progressif et élève par ailleurs la quotité du cautionnement qui doit déterminer le minimum du droit d'enregistrement.

Voici le barème de ces tarifs :

	I. - TARIFS DES DROITS D'ENREGISTREMENT	II. - MONTANT MINIMUM DES DROITS A PERCEVOIR (pourcentage du cautionnement attaché à la fonction)
	TARIFS EN VIGUEUR Article 10 de la loi du 30 juillet 1913	TARIFS EN VIGUEUR Article 10 de la loi du 30 juillet 1913
De 1 à 2.000 fr. ...	2 pour 100	10 pour 100
De 2.001 à 5.000 fr. ...	3 —	12 —
De 5.001 à 50.000 fr. ...	4 —	15 —
De 50.001 à 100.000 fr ...	5 —	18 —
Au-dessus de 100.000 fr. ...	6 —	20 —

Il n'a rien été innové en ce qui concerne les droits de transmission à titre gratuit qui continuaient à être perçus d'après leurs tarifs propres, sauf application du minimum déterminé par les tarifs ci-dessus.

Mais la loi de 1913 dispose, en outre :

« En cas de créations nouvelles de charges ou en cas de nominations de nouveaux titulaires sans présentation, par suite de destitution ou pour tout autre motif, les décrets qui y pourvoient sont assujettis, sur le montant du cautionnement attaché à la fonction ou à l'emploi, à un droit d'enregistrement :

» 1° De 20 p. 100 si la valeur de l'office n'excède pas 2.000 francs;

» 2° De 24 p. 100 si cette valeur dépasse 2.000 francs sans excéder 5.000 francs;

» 3° De 30 p. 100 si cette valeur dépasse 5.000 francs sans excéder 50.000 francs;

» 4° De 36 p. 100 si cette valeur dépasse 50.000 francs sans excéder 100.000 francs;

» 5° Et de 40 p. 100 quand elle excédera 100.000 francs.

» Le classement de l'office dans l'une des cinq catégories sera déterminé, pour la perception et sous les sanctions prévues par l'article 11 de la loi du 25 juin 1841, par la déclaration que le nouveau titulaire sera tenu de souscrire sur l'ampliation du décret de nomination.

» Si, comme condition de leur nomination, les nouveaux titulaires sont soumis à payer une somme déterminée pour la valeur de l'office, le droit est exigible, conformément à l'article 12 de la loi du 25 juin 1841, sur cette indemnité d'après les tarifs fixés au 1er paragraphe du présent article, sauf l'application des minimums de 10, 12, 15, 18 et 20 pour 100 du cautionnement. »

L'article 38 de la loi de finances se borne à modifier le tarif progressif édicté par la loi du 30 juillet 1913 en matière de *mutations à titre onéreux*; le nouveau barème est le suivant :

De 1 à 2.000 francs............	3,00	p. 100	*sans décimes.*
De 2.001 à 5.000 francs........	4,50	—	—
De 5.001 à 50.000 francs......	6,00	—	—
De 50.001 à 100.000 francs.....	7,50	—	—
De 100.001 à 200.000 francs....	9,00	—	—
Au-dessus de 200.000 francs....	10,50	—	—

Il est à remarquer que toutes les autres dispositions de la loi du 30 juillet 1913 sont intégralement maintenues; il en résulte les importantes conséquences suivantes :

1° En matière de transmissions par donation ou par succession, le tarif minimum à appliquer est déterminé, non par le barème qui précède, mais par celui de la loi du 30 juillet 1913;

2° Les minima de perception d'après la quotité du cautionnement, ainsi que le tarif progressif prévu en cas de créations nouvelles ou de nomination de nouveaux titulaires, sans présentation, tels qu'ils ont été fixés par la loi du 30 juillet 1913, demeurent en vigueur;

3° Enfin, en cas de stipulation d'une indemnité déterminée pour la valeur de l'office, dans l'hypothèse prévue par le pénultième alinéa de l'article 10 de la loi du 30 juillet 1913, c'est le tarif progressif édicté par cet article pour les mutations à titre onéreux — et non celui édicté par le nouveau texte — qui est applicable.

Achats pour revendre. — Nouveau régime. — Marchands de biens. Statut fiscal.

Art. 39. — *Sera considérée comme commerçante soumise à l'impôt sur le chiffre d'affaires et à l'impôt sur les bénéfices industriels et commerciaux toute personne ou société se livrant à des opérations d'intermédiaire pour l'achat ou la vente des immeubles ou des fonds de commerce ou qui, habituellement, achète en son nom les mêmes biens dont elle devient propriétaire en vue de les revendre. Elle devra :*

1° En faire la déclaration dans le délai d'un mois à compter de la promulgation de la présente loi ou du commencement des opérations ci-dessus visées au bureau de l'Enregistrement de sa résidence et, s'il y a lieu, à chacune de ses succursales ou agences;

2° Tenir deux répertoires à colonnes non sujets au timbre dont la forme sera déterminée par décret, présentant jour par jour, sans blanc ni interligne, et par ordre de numéros, tous les mandats, promesses de vente, actes translatifs de propriété et, d'une manière générale, tous actes se rattachant à sa profession d'intermédiaire ou à sa qualité de propriétaire; l'un des répertoires sera affecté aux opérations d'intermédiaire, l'autre aux opérations effectuées en qualité de propriétaire;

3° Se conformer, pour l'exercice du droit de communication des agents de l'administration de l'Enregistrement et des Contributions directes, aux dispositions des articles 22 de la loi du 23 août 1871, 7 de la loi du 21 juin 1875 et 8 de la loi du 17 avril 1906, sous les sanctions édictées par ces textes.

Tous les actes visés ci-dessus sont assujettis à l'enregistrement dans un délai de dix jours de leur date; il n'est pas dérogé aux dispositions de l'article 20 de la loi du 22 frimaire an VII pour le cas où ces actes auraient été rédigés par acte public.

Ils sont soumis au tarif édicté par la loi fiscale.

Toutefois, pour toute personne qui aura déclaré dans l'acte de vente qu'elle achète l'immeuble en vue de le revendre, le droit sera porté à 12 p. 100 (plus les décimes). Mais, dans ce cas, l'acte de revente ne donnera ouverture qu'à la moitié du droit ordinaire si cet acte est passé dans le délai d'un an.

En outre, le premier acquéreur qui aura acquitté le droit de 12 p. 100 (plus les décimes) aura un recours contre le second acquéreur en vue de se faire rembourser la moitié de ce droit.

Toute infraction aux dispositions ci-dessus est punie d'une amende de 1.000 francs à 10.000 francs.

En outre, à défaut d'enregistrement des actes dans le délai indiqué au présent article, il sera perçu un droit en sus avec minimum de perception de 50 francs en principal.

Les dispositions du 2e alinéa de l'article 23 de la loi du 23 juin 1920 sont abrogées en ce qu'elles ont de contraire aux présentes dispositions.

Avant la loi du 23 juin 1920, il n'existait aucune disposition législative réglementant, au point de vue fiscal, les achats d'immeubles faits en vue de la revente.

Ces actes étaient assujettis, comme les acquisitions ordinaires, à un droit de 7 p. 100, porté à 10 p. 100 par l'article 25 de la loi du 25 juin 1920 (actuellement 12 p. 100, décimes compris).

De telles opérations sont surtout pratiquées par les marchands de biens, qui devaient acquitter l'impôt au taux ordinaire, lorsqu'ils achetaient, les reventes qu'ils consentaient devant elles-mêmes être soumises au même droit, à la charge du nouvel acquéreur.

Or, ces intermédiaires ont souvent essayé de se soustraire au paiement de l'impôt sur la première acquisition.

Le moyen le plus usité consiste à tenir secrets les actes qui constatent leurs acquisitions et à se faire donner des mandats à l'aide desquels ils paraissent agir au nom de leur vendeur. Quelquefois, l'acte apparent dont ils excipent est un bail contenant l'engagement par le bailleur de vendre l'immeuble loué, à première réquisition, moyennant un prix déterminé, soit aux preneurs eux-mêmes, soit à ceux qu'ils auront agréés. Il arrive donc que les droits des acquisitions faites par les marchands d'immeubles échappent à l'impôt.

Pour faire disparaître ces évasions fiscales et leur enlever une partie de leur intérêt, l'article 25, 2e alinéa, de la loi du 25 juin 1920 avait édicté les mesures suivantes :

1° Institution d'un tarif majoré de 12 p. 100, actuellement 14.40 p. 100 (décimes compris), au lieu de 10 p. 100 pour tout acte dans lequel on déclare acheter pour revendre;

2° Restitution à l'acheteur d'une fraction du droit perçu d'autant plus importante que la revente est plus rapprochée de l'acquisition :

10 p. 100 si l'immeuble est revendu dans le délai d'un an;
8 p. 100 — — — — de deux ans;
6 p. 100 — — — — de trois ans;
4 p. 100 — — — — de quatre ans;
2 p. 100 — — — — de cinq ans;

Ce système n'a pas donné les résultats escomptés.

Le système des restitutions était trop compliqué et constituait une lourde tâche pour l'administration de l'Enregistrement.

Les marchands de biens, à qui l'on faisait attendre les restitutions pendant plusieurs mois, n'en ont pour ainsi dire pas usé et ont préféré revenir aux errements anciens.

C'est dans cette situation que le Gouvernement avait proposé (art. 52 du projet de budget pour 1925, annexe 441) de considérer comme une vente ferme les mandats ou promesses de vente consentis à des marchands de biens.

Ce texte était à la fois antijuridique et trop draconien.

Ainsi que le faisait remarquer M. Violette, rapporteur général de la Chambre des députés :

« Toute tentative de répression d'une fraude n'est pas seulement vaine, mais compromet les intérêts du Trésor lorsqu'elle a pour conséquence d'anéantir ou de faire disparaître la matière imposable.

» Le texte proposé par le Gouvernement avait précisément cet inconvénient grave.

» En présumant vente tout mandat, toute promesse, toute commission, même non acceptée, de vendre ou d'acheter, et par voie de conséquence, en assujettissant ces contrats au droit de mutation à titre onéreux, dont le tarif est plus élevé que celui perçu en cas de mandat, la disposition projetée enlève tout intérêt à la profession d'intermédiaire, qui ne sera plus exercée... » (Rapport général, p. 97).

D'après ces observations, qui ont d'ailleurs été reprises et développées à la tribune du Sénat par l'honorable M. Milan, sénateur (2e séance du 9 juillet 1925, *Journal officiel*, Débats, Sénat, p. 1432 à 1434 et 1441), le Parlement a décidé, d'une part, de doter d'un statut fiscal tous les intermédiaires qui se livrent à l'achat ou à la vente, non seulement des immeubles, mais encore des fonds de commerce et, d'autre part, de modifier le régime des achats pour revendre.

Statut fiscal des intermédiaires. — Et d'abord le premier alinéa de l'article 39 pose en principe que ces intermédiaires sont des commerçants; en conséquence, il les assujettit à l'impôt sur le chiffre d'affaires, ainsi qu'à l'impôt sur les bénéfices industriels et commerciaux. Il semble résulter de la rédaction du texte que ces deux impôts seraient exigibles, non seulement sur les commissions que touchent les professionnels, en tant qu'intermédiaires, mais encore sur les plus-values qu'ils réalisent en cas de revente.

Ces professionnels, pourvu qu'ils se livrent *habituellement* à ce genre d'opérations, sont assujettis à une réglementation particulière et très stricte.

En premier lieu, *ils doivent se faire connaître;* à cet effet, l'article 39 leur enjoint de faire la déclaration de leur commerce dans le délai d'un mois à compter de la promulgation de la loi, ou du commencement de leurs opérations pour ceux qui s'installeront dans l'avenir. La déclaration est faite au bureau de l'Enregistrement de la résidence de l'intermédiaire et, s'il y a lieu, de chacune de ses succursales ou agences. Cette déclaration est signée sur un registre.

D'autre part, les mêmes professionnels *doivent tenir un répertoire à colonnes* — dont la forme sera déterminée par décret — présentant jour par jour, sans blanc ni interligne et par ordre de numéros, tous les mandats, promesses de vente, actes translatifs de propriété et, d'une manière générale, tous les actes se rattachant soit à la profession d'intermédiaire, soit à la qualité de propriétaire; l'un des répertoires est affecté aux opérations effectuées en tant qu'intermédiaire et contient l'insertion des pouvoirs, mandats et promesses de vente affectées d'une condition suspensive; l'autre est réservé aux actes d'achat et de revente réalisés ferme, et qui sont de l'essence de la qualité de propriétaire.

Enfin, les marchands de biens et tous autres intermédiaires pour les ventes d'immeubles ou de fonds de commerce *sont astreints au droit de communication le plus étendu*, celui que l'Administration exerce déjà dans les sociétés par actions en vertu des articles 22 de la loi du 23 août 1871, 7 de la loi du 21 juin 1875, sous les sanctions édictées par l'article 5 de la loi du 17 avril 1906. Ils sont tenus, en conséquence, de représenter aux agents des administrations de l'Enregistrement et des Contributions directes leurs livres, registres, titres, pièces de recettes, de dépense et de comptabilité, à peine d'une amende de 1.000 à 10.000 francs et d'une astreinte de 100 francs par chaque jour de retard.

Tous les actes plus haut visés, c'est-à-dire les mandats, promesses de vente, actes translatifs de propriété qui les concernent, sont soumis à l'enregistrement dans les dix jours de leur date; toutefois, s'ils ont été rédigés par acte public, ces actes restent assujettis aux délais prévus par l'article 20 de la loi du 22 frimaire an VII.

Ces actes sont assujettis aux tarifs édictés par la loi fiscale; s'il s'agit d'une simple procuration ou d'une promesse de vente affectée d'une condition suspensive, c'est le droit fixe de 7,20 qui est applicable; s'il s'agit d'un mandat salarié, l'acte pourra bénéficier du droit fixe provisoire édicté, en matière d'actes de commerce, par l'article 22 de la loi du 11 juin 1859; toutefois, en cas de réalisation de la condition suspensive affectant une promesse de vente, le droit de vente soit d'immeubles (12 p. 100, décimes compris), soit de fonds de commerce (6,60 p. 100, décimes compris), devient rétroactivement exigible à compter de l'événement qui fait défaillir la condition; enfin, les promesses de vente visées à l'article 1589 du Code civil, c'est-à-dire celles qui valent vente, ainsi que les ventes ordinaires, sont immédiatement passibles du droit de mutation déterminé par la nature des biens vendus.

A défaut d'enregistrement dans le délai prévu, il est perçu sur chaque acte un droit en sus de 50 francs au minimum.

Toute contravention : défaut de déclaration d'existence, défaut de tenue de répertoires, omissions d'actes sur les répertoires, etc., est punie d'une amende de 1.000 francs à 10.000 francs.

Achats pour revendre. — Le régime des achats pour revendre, spécial aux immeubles, à l'exclusion des fonds de commerce, et institué par l'article 25, § 2, de la loi du 25 juin 1920, est modifié de la manière suivante.

L'acheteur qui déclarera dans l'acte qu'il achète en vue de revendre acquittera, comme par le passé, un droit de 12 p. 100 (soit 14,40 p. 100 avec le double décime); mais s'il revend *dans le délai d'un an*, son sous-acquéreur n'aura à acquitter que la moitié du droit *ordinaire*, c'est-à-dire 6 p. 100, décimes compris. Un recours est accordé au premier acquéreur pour se faire rembourser par le second acquéreur la moitié du droit de 14,40 p. 100.

Formations et prorogations de sociétés. — Majoration du tarif.

ART. 40. — *Le droit de 1 p. 100 édicté par l'article 15 de la loi du 29 juin 1918 pour les actes de formation et de prorogation de sociétés désignées à l'article 1er, n° 1, de la loi du 28 février 1872, est porté à 2,50 p. 100 en principal.*

Toutefois, le droit reste maintenu à 1 p. 100 en principal pour les actes de fusion de sociétés déjà existantes, pourvu que la durée de la société provenant de cette fusion ne dépasse pas le nombre d'années durant lesquelles devait encore exister celle des sociétés fusionnées dont le terme était le moins éloigné.

Le droit sur les actes de formation ou de prorogation de sociétés, fixé, dans le dernier état, par l'article 15 de la loi du 29 juin 1918, à 1 p. 100, est porté à 2.50 p. 100 en principal, *soit 3 p.* 100 avec le double décime.

Toutefois, l'ancien tarif de 1 p. 100 (1,20 p. 100, décimes compris) est maintenu pour les actes de fusion de sociétés, à la condition que la durée de la société provenant de cette fusion ne dépasse pas le nombre d'années durant lesquelles devait encore exister celle des sociétés fusionnées dont le terme était le moins éloigné.

Cette disposition s'applique aussi, à notre avis, en cas d'absorption d'une société par une autre, qui conserve sa raison sociale; ce n'est là, en effet, qu'une modalité de l'opération connue sous le nom de « fusion »; mais si le terme de la société absorbante est, d'après ses statuts, plus éloigné que celui de la société absorbée, le tarif réduit n'est pas applicable. Rien ne s'oppose cependant à ce que, pour profiter de ce tarif, elle modifie ses statuts de façon à faire concorder son terme avec celui de la société absorbée.

Licitations et soultes de partage. — Majoration du tarif.

ART. 41. — *Est porté à 10 p. 100, avec addition des deux décimes institués par l'article 3 de la loi du 22 mars 1924, le droit établi par l'article 25, troisième alinéa, de la loi du 25 juin 1920 sur les parts et portions indivises de biens immeubles acquises par licitation et sur les retours de partage de biens immeubles.*

Mais la formalité de la transcription au bureau de la conservation des hypothèques ne donnera lieu à aucun droit proportionnel autre que la taxe établie par la loi du 27 juillet 1900.

L'article 54 de la loi du 28 avril 1816 est abrogé en ce qu'il a de contraire aux dispositions qui précèdent.

Les licitations d'immeubles et les soultes de partage de biens de même nature ont été assujetties par l'article 25, 3° alinéa, de la loi du 25 juin 1920 à un droit proportionnel de 8 p. 100 (soit 9,60 p. 100, y compris le double décime).

Ce droit n'était toutefois applicable, en matière de licitation, que si l'acte n'était pas de nature à être transcrit.

Par contre, la licitation, lorsqu'elle était de nature à être transcrite, supportait, lors de l'enregistrement, indépendamment du droit de 8 p. 100, le droit de transcription (2 p. 100, loi 25 juin 1920, art. 25, dernier alinéa) institué par l'article 54 de la loi du 28 avril 1816 pour tous les actes de nature à être transcrits.

Il en est ainsi toutes les fois que la licitation ne met pas fin à l'indivision existant entre les colicitants : quand, par exemple, l'immeuble a été adjugé à deux ou plusieurs colicitants à l'égard desquels l'indivision subsiste. De même, le droit de transcription devait être perçu lorsque l'adjudication était prononcée au profit du colicitant qui n'était pas copropriétaire au même titre que les autres colicitants ou bien encore lorsque l'immeuble était attribué par licitation à l'un des propriétaires indivis, tel l'héritier bénéficiaire ou le légataire universel en concours avec des héritiers réservataires, auxquels la loi civile accorde la faculté de purger les hypothèques nées du chef du précédent propriétaire.

L'application de ces règles de perception entraînait parfois des conséquences choquantes.

Si le copropriétaire, qui s'était rendu acquéreur du bien indivis, ne devait le droit de mutation de 8 p. 100 que sur la part acquise en sus de sa part virile, il était tenu, au contraire, à raison de l'indivisibilité de la formalité de la transcription, du droit de 2 p. 100 sur le prix de l'ensemble des biens licités. De ce chef, il payait un impôt plus élevé que celui qui, normalement, aurait dû lui incomber à raison de son acquisition. Tel était, en particulier, le cas de l'héritier mineur, qui est dans l'obligation, comme héritier bénéficiaire, de faire la purge des hypothèques.

Ces règles de perception présentaient cependant l'avantage d'être en harmonie avec les règles du droit civil; l'article 41 de la loi a rompu cette harmonie en assimilant entièrement les licitations, qu'elles soient ou non de nature à être transcrites, et en les assujettissant au tarif uniforme de 10 p. 100 (12 p. 100 y compris le double décime) qui comprend le droit de transcription. Les soultes de partage sont soumises au même régime.

Il a été spécifié au cours des débats que ce tarif ne serait jamais perçu que sur la valeur des parts acquises; le droit de transcription cessera donc d'être exigé dans toutes les hypothèses où, par suite de l'indivisibilité de la formalité, l'Administration le faisait réclamer sur la valeur de l'ensemble des biens licités (V. déclaration du commissaire du Gouvernement, Chambre, 3e séance, 21 février 1925).

Le texte précise qu'en cas de transcription à la conservation des hypothèques, il ne sera dû que la taxe hypothécaire instituée par la loi du 27 juillet 1900.

Ventes d'immeubles et de fonds de commerce. — Institution d'une surtaxe.

ART. 42. — *Pour toute vente d'immeubles dont le prix excède 300.000 francs, le droit de mutation à titre onéreux est majoré d'une surtaxe calculée comme suit :*

1 p. 100 en principal sur la partie du prix qui excède 300.000 francs;

2 p. 100 en principal sur la partie du prix qui excède 500.000 francs.

La surtaxe est assise et perçue dans les mêmes conditions que le droit de mutation.

Pour toute cession à titre onéreux de fonds de commerce ou de clientèle, lorsque la valeur imposable est supérieure à 300.000 francs, le droit d'enregistrement est majoré d'une surtaxe calculée comme suit :

2 p. 100 en principal sur la portion de cette valeur qui excède 300.000 francs;

2 p. 100 en principal sur la portion de cette valeur qui excède 500.000 francs.

Toutefois, les surtaxes instituées par le présent article ne sont pas applicables aux ventes faites sous l'une des formes ci-après :

Vente sur saisie immobilière et sur conversion de saisie immobilière;

Vente de biens dépendant d'une faillite;

Vente ou licitation de biens de mineurs, d'absents ou d'interdits;

Vente ou licitation en vue de partage de biens provenant de successions;

Vente de biens de successions vacantes ou de successions bénéficiaires;

Vente de biens dotaux dans les cas prévus par l'article 1558 du Code civil.

En l'état actuel de la législation le tarif des ventes d'immeubles est fixé à 10 p. 100 (soit 12 p. 100 y compris le double décime; quant à celui des ventes de fonds de commerce, il vient d'être porté à 5,50 p. 100, soit 6,60 pour 100 y compris le double décime). Ces tarifs, édictés par les articles 25 de la loi du 25 juin 1920, et 43 de la loi de finances, ci-après commenté, sont immuables, quelle que soit l'importance de la mutation.

Il a paru à la commission des finances de la Chambre que les ventes, tant de fonds de commerce que d'immeubles, pourraient contribuer dans une plus large mesure aux charges budgétaires, lorsqu'elles excèdent un certain chiffre (Rapport de M. Maurice Viollette, p. 84 et 85), et dans ce but il a été institué une surtaxe au droit d'enregistrement qui frappe ces mutations dès lors que leur prix dépasse 300.000 francs.

L'article 42 de la loi de finances fixe cette surtaxe, savoir :

A 1 p. 100 en principal sur la partie du prix qui excède 300.000 fr.

A 2 p. 100 en principal sur la partie du prix qui excède 500.000 fr.

La surtaxe est assujettie au double décime (Chambre, 1re séance du 2 juillet 1925, *Journal officiel*, Débats, p. 3081 et 3082).

Elle atteint toutes les ventes d'immeubles, ventes pures et simples, licitations, soultes de partages, achats pour revendre, mais non les échanges. Il faut, bien entendu, pour qu'elle soit exigible, qu'il s'agisse de ventes consenties en totalité par un seul vendeur à un seul et même acquéreur; ainsi dans le cas où une propriété est lotie et vendue par division à un certain nombre d'acquéreurs, ce n'est pas l'ensemble du prix obtenu qu'il faut considérer pour l'application de la surtaxe, mais bien le prix payé par chacun des acquéreurs distincts (Chambre, séance du 2 juillet 1925, *Journal officiel*, Débats, p. 3081).

Les mêmes règles sont applicables en matière de fonds de commerce; toutefois la surtaxe n'atteint que la partie du prix afférente aux éléments incorporels, au droit au bail et au matériel, qui, en l'état, sont assujettis au tarif de 5,50 p. 100 en principal; elle ne s'étend donc pas à la fraction de ce prix applicable aux marchandises neuves, cédées en même temps que le fonds, qui bénéficient, par application de l'article 24, 3e alinéa de la loi du 25 juin 1920, d'un tarif plus réduit, à moins que ces marchandises, n'ayant pas fait l'objet d'un prix particulier et d'un détail article par article (L. 28 février 1872, art. 7), ne soient elles-mêmes taxées au taux de 5 p. 100 (V. Rapport n° 140 de M. Henry Bérenger, p. 84).

Juste dans son principe, cette taxation, qui n'atteint que les ventes réellement importantes, est destinée à compenser dans une certaine mesure les avantages dont ces ventes bénéficient par rapport aux petites ventes qui ont à supporter des frais proportionnellement beaucoup plus élevés; mais on peut émettre les doutes les plus sérieux sur son efficacité.

Il est à craindre, en effet, que pour échapper à la surtaxe, les parties, toutes les fois que la chose sera possible, ne morcellent l'objet de la vente en autant de fractions d'une valeur inférieure à 300.000 francs qu'il sera nécessaire; au lieu de consentir une vente d'un million, par exemple, on établira quatre ventes de 250.000 francs, et l'on éludera ainsi le paiement du nouvel impôt.

Quoi qu'il en soit, le texte de l'article 42 institue un certain nombre d'exceptions en faveur de certaines ventes, qui ont paru plus particulièrement intéressantes; ce sont :

1° Les ventes sur saisie immobilière et sur conversion de saisie immobilière;

2° Les ventes de biens dépendant d'une faillite;

3° Les ventes ou licitations de biens de mineurs ou d'interdits;

4° Les ventes ou licitations en vue du partage de biens provenant de successions;

5° Les ventes de biens de successions vacantes ou de successions bénéficiaires;

6° Les ventes de biens dotaux, dans les cas prévus par l'article 1558 du Code civil.

Il nous paraît évident que, dans l'intention du législateur, qui s'est référé implicitement aux règles du droit commun, les ventes dont l'énumération limitative précède doivent être réalisées selon les formes prévues par le Code de procédure civile, pour pouvoir être dispensées de la surtaxe.

Ces dispositions sont d'ailleurs applicables aussi bien aux mutations de fonds de commerce qu'aux mutations d'immeubles.

Vente de biens meubles. — Majoration du tarif.

ART. 43. — *Le droit d'enregistrement, fixé à 5 p. 100 par l'article 24 de la loi du 25 juin 1920, est porté à 5,50 p. 100 en principal.*

Le tarif du droit d'enregistrement des ventes de meubles de toute nature, fixé à 5 p. 100 (soit 6 p. 100 avec le double décime), par l'article 24 de la loi du 25 juin 1920, est porté à 5,50 p. 100 en principal, soit 6,60 p. 100 en y incorporant le double décime.

Ce tarif concerne non seulement les ventes ordinaires de biens meubles, mais aussi les cessions de fonds de commerce et les mutations à titre onéreux de navires et de bateaux dont la jauge est supérieure à 100 tonnes; par contre, ainsi que le précise M. Bérenger dans son rapport, il n'atteint pas :

1° Les ventes d'animaux, de récoltes, d'engrais, d'instruments et autres objets mobiliers dépendant d'une exploitation agricole, qui demeurent sous l'empire du tarif réduit de 2,50 p. 100, institué par l'article 24 de la loi du 25 juin 1920 (soit 3 p. 100 y compris le double décime);

2° Les ventes de marchandises neuves dépendant d'un fonds de commerce, dont le tarif est maintenu à 1,25 p. 100 (1,50 p. 100 y compris le double décime);

3° Les ventes de marchandises après faillite (0,50 p. 100 plus les décimes).

Dissimulation du caractère des contrats. — Sanctions.

ART. 44. — *Lorsqu'il est amiablement reconnu ou judiciairement établi que le véritable caractère des stipulations d'un contrat ou d'une convention a été dissimulé sous l'apparence de stipulations donnant ouverture à des droits moins élevés, il est dû un double droit en sus. Cette pénalité est due solidairement par toutes les parties contractantes.*

Il arrive assez fréquemment que les contribuables essayent de se soustraire au paiement des droits d'enregistrement exigibles sur les conventions en dissimulant le véritable caractère de ces conventions sous l'apparence d'actes donnant ouverture à des droits moins élevés.

On peut citer dans cet ordre d'idées les apports en mariage par les futurs époux de biens qui leur ont été en réalité donnés par leurs parents, les reconnaissances de dettes fictives, et surtout les donations déguisées sous la forme de contrats à titre onéreux.

Un exemple, que nous empruntons au rapport général de M. Maurice Viollette, fera mieux saisir la nature de ces évasions fiscales :

« Voici une personne qui est âgée de 80 ans; elle désire donner à son neveu, qui est son héritier présomptif, une créance de 100.000 francs qu'elle possède; on rédige un acte de cession de créance dans lequel elle donne aussitôt quittance du prix que le neveu est censé payer. Le neveu payera un droit de transport de créance de 1 p. 100 soit, avec le double décime, 1.500 francs.

» Si la créance lui était transmise par donation régulière, elle donnerait lieu à des droits s'élevant à 30 p. 100, soit 36.000 francs, avec le double décime. » (Rapport général, p. 96.)

Sans doute l'Administration et les tribunaux ont le droit de rechercher et de constater le véritable caractère des stipulations contenues dans les actes pour arriver à asseoir, d'une manière conforme à la loi, les droits dus par les parties intéressées à raison de ces actes. Ce droit a été consacré par une longue série d'arrêts de la Cour de cassation.

Mais, sous le régime antérieur, les contribuables ne couraient aucun risque, puisque, dans l'hypothèse même où leurs combinaisons frauduleuses se trouvaient déjouées, ils n'avaient à acquitter qu'un complément de droit simple.

Sous le nouveau régime, institué par l'article 44 de la loi de finances, il sera dû solidairement par toutes les parties contractantes un double droit en sus, toutes les fois qu'il sera « amiablement reconnu ou judiciairement établi que le véritable caractère des stipulations d'un contrat ou d'une convention a été dissimulé sous l'apparence de stipulations donnant ouverture à des droits moins élevés ».

Ainsi il n'est pas nécessaire, pour donner ouverture à la nouvelle sanction, que la dissimulation soit établie par une décision judiciaire, à la suite, par exemple, d'une instance engagée par l'Administration; il suffit qu'elle soit reconnue à l'amiable.

Mais il faut, bien entendu, qu'il s'agisse d'une véritable « dissimulation », c'est-à-dire d'une réticence frauduleuse commise dans le but de frustrer le Trésor d'une partie des droits exigibles; la preuve de ces agissements incombe à l'Administration; elle peut être administrée par tous les modes compatibles avec la procédure écrite, et notamment au moyen de présomptions graves, précises et concordantes, mais à l'exclusion de l'enquête et du serment.

Usufruit et nue propriété. — Acquisitions conjointes.

ART. 45. — *Est réputé au point de vue fiscal faire partie, jusqu'à preuve contraire, de la succession de l'usufruitier, toute valeur mobilière, tout bien meuble ou immeuble appartenant, pour l'usufruit, au défunt, et, pour la nue propriété, à l'un de ses présomptifs héritiers ou descendants d'eux, même exclu par testament, ou à ses donataires ou légataires institués même par testament postérieur, ou à des personnes interposées, à moins qu'il y ait eu donation régulière. Sont réputées personnes interposées les personnes désignées dans les articles 911, deuxième alinéa, et 1100 du Code civil.*

Toute réclamation de ce chef sera prescrite dans un délai de cinq ans à compter de l'ouverture de la succession.

Le Gouvernement avait proposé, dans le projet de loi de finances, l'institution d'un certain nombre de présomptions légales de simulation, mais le Parlement n'en a retenu qu'une seule, qui a pour objet la fraude suivante :

Il n'est pas rare de voir certaines personnes, dont la fortune consiste à peu près uniquement en valeurs mobilières, faire échapper leurs héritiers à l'impôt de mutation par décès en faisant établir, de leur vivant, pour les rentes, actions et obligations dépendant de leur patrimoine, des titres nominatifs au nom de leurs héritiers présomptifs ou descendants pour la nue propriété, et à leur nom pour l'usufruit.

On pouvait, par des procédés analogues, éluder le paiement du même impôt sur les immeubles et les fonds de commerce en réalisant une acquisition conjointe de l'usufruit au nom du disposant et de la nue propriété au nom de l'héritier que l'on voulait avantager.

L'article 45 institue, sous réserve de la preuve contraire, une présomption de transmission par décès à l'égard de toutes les valeurs et de tous les biens appartenant pour l'usufruit au défunt et pour la nue-propriété à l'un de ses présomptifs héritiers, ou descendants d'eux ou de personnes interposées.

Comme le prévoit formellement le texte, il s'agit là d'une présomption *juris tantum* qui peut être détruite par la preuve contraire à la charge des redevables. Cette preuve ne peut être administrée que dans les formes compatibles avec la procédure écrite.

Mais l'application de la loi est susceptible de soulever, dans la pratique, les plus sérieuses difficultés.

Etant donné que les biens détenus en nue propriété sont censés dépendre de la succession de l'usufruitier, les droits exigibles ne peuvent être que ceux de mutation par décès. Il faut donc se placer au *moment du décès* pour apprécier si le nu propriétaire est un « présomptif héritier » de l'usufruitier; à supposer, dès lors, que depuis l'acte constitutif de l'usufruit et de la nue propriété, le nu propriétaire ait perdu sa qualité d'héritier présomptif ou soit décédé, la présomption ne devra pas jouer.

Sans doute, le texte vise l'héritier présomptif « exclu par testament », mais cet héritier peut perdre sa qualité pour un autre motif que l'exclusion testamentaire, et comme l'interprétation des textes fiscaux est de droit étroit, nous croyons devoir conclure qu'en dehors de cette exclusion la disposition se trouvera sans objet toutes les fois que le nu propriétaire ne sera plus l'héritier de l'usufruitier au moment du décès de celui-ci, sous réserve du cas, prévu par le législateur, où la consolidation s'opère sur la tête d'un descendant de l'héritier présomptif.

Que se passera-t-il si le nu propriétaire, héritier de l'usufruitier, renonce à la succession et « est censé n'avoir jamais été héritier » (art. 785 du Code civil)?

La question est délicate et nous serions tentés de la résoudre dans le sens de la non-exigibilité de l'impôt.

La présomption est également applicable aux nu-propriétaires, lorsqu'ils sont donataires ou légataires de l'usufruitier, institués, même par testament postérieur (au démembrement, sans doute.) ou à des personnes interposées.

Il s'agit là des personnes interposées par rapport aux héritiers, donataires ou légataires; ce sont, d'après le texte, les personnes désignées dans les articles 911, 2e alinéa, et 1100 du Code civil, c'est-à-dire, dans le premier cas (art. 911, 2 alinéa), « les père et mère, les enfants et descendants et l'époux de la personne incapable », et, dans le second cas, les enfants ou l'un des enfants de l'autre époux issu d'un autre mariage et les parents dont l'autre époux est héritier présomptif au jour de la donation, encore que ce dernier n'ait point survécu à son parent donataire.

La disposition porte, dans un dernier alinéa, que toute réclamation sera prescrite dans un délai de cinq ans à compter de l'ouverture de la succession; c'est donc dans ce délai que seront prescrites les omissions qui seraient commises dans les déclarations de successions.

Droits de mutation par décès. — Présomption légale en matière de valeurs mobilières dont le défunt a touché les revenus.

ART. 46. — *Le premier alinéa de l'article 17 de la loi du 18 avril 1918 est remplacé par les dispositions suivantes :*

« Sont présumés, jusqu'à preuve contraire, faire partie de la succession, pour la liquidation et le paiement des droits de mutation par décès, les titres et les valeurs dont le défunt a perçu les revenus moins d'un an avant son décès et dont les héritiers, donataires ou légataires universels ou à titre universel du défunt sont ultérieurement reconnus être en possession. »

L'article 17 de la loi du 18 avril 1918 a institué une présomption légale de propriété à l'égard des titres et valeurs dont le défunt a perçu les revenus moins de *six mois* avant son décès et dont les héritiers, donataires ou légataires universels du défunt sont ultérieurement reconnus être en possession. Cette présomption cède devant la preuve contraire.

Aux termes de l'article 46 de la loi de finances, le délai de six mois prévu par la loi de 1918 est porté à *un an;* il n'est rien modifié aux autres dispositions du texte antérieur.

Obligations hypothécaires au porteur de la grosse. Majoration du tarif.

ART. 47. — *Est porté à 5 p. 100 en principal le droit prévu à l'article 24 de la loi du 31 décembre 1921, relatif aux grosses au porteur.*

Le Parlement manifeste actuellement une tendance très accusée à surtaxer les valeurs au porteur sous toutes leurs formes; ces valeurs transmissibles, le plus souvent par la tradition *brevi manu*, échappent, en effet, dans une très large proportion, aux droits de mutation à titre gratuit (donations et successions), ainsi qu'à l'impôt général.

L'article 24 de la loi du 31 décembre 1921 répondait directement à cette préoccupation; il appliquait un tarif de 3 p. 100 (actuellement, 3.60 p. 100) :

1° Aux actes portant obligation hypothécaire au profit du porteur de la grosse, aux billets à ordre notariés contenant constitution d'hypothèque, ainsi qu'à tous autres titres d'obligations hypothécaires dont la cession, pour être parfaite, n'est pas soumise aux dispositions de l'article 1690 du Code civil.

2° Aux actes d'obligations hypothécaires nominatives, lorsqu'ils constatent ou autorisent la création de billets à ordre en représentation desdites obligations.

Le tarif qui précède est porté à 5 p. 100 en principal, c'est-à-dire à 6 p. 100, décimes compris.

Toutefois la majoration de tarif vise uniquement les obligations hypothécaires au *porteur de la grosse*, à l'exclusion des autres titres obligatoires, tels que billets à ordre notariés ou émis en représentation d'obligations hypothécaires ou nominatives, qui restent soumis au tarif inférieur de 3,60 p. 100.

Le commissaire du Gouvernement a fait sur ce point, à la tribune du Sénat, des déclarations formelles (Sénat, séance du 9 juillet 1925, *Journal officiel*, p. 1436).

Mention à insérer dans les inventaires notariés.

ART. 18. *Le notaire qui dresse un inventaire après décès est tenu, avant la clôture, d'affirmer qu'au cours des opérations il n'a constaté l'existence d'aucune valeur ou créance autres que celles portées dans l'acte, ni d'aucun compte de banque étrangère, et qu'il n'a découvert aucune trace de l'existence à l'étranger, soit d'un compte individuel de dépôt de fonds ou de titres, soit d'un compte indivis ou collectif avec solidarité.*

L'officier public qui aura sciemment contrevenu aux dispositions qui précèdent ou souscrit une affirmation incomplète ou inexacte sera passible, sans préjudice des sanctions disciplinaires, d'une amende, en principal, de mille à vingt mille francs (1.000 à 20.000 *francs*).

En vue d'enrayer les fraudes qui se pratiquent en matière de mutation par décès, le législateur vient d'imposer une obligation nouvelle aux notaires qui dressent des inventaires après décès.

L'officier public devra désormais affirmer, dans une mention spéciale qui sera insérée avant la clôture, qu'au cours des opérations il n'a constaté l'existence d'aucune valeur ou créance autres que celles portées dans l'acte, ni d'aucun compte de banque étrangère et qu'il n'a découvert aucune trace de l'existence à l'étranger, soit d'un compte individuel de dépôt de fonds ou de titres, soit d'un compte individuel ou collectif avec solidarité.

On croit devoir appeler l'attention des notaires sur la gravité de cette affirmation authentique et sur les conséquences pénales et disciplinaires qu'elle entraînerait, au cas où son inexactitude viendrait à être démontrée.

Le texte ajoute : « L'officier public qui aura sciemment contrevenu aux dispositions qui précèdent ou souscrit une affirmation incomplète ou inexacte, sera passible, sans préjudice des sanctions disciplinaires, d'une amende en principal de 1.000 à 20.000 francs. »

Il est à remarquer que cette disposition ne punit pas l'omission involontaire; en d'autres termes, l'Administration devra toujours, en cas d'omission de l'affirmation, faire la preuve que la contravention a été commise « sciemment ».

Amendes de fol appel. — Tarifs. — Dispense de consignation.

Art. 49. *L'article 471 du Code de procédure civile est modifié comme suit :*

« L'appelant qui succombe sera condamné à une amende de 15 francs s'il s'agit du jugement d'un juge de paix et de 25 francs sur l'appel d'un jugement du tribunal de première instance ou de commerce.

» L'amende sera perçue en même temps que les droits d'enregistrement du jugement ou de l'arrêt. »

L'article 471 du Code de procédure civile était ainsi conçu :

« L'appelant qui succombe sera condamné à une amende de 5 francs, s'il s'agit d'un jugement d'un juge de paix et de 10 francs sur l'appel d'un jugement du Tribunal de première instance ou de commerce. »

Ces amendes sont recouvrées par les receveurs de l'Enregistrement entre les mains de qui elles devaient être « consignées » avant toute décision rendue sur l'appel, d'où leur dénomination d' « amendes de consignation » (article 4 de l'arrêté du 10 floréal an XI). L'administration de l'Enregistrement les restituait lorsque l'appelant avait gain de cause en appel ou que les parties transigeaient entre elles avant la reddition de la décision de la juridiction d'appel.

L'article 49 de la loi de finances modifie l'article 471 du Code de procédure dans un double but :

D'une part, les amendes de 5 francs et de 10 francs sont respectivement portées à 15 et 25 francs, selon la juridiction.

D'autre part, le texte réalise une simplification des règles de perception, en dispensant les plaideurs de la consignation des amendes de fol appel : elles seront désormais perçues « en même temps que les droits d'enregistrement du jugement ou de l'arrêt ».

Les greffiers des tribunaux et cours d'appel devront donc s'en faire couvrir avant de présenter les jugements ou arrêts à la formalité de l'enregistrement.

Droits de mutation par décès. — Créances à terme. Paiement de l'impôt différé.

ART. 50. — *Si une succession comprend des créances à terme nominatives, dues en vertu d'actes notariés et venant à échéance plus de cinq ans après l'ouverture de la succession, le payement des droits de mutation par décès, à l'exclusion de la taxe successorale, peut, à concurrence de la part proportionnelle au montant de ces créances, et si les parties le requièrent, être différé jusqu'à la date des échéances, sans que le payement pour solde puisse être retardé au delà de trente ans.*

A défaut de payement aux échéances, les droits différés portent intérêt au taux fixé par la loi.

Les parties sont dispensées de constituer une garantie, mais le Trésor conserve, indépendamment du privilège conféré par l'article 32 de la loi du 22 frimaire an VII, le privilège sur les immeubles qui a été institué par le cinquième alinéa de l'article 7 de la loi du 13 juillet 1911. En outre, en cas de négociation totale ou partielle de la créance, le solde des droits dont le payement a été différé est immédiatement exigible sur le montant total de la créance.

La présente disposition est applicable aux successions ouvertes avant la promulgation de la présente loi, à charge pour les ayants droit d'en demander le bénéfice dans un délai de deux mois.

Aux termes de l'article 14 de la loi du 22 frimaire an VII : « la valeur de la propriété, de l'usufruit et de la jouissance des biens meubles est déterminée, pour la liquidation et le paiement du droit proportionnel... ; 2° pour les créances à terme, leurs cessions et transports, et autres actes obligatoires, par le capital exprimé dans l'acte, et qui en fait l'objet ». Ainsi que la Cour de cassation l'a reconnu par des arrêts des 24 avril 1861, et 4 mars 1890 (D. P., 61. 1. 222 et 90. 1. 203. — S., 61. 1. 645 et 91. 1. 33), la loi pose ainsi une règle de perception d'un caractère général et absolu, qui autorise l'Administration à percevoir l'impôt de mutation par décès sur le capital *nominal* des créances dépendant d'une succession, quelle que puisse être la situation des débiteurs et quel que soit le terme dont elles sont affectées.

Une première brèche a été ouverte dans l'économie de cette règle rigoureuse par l'article 12 de la loi du 18 avril 1918, qui permet de liquider l'impôt « d'après la déclaration estimative des parties, en ce qui concerne les créances dont le débiteur se trouvera en état de faillite, liquidation judiciaire ou déconfiture au moment de l'ouverture de la succession ». Dans ce cas, l'impôt est donc perçu, non plus sur la valeur nominale, mais sur la valeur réelle.

L'article 50 de la loi de finances introduit un nouveau tempérament en matière de créances à échéance éloignée.

Etant donné l'éloignement du terme, il est certain, en effet, que le débiteur des droits peut souvent se trouver gêné pour acquitter un impôt sur une créance, sans doute sûre, mais dont il ne touchera le capital que dans plusieurs années; le régime de la loi de frimaire pouvait même aboutir à des conséquences extrêmement rigoureuses, en matière de legs particuliers, lorsque le legs se composait uniquement de créances de cette nature, dont la mobilisation immédiate est souvent impossible. Pour mettre fin à ces inconvénients, MM. Robaglia et Piétri, députés, ont déposé un amendement, qui a été adopté par la Chambre des députés (Séance du 25 février 1925, *Journal officiel* du 26, Débats parlementaires, p. 1244) et qui est devenu l'article 50.

Le principe de cette réforme est le suivant : on maintient l'obligation pour les héritiers, donataires ou légataires d'acquitter l'impôt sur le capital nominal; mais on leur accorde un délai pour se libérer des droits afférents à la créance; le paiement des droits peut être différé, jusqu'à la date de l'échéance de la créance, ou de chacune des échéances, s'il y en a plusieurs, et, dans cette dernière alternative, les droits deviennent exigibles au fur et à mesure de l'échéance des termes et proportionnellement à l'importance de chacun d'eux.

Le mot « échéance » est pris ici dans le sens le plus large que comporte cette expression dans le langage juridique, et il ne nous paraît pas douteux qu'il vise aussi bien les échéances *prorogées*, que celles résultant du titre constitutif. Par suite, la prorogation de délai accordée par le créancier à son débiteur aura pour effet de faire différer le paiement de l'impôt jusqu'à la nouvelle échéance.

Nous estimons, d'autre part, que la mesure édictée par le législateur pourra sortir son effet alors même que la déclaration de la succession n'aurait pas été souscrite dans le délai légal, ou que la créance à terme aurait été omise; dans ce dernier cas, en effet, les parties ont à souscrire une déclaration complémentaire dans laquelle elles pourront invoquer le bénéfice de la loi.

Toutefois, en cas de négociation totale ou partielle, c'est-à-dire de cession ou de transport de la créance, le solde des droits dont le paiement a été différé devient immédiatement exigible sur le montant total de la créance. Il est à remarquer que le texte ne prévoit que la « négociation » et non le remboursement de la créance; par suite, le bénéfice du terme reste acquis pour les droits différés, en cas de remboursement anticipé.

Enfin, le paiement des droits ne peut être différé au delà de trente ans.

Les conditions posées par le législateur sont les suivantes :

D'abord le bénéfice du paiement différé n'est applicable qu'aux droits de mutation par décès proprement dits, à l'exclusion de la taxe successorale instituée sur le capital global net de la succession par l'article 29 de la loi du 25 juin 1920.

En second lieu, les héritiers doivent réclamer l'application de la loi; dans la pratique, cette demande sera insérée dans le corps même de la déclaration de succession comprenant les créances à terme, sans autre formalité.

En outre, les créances doivent être *nominatives;* on suppose que le législateur a voulu viser ici les créances dont la cession doit, pour être parfaite, être réalisée dans les formes tracées par l'article 1690 du Code civil, c'est-à-dire au moyen d'un transport notifié au débiteur.

Le titre constitutif de la créance doit, d'autre part, *être notarié;* s'il est sous seings privés, la mesure n'est donc pas applicable.

Enfin, l'échéance de la créance doit être postérieure à cinq ans à compter de l'ouverture de la succession. Les créances dont l'échéance se place à un terme moins éloigné ne profitent donc pas de cette disposition.

« A défaut de paiement aux échéances, porte le texte, les droits différés portent intérêt au taux fixé par la présente loi ». En fait, le taux dont il s'agit, qui résultait d'un article disjoint (Chambre, 1re séance du 2 juillet 1925, *Journal officiel*, p. 3087 et 3088), n'a pas été fixé par la loi, mais nous croyons savoir que l'Administration fera application en la matière du taux de 5 p. 100. L'intérêt ainsi déterminé commencera à courir par le seul fait de l'expiration du délai déterminé par la date de la ou des échéances du capital de la créance; l'Administration pourra, en outre, dès cette époque, exercer des poursuites pour le recouvrement des droits différés.

En garantie du paiement de ces droits, la Régie ne dispose que du privilège sur les revenus institué par l'article 32 de la loi du 22 frimaire an VII, et du privilège sur les immeubles héréditaires édicté par l'article 7 de la loi du 13 juillet 1911; on sait que ce privilège doit, à peine de déchéance, être inscrit, à la requête de l'Administration, dans les six mois à partir du jour de la déclaration de succession ou de l'expiration du délai pour la souscrire. La mainlevée en est consentie par le directeur de l'Enregistrement du département dans lequel les droits sont exigibles.

A titre transitoire, la disposition sera applicable aux successions ouvertes avant la promulgation de la loi, à charge pour les ayants droit d'en demander le bénéfice dans un délai de deux mois; cette mesure ne joue que dans l'hypothèse où les droits n'ont pas encore été acquittés; elle ne peut donc donner ouverture à une action en restitution de droits acquis au Trésor.

Droits de mutation par décès. — Renonciations opérées dans le but d'atténuer les charges fiscales.

ART. 51. — *En cas de renonciation à une succession, à un legs ou à une donation, le droit de mutation par décès exigible sur les biens qui, par l'effet de la renonciation, adviennent aux héritiers, donataires ou légataires acceptants, ne peut pas être inférieur à celui qui aurait été dû par le renonçant, s'il avait accepté.*

Les tarifs édictés par les articles 19 de la loi du 25 février 1901, 16 de la loi du 31 décembre 1917 et 33 de la loi du 25 juin 1920, seront seuls applicables aux biens qui, par suite de renonciation, reviendront aux départements, communes et autres collectivités bénéficiant desdits tarifs pour les legs leur profitant personnellement et leur conférant le droit à l'accroissement.

Les dispositions ci-dessus sont applicables aux successions ouvertes antérieurement à la présente loi, dès lors que la renonciation motivant l'exigibilité du droit a eu lieu postérieurement.

Elles ne sont pas applicables aux héritiers en ligne directe.

L'administration de l'Enregistrement, qui est tenue de se conformer strictement, pour l'application de l'impôt des successions, aux règles de la dévolution héréditaire, a toujours respecté le principe, inscrit dans l'article 785 du Code civil, d'après lequel « l'héritier qui renonce est censé n'avoir jamais été héritier ». Le tarif du droit était donc réglé, en pareil cas, d'après le degré de parenté qui unissait le défunt à l'héritier qui profite de l'accroissement ou de la dévolution (Art. 786 du même Code).

Cette pratique juridique entraînait certains inconvénients, ainsi que le fait remarquer M. Henry Bérenger, dans son rapport général :

« Un légataire qui doit acquitter des droits de mutation par décès à un tarif plus élevé que l'héritier, s'entend avec ce dernier; il renonce régulièrement à son legs; mais cette renonciation n'est qu'apparente, et l'héritier lui remet de la main à la main le montant du legs. A la faveur de cette combinaison, la dévolution des biens n'est pas modifiée et, cependant, les droits de mutation sont acquittés comme si le legs n'existait pas. Le Trésor se trouve donc ainsi frustré de la différence entre les droits calculés sur le legs au tarif applicable à l'héritier et ceux qui étaient réellement exigibles au tarif concernant le légataire ». (Annexe n° 140, p. 91).

C'est à ces évasions fiscales d'une nature particulière que l'article 51 se propose de remédier.

Cette disposition ne touche en rien aux règles du Code civil; elle laisse subsister dans leur intégralité toutes les règles des renonciations, telles qu'elles résultent des articles 775, 777, 785 et 789 du

Code civil. Elle n'édicte même pas, au point de vue fiscal, une présomption de simulation de la renonciation; elle ne condamne nullement les renonciations sincères. Elle se borne à décider que les droits de mutation sur les biens qui, par l'effet de la renonciation, adviennent aux héritiers, donataires ou légataires acceptants, ne pourront être inférieurs à ceux qui auraient été dus par le renonçant, s'il avait accepté.

En définitive, les débiteurs de l'impôt sont les mêmes, mais ils doivent acquitter le droit au tarif du renonçant, s'il est supérieur à celui qu'ils auraient eux-mêmes acquitté d'après le tarif qui leur est applicable.

Le texte prévoit, cependant, deux exceptions à la règle qu'il formule :

l'une est en faveur des départements, communes, établissements publics et d'utilité publique;

l'autre profite aux héritiers en ligne directe.

Ces personnes morales et physiques n'acquitteront donc jamais que le tarif qui leur est propre, sur les biens qui leur adviendront par suite de renonciation.

Enfin, à titre transitoire, l'article 51 prévoit que ses dispositions seront applicables aux successions ouvertes avant sa promulgation, pourvu que la renonciation ait eu lieu postérieurement.

Valeurs déposées ou existant à l'étranger. — Immeubles. Envoi en possession.

ART. 52. — *Dans tous les cas où une succession ouverte en France et régie par la loi française comprend des biens mobiliers ou immobiliers de quelque nature que ce soit, déposés ou existant à l'étranger, un envoi en possession spécial de ces biens devra être prononcé sur requête par une ordonnance du président du tribunal de première instance dans le ressort duquel la succession est ouverte.*

Cette ordonnance devra contenir l'énumération de tous les biens mobiliers ou immobiliers dont se composent les éléments ainsi décrits du patrimoine transmis.

Le serment sera déféré sur la sincérité de l'énumération.

L'ordonnance sera visée pour timbre et enregistrée gratis.

Cette ordonnance ne sera pas nécessaire si le jugement d'envoi en possession rendu au profit du conjoint survivant en vertu de l'article 770 du Code civil contient l'énumération ci-dessus requise. Il en sera de même dans le cas où une ordonnance rendue conformément à l'article 1008 du Code civil satisfait aux mêmes prescriptions. Les dispositions de l'article 8 de la loi du 28 décembre 1893 ne s'appliquent pas aux énonciations de valeurs mobilières étrangères faites dans l'ordonnance ou le jugement prononçant l'envoi en possession de ces valeurs.

ART. 53. — *Les héritiers, donataires ou légataires qui, sciemment, n'au-*

ront pas déclaré, dans les délais prescrits par les lois en vigueur, les biens mobiliers ou immobiliers déposés ou existant à l'étranger, et qui en auront pris possession sans s'être conformés aux dispositions de l'article précédent, seront passibles des sanctions édictées par l'article 21 de la présente loi, sans préjudice des droits de succession sur l'ensemble.

ART. 54. — *Les débiteurs, détenteurs ou dépositaires, à quelque titre que ce soit, des valeurs successorales ci-dessus visées, ne pourront, sous peine des sanctions prévues à l'article précédent, en faire la remise aux héritiers, légataires ou donataires, soit directement entre leurs mains, soit indirectement par les mains de tierces personnes, qu'après que l'envoi en possession aura été prononcé dans les conditions prévues à l'article 52.*

ART. 55. — *Dans les inventaires et dans les actes de notoriété destinés à établir les qualités des ayants droit à une succession, mention devra être faite de l'obligation qui incombe à ceux-ci d'obtenir l'envoi en possession spécial prévu à l'article A (1) de la présente loi pour justifier de leurs qualités et se faire remettre les valeurs successorales visées audit article.*

Il ne pourra être délivré aucun extrait desdits actes sans que cette mention y soit reproduite. Tout officier public ou ministériel qui aura contrevenu aux dispositions du présent article sera passible personnellement d'une amende de 500 francs en principal.

ART. 56. — *Les contraventions aux articles 52 et 53 de la présente loi donneront ouverture contre les tiers détenteurs, dépositaires ou débiteurs, à une action en responsabilité au profit de tout intéressé.*

Causes de la réforme. — Certains capitalistes français déposent tout ou partie de leur fortune mobilière dans des établissements de banque situés hors de nos frontières, de sorte qu'à leur mort les titres sont remis par les dépositaires aux héritiers sur la production d'un simple intitulé d'inventaire ou d'un acte de notoriété ne permettant pas à l'administration des Finances d'avoir connaissance des valeurs et qu'ainsi ces valeurs échappent à l'impôt sur les successions.

Il est bien évident, d'ailleurs, qu'on ne peut songer ni à interdire les dépôts à l'étranger, ni à imposer aux établissements qui les reçoivent des obligations fiscales analogues à celles qui ont été édictées pour les banques françaises par les lois du 25 février 1901, article 15, et du 30 mars 1903.

Le problème qui se posait au législateur consistait donc à rechercher par quel moyen l'héritier pourrait être obligé, avant de rentrer en possession du dépôt étranger, de faire connaître à l'Administration française la consistance de ce dépôt.

On a pensé que ce but pourrait être atteint par une simple restriction de la saisine, et il a paru que celle-ci ayant trait exclusivement à la possession et non au droit de propriété de la personne investie, il n'y aurait aucun inconvénient à la restreindre puisqu'on ne porterait pas atteinte au droit de l'héritier.

(1) Référence, maintenue par erreur, à l'art. A devenu l'art. 52.

Economie du système. — Tel est le but des articles 52 à 56 de la loi de finances, qui se résument ainsi :

Les héritiers, légataires et donataires universels qui bénéficient dans notre droit actuel de la saisine héréditaire, et le conjoint survivant venant à la succession, à défaut de parents au degré successible, ne pourront justifier de leur qualité et se faire remettre les valeurs déposées à l'étranger qu'après avoir obtenu un envoi en possession spécial par une ordonnance énumérant ces valeurs et soumise à la formalité de l'enregistrement.

En cas d'omission dans la déclaration de succession des titres et valeurs retirés du dépôt étranger sans envoi en possession, l'infraction sera punie d'une amende égale à la moitié de la valeur des biens déclarés.

Enfin, les inventaires et les actes de notoriété destinés à justifier de la qualité des ayants droit devront faire mention des dispositions législatives nouvelles, sous peine d'une amende de 500 francs pour l'officier public ou ministériel rédacteur de l'acte. Les auteurs du projet de loi apprécient ainsi la portée de la réforme.

« On objectera peut-être, dit l'exposé des motifs du projet de loi déposé le 12 mars 1908, auquel les dispositions nouvelles ont été empruntées, que les ayants droit d'une succession pourront ne pas demander l'envoi en possession et retirer néanmoins les valeurs déposées dans un établissement que n'atteint pas la loi française. Mais on n'aperçoit pas comment une société de crédit, un banquier, un débiteur étrangers consentiraient à remettre des titres sans exiger la seule pièce qui puisse valablement justifier des droits et des qualités des parties. Comment un dépositaire se contenterait-il d'un intitulé d'inventaire ou d'un acte de notoriété, alors que des mentions insérées auxdits actes spécifieraient expressément qu'ils ne peuvent valoir en ce qui concerne les titres déposés à l'étranger? A quelle responsabilité ne s'exposerait pas celui qui consentirait à se libérer entre les mains de personnes qui, au regard de la loi de leurs pays d'origine, ne possèdent pas qualité pour recevoir et donner décharge? A quelles actions en revendication le débiteur imprudent ne se trouverait-il pas ultérieurement exposé?

Et si l'on considère que de telles responsabilités seraient encourues dans l'unique but de faciliter des opérations de fraude, on peut tenir pour certain qu'elles ne seront assumées par aucune administration fortement organisée, par aucune maison de banque solide et respectable. »

Critique. — Le principe de la saisine est écrit dans l'article 724 du Code civil, qui est ainsi conçu :

« Les héritiers légitimes et les héritiers naturels sont saisis de plein droit des biens, droits et actions du défunt, sous l'obligation d'acquitter toutes les charges de la succession.

» L'époux survivant et l'État doivent se faire envoyer en possession. »

Il est étendu au légataire universel par l'article 1006 dans les conditions suivantes : « Lorsqu'au décès du testateur il n'y aura pas d'héritiers auxquels une quotité de ses biens soit réservée par la loi, le légataire universel sera saisi de plein droit par la mort du testateur, sans être tenu de demander la délivrance. »

Par contre, tous les autres légataires, légataire universel en concours avec des héritiers réservataires (Art. 1004), légataire à titre universel (Art. 1011), légataires particuliers (Art. 1014), sont astreints à demander la délivrance de leurs legs à l'héritier saisi.

Or la situation particulière envisagée par la loi exige surtout que l'on examine les conséquences de son application en pays étranger. C'est à l'étranger, en effet, que, par hypothèse, sont situées les valeurs héréditaires; c'est à l'étranger que l'héritier légitime aura à faire valoir ses droits en vue d'une appropriation de fait desdites valeurs. Il faut donc rechercher quelles seront les conséquences à l'étranger de la restriction qui serait apportée à ces droits.

La solution de la question paraît dépendre exclusivement du statut auquel on rattache la saisine.

Dans l'opinion la plus généralement admise, la saisine fait partie du statut réel, elle relève des règles posées par la *lex rei sitæ*.

« Il faudra, explique M. Despagnet (*Précis de droit international privé*, 2e édition, n° 567), suivre la loi territoriale — la loi étrangère par conséquent dans le cas qui nous occupe, — pour trancher le point de savoir si l'héritier est de plein droit propriétaire et possesseur des biens de l'hérédité; la saisine se rattache, en effet, à la transmission de la propriété des biens, à la possession ainsi qu'à la prescription et aux actions possessoires qui en sont la suite, en un mot à l'organisation même de la propriété qui est d'ordre public et constitue le statut réel. »

M. Pasquale Fiore (*Droit international*, traduction Pradier-Fodéré, n° 401, 1re édition, page 615), professe également que : « L'application de la *lex rei sitæ* ne peut être admise que pour tout ce qui appartient à l'acquisition et à l'investiture de l'hérédité, c'est-à-dire ce que les Français appellent saisine héréditaire...; sous quelque loi que se soit réalisée la vocation à l'hérédité, l'acquisition de cette hérédité est toujours une question de possession et, à la ressemblance de toutes les autres actions possessoires, elle doit se résoudre conformément à la *lex rei sitæ*. »

M. Laurent (*Droit civil internat.*, VI, n° 326) admet qu'en droit français la saisine de la possession forme un statut réel aussi bien que la saisine de la propriété (Conf. Binet, *Revue Enregistrement*, art. 4575, p. 428).

M. Weiss soutient une opinion diamétralement opposée.

« C'est par la loi du défunt, dit-il, que doivent encore être régis, suivant nous, les effets de la vocation héréditaire, en ce qui concerne la saisine à laquelle les héritiers ou successeurs peuvent prétendre, quelle que soit la nature ou la situation des biens qu'ils sont appelés à recueillir.

» On l'a contesté et la plupart des auteurs enseignent, contrairement à notre opinion, que la saisine, même relative aux meubles compris dans la succession, relève exclusivement des règles posées par la *lex rei sitæ;* ils considèrent que cette saisine se lie d'une manière étroite à la transmission des biens, à la possession, c'est-à-dire, en définitive, ainsi que la prescription elle-même, à l'organisation de la propriété, pour laquelle la loi territoriale a seule compétence, à raison des intérêts généraux qu'elle met en jeu, à raison de son caractère d'ordre public.

» Cette manière de voir nous paraît de tout point erronée.

» La saisine héréditaire est en dehors du système possessoire; elle est étrangère au régime de la possession, envisagée en elle-même, dans ses conditions et dans ses effets; elle constitue, à proprement parler, un attribut, une dépendance du droit de succession; c'est donc la loi qui gouverne ce droit de succession, qui peut et doit dire s'il est ou non complété, renforcé par la saisine. La loi personnelle du *de cujus* refuse-t-elle la saisine à ses héritiers, ceux-ci n'y ont aucun droit sur les biens qui se trouvent en France, fussent-ils eux-mêmes de nationalité française; et, de même, le successible, auquel la loi française, *lex rei sitæ*, donnerait cette saisine, en réclamera valablement le bénéfice, si la loi étrangère à laquelle ressortissait le défunt le lui confère.

» Vainement objectera-t-on à cette dernière solution que les dispositions de la loi française qui réservent la saisine à telle catégorie de successibles, à l'exclusion de telle autre, par exemple, à l'exclusion du conjoint survivant, sont liées à l'ordre public, puisqu'elles ont pour objet de prévenir des détournements et des fraudes. La réponse est facile. Il n'est nullement défendu au *de cujus* d'assurer au successible, exclu par la loi française, l'avantage de la saisine, même en ce qui regarde les biens qui sont en France; pour cela, il lui suffira de l'instituer son légataire universel (C. civ., art. 1006); et l'ordre public international ne mettra nul obstacle à l'exercice par ce légataire d'une saisine que nos lois elles-mêmes reconnaissent et organisent » (Weiss, *Traité de Droit international privé*, t. IV, p. 570).

Quant à MM. Baudry-Lacantinerie et Wahl, ils adoptent un système mixte. Pour eux, la question de la saisine se règle, en droit international, comme toutes les questions relatives à la succession; on appliquera donc la loi de la situation des biens pour les immeubles et la loi en vigueur dans les pays du défunt pour la succession mobilière (*Traité de Droit civil, Des successions*, t. I, p. 115).

On a déjà compris toute l'importance, au point de vue de la solution du problème actuel, de la question qui divise ces savants auteurs.

Si l'on admet avec MM. Weiss, Baudry-Lacantinerie et Wahl, que la saisine est de statut personnel, les mesures instituées par le Parlement peuvent apparaître comme suffisantes, *en droit du moins*.

Lorsqu'en effet, l'héritier d'un Français se présenterait devant un tribunal étranger pour contraindre le dépositaire à lui faire la remise effective des valeurs en dépôt, il devrait non seulement justifier de sa qualité d'héritier, mais aussi de sa possession civile ou de droit *qui lui permet d'exiger la possession de fait*. Or si, pour l'examen de ses titres, on suit la loi du défunt, c'est-à-dire la loi française, il est clair que l'héritier devrait prouver qu'il a obtenu en France l'envoi en possession spécial auquel la possession civile serait subordonnée. Le but serait donc atteint en droit.

En fait, il est possible, comme M. Binet l'a remarqué, que les dépositaires étrangers se contentent de la justification de la qualité d'héritiers sans exiger celle de l'obtention de la saisine; mais juridiquement, et en dehors d'une remise amiable, il est certain que le dépositaire ne pourrait pas être obligé, en justice, de se dessaisir de son dépôt.

Au contraire, si l'on suit l'opinion de la majorité des auteurs et si l'on considère que la saisine est régie par la *lex rei sitæ*, l'héritier n'aura qu'à justifier de sa qualité d'héritier. Quant à la saisine, à supposer qu'elle ne soit pas de droit dans le pays étranger, il n'aura pas d'autres formalités à remplir que celles exigées par la loi locale et qui resteront parfaitement ignorées de l'Administration française. Les mesures prévues par le projet du Gouvernement seraient, dès lors, en droit comme en fait, dépourvues d'efficacité.

Sans vouloir prendre ici parti sur un problème aussi ardu, nous nous bornerons à faire remarquer que les dispositions nouvelles pourront être facilement éludées à l'aide du procédé connu en banque sous la dénomination de « comptes joints indivis et collectifs ».

Dans cette nature de compte, chacun des titulaires, ayant la faculté de retirer *seul* l'ensemble des valeurs déposées, on conçoit combien il sera facile à l'héritier, s'il est précisément titulaire du compte conjointement avec le défunt, d'appréhender seul les valeurs héréditaires déposées dans une banque étrangère; sans doute l'article 7 de la loi du 31 mars 1913 a institué, en cette matière, certaines présomptions et imposé diverses obligations aux banquiers dépositaires; mais ces dispositions n'ont aucun effet au delà de nos frontières et les banques étrangères n'ont pas à s'y conformer.

Telle est l'objection pratique qu'à notre avis soulève de prime abord la réforme votée par le Parlement; nous ajoutons que l'argument avait été complètement développé, en 1914, à la tribune du Sénat et avait fait écarter le projet à cette époque.

Prescriptions législatives. — Voici, par le détail, quelles sont les mesures qui ont été prescrites par le législateur.

Ordonnance d'envoi en possession. — Forme. — Lorsqu'une succession ouverte en France et régie par la loi française comprend des fonds publics, actions, obligations, parts d'intérêts, créances et généralement des biens mobiliers de quelque nature que ce soit, déposés ou existant à l'étranger, ainsi que des biens immobiliers, toute vocation héréditaire et tout droit aux legs et aux donations de biens à venir seront suspendus jusqu'à l'envoi en possession qui en sera fait aux héritiers, légataires ou donataires.

On remarquera que la disposition s'étend aux immeubles comme aux biens mobiliers. Or, les immeubles situés à l'étranger et même les biens mobiliers qui y ont une assiette matérielle fixe, tels notamment que les fonds de commerce, sont affranchis des droits de mutation par décès en France; la mesure est donc parfaitement inutile en ce qui les concerne.

L'envoi en possession des biens est prononcé sur requête, par une ordonnance du président du tribunal de première instance dans le ressort duquel la succession s'est ouverte. Cette ordonnance contient l'énumération de chacune des valeurs successorales et des immeubles dont se compose le patrimoine transmis.

L'ordonnance ne sera pas nécessaire si le jugement d'envoi en possession, rendu au profit du conjoint survivant en vertu de l'article 770 du Code civil, contient l'énumération requise. Il en sera de même dans le cas où une ordonnance rendue conformément à l'article 1008 du Code civil satisfait aux mêmes prescriptions.

L'ordonnance paraît devoir être présentée et rendue dans la même forme que les ordonnances d'envoi en possession déjà prévues par le Code civil dans certaines hypothèses déterminées (V. notamment art. 770 et 1008); le ministère d'un avoué est indispensable.

Le président du tribunal est tenu de déférer le serment sur la sincérité de l'énumération des biens, ce qui implique la comparution de toutes les parties intéressées.

L'ordonnance est visée pour timbre et enregistrée gratis.

Elle peut, d'ailleurs, énoncer les valeurs mobilières étrangères de toute nature, sans avoir à indiquer, comme le prescrit l'article 5 de la loi du 28 décembre 1895, si ces titres sont régulièrement timbrés.

Obligation des héritiers donataires ou légataires. — L'article 53 porte :

« Les héritiers, donataires ou légataires qui, sciemment, n'auront pas déclaré, dans les délais prescrits par les lois en vigueur, les biens mobiliers ou immobiliers déposés ou existant à l'étranger, et qui en auront pris possession sans s'être conformés aux dispositions de l'article précédent, seront passibles des sanctions édictées par l'article 21 de la présente loi, sans préjudice des droits de succession sur l'ensemble. »

Les sanctions prévues par l'article 21 de la loi sont, ainsi que nous l'avons déjà exposé dans ce commentaire :

1° les peines portées à l'article 366 du Code pénal, en matière de faux serment;

2° une amende égale à la moitié de l'avoir dissimulé.

Mais pour que ces sanctions soient applicables, il faut :

1° Que la contravention aux prescriptions légales ait été commise *sciemment*, c'est-à-dire en connaissance de cause; la preuve de la mauvaise foi des parties incombe à l'Administration qui ne peut d'ailleurs poursuivre, semble-t-il, que ceux des héritiers ou ayants droit dont elle aura démontré les agissements frauduleux;

2° Que les contrevenants aient pris possession des biens sans s'être conformés aux dispositions nouvelles. Dès lors, s'ils s'y sont conformés, ils ne sont passibles que des pénalités ordinaires, soit qu'ils n'aient pas déclaré la succession dans le délai, soit qu'ils aient omis de comprendre ces biens dans la déclaration. La preuve de la prise de possession incombe également à l'Administration; elle doit être administrée dans les formes compatibles avec la procédure écrite.

Obligation des notaires. — Dans les inventaires et dans les actes de notoriété destinés à établir les qualités des ayants droit à une succession, mention devra être faite de l'obligation qui incombe à ceux-ci d'obtenir l'envoi en possession spécial pour justifier de leur qualité et se faire remettre les valeurs successorales déposées ou existant à l'étranger.

D'autre part, il ne pourra être délivré aucun extrait desdits actes sans que cette mention y soit reproduite.

Les notaires contrevenants seront passibles d'une amende de 500 francs en principal.

Obligations et responsabilité des dépositaires. — Enfin les articles 54 et 56 établissent, l'un des sanctions, l'autre une action en responsabilité contre les débiteurs, détenteurs ou dépositaires, à quelque titre que ce soit, des valeurs successorales déposées à l'étranger qui en feraient la remise aux héritiers, donataires ou légataires, soit directement entre leurs mains, soit indirectement par les mains de tierces personnes, avant l'envoi en possession. Les sanctions sont les mêmes que celles que la loi édicte contre les héritiers, donataires ou légataires, c'est-à-dire une amende égale à la moitié des biens déposés. On ne voit pas bien comment ces sanctions pourront être exercées contre des personnes qui habitent à l'étranger.

Quant à l'action en responsabilité, le texte se borne à spécifier, sans préciser, qu'elle est ouverte « au profit de tout intéressé ».

Insuffisances en matière d'enregistrement. — Expertise. — Sanctions.

Art. 57. — *Le droit d'expertise accordé à l'administration de l'Enregistrement par la loi du 22 frimaire an VII et les lois subséquentes est étendu à tous les actes ou déclarations constatant, soit une mutation à titre onéreux ou à titre gratuit ou un échange de biens immeubles, de fonds de commerce, de navires ou de bateaux, soit l'énonciation de biens de même nature accompagnée d'une déclaration estimative pour l'assiette du droit proportionnel.*

Art. 58. — *Lorsque l'accord sur l'estimation ne s'est pas fait à l'amiable, la demande en expertise est faite par simple requête au tribunal civil dans le ressort duquel les biens sont situés, ou immatriculés, s'il s'agit de navires ou de bateaux.*

Cette requête est présentée dans les deux ans, à compter du jour de l'enregistrement de l'acte ou de la déclaration. Le délai est réduit à six mois en matière de vente de fonds de commerce.

Art. 59. — *L'expertise est ordonnée dans le mois de la demande, et il y est procédé par un seul expert, qui est nommé par le tribunal statuant en chambre du conseil.*

Si l'Administration ou les parties n'acceptent pas les conclusions de l'expert, il peut être procédé à une contre-expertise. La demande en est faite par la partie la plus diligente et par simple requête au tribunal civil, notifiée à la partie adverse, sous peine de déchéance, dans le mois qui suit la notification que fera le greffier, par lettre recommandée, du dépôt du rapport d'expertise au greffe du tribunal.

La contre-expertise est ordonnée dans les mêmes conditions et suivant les mêmes formes que la première expertise; toutefois, si l'une des parties le requiert expressément, cette contre-expertise sera confiée à trois experts.

Le procès-verbal d'expertise ou de contre-expertise est rapporté au plus tard dans les trois mois qui suivent la remise à l'expert de la décision de justice.

Il sera statué sur l'expertise ou la contre-expertise par le tribunal jugeant en matière sommaire.

Art. 60. — *Si l'expertise révèle une insuffisance et si cette insuffisance est égale ou supérieure au huitième du prix exprimé ou de la valeur déclarée, les parties acquittent solidairement, savoir :*

1° Le droit simple sur le complément d'estimation;

2° Un droit en sus, si l'insuffisance est reconnue amiablement avant le dépôt, au greffe du tribunal, du rapport de l'expert, et un double droit en sus dans les cas contraire;

3° Les frais de l'expertise.

Aucune pénalité n'est encourue et les frais de l'expertise restent à la charge de l'Administration lorsque l'insuffisance est inférieure au huitième du prix exprimé ou de la valeur déclarée, toutes compensations étant faites entre les diverses expertises.

Art. 61. — *Sont et demeurent abrogées, en ce qu'elles ont de contraire aux articles 57, 58, 59 et 60 ci-dessus, les dispositions des lois antérieures visant les insuffisances de toute nature, à l'exclusion des dispositions visant les omissions et les dissimulations.*

Les règles qui gouvernent l'expertise pour le contrôle des prix et des évaluations contenues dans les actes ou déclarations soumis à l'enregistrement étaient des plus complexes.

Ce mode de contrôle, institué, à l'origine, par la loi du 22 frimaire an VII, en ce qui concerne les prix énoncés dans les actes translatifs de propriétés d'immeubles à titre onéreux (art. 17) et les estimations en revenu qui servaient alors de base pour la perception, sur les mêmes biens, des droits de mutation à titre gratuit (art. 19), a été étendu : aux fonds de commerce (L. 28 février 1872, art. 8), aux évaluations d'immeubles en valeur vénale qui servent actuellement de base pour la perception des droits de mutation à titre gratuit et d'échange (L. 27 mai 1918, art. 1er), et aux déclarations estimatives contenues dans les actes purement déclaratifs tels que partages, contrats de mariage, apports en société, etc... (L. 27 février 1912, art. 4).

Par ailleurs, la procédure de l'expertise était réglée par les lois des 27 février 1912 et 27 mai 1918. Quand les préliminaires de conciliation prévus par cette dernière loi n'avaient pas abouti, la demande en expertise était faite au tribunal dans le ressort duquel les biens sont situés par une requête du directeur de l'Enregistrement portant nomination de l'expert de l'Etat. L'expertise était ordonnée dans les dix jours de la demande et il y était procédé par trois experts dispensés de serment, dont l'un était désigné par le tribunal.

Les experts, auxquels aucun délai n'était imparti pour achever leur mission, dressaient un seul rapport qui était soumis à l'homologation du tribunal.

Lorsque le prix exprimé ou la valeur déclarée n'excédait pas 10.000 francs, la loi du 27 février 1912 édictait une procédure plus simple; dans ce cas, l'expertise était faite par un seul expert nommé par toutes les parties ou, en cas de désaccord, par le Président du tribunal et sur simple requête.

Mais si les règles de la procédure étaient uniformes, il n'en était pas de même en ce qui concerne les sanctions applicables en cas d'insuffisance reconnue ou constatée. Les pénalités variaient, en effet, suivant qu'il s'agissait de mutations à titre onéreux (L. 27 février 1912), ou de mutations à titre gratuit (L. 22 mars 1924), suivant que l'insuffisance était reconnue avant ou après la notification de la requête en expertise, ou selon que l'insuffisance excédait ou non, soit le sixième de la valeur déclarée, soit le huitième (LL. 27 février 1912 et 22 mars 1924).

Par ailleurs, la législation ne prévoyait aucune sanction pour les insuffisances commises dans les actes déclaratifs.

Les articles 57 à 61 de la loi du 13 juillet 1925 ont pour but de mettre un peu d'ordre dans cette législation compliquée, et, tout en consacrant définitivement le principe de l'expertise pour les insuffisances immobilières, quelle que soit d'ailleurs la nature de la mutation ou de l'acte, d'unifier les règles applicables tant à la procédure d'expertise qu'aux sanctions en cas d'insuffisance.

Expertise. — L'article 57 accorde à l'Administration le droit d'expertise pour toutes les insuffisances dont peuvent être entachés les actes translatifs ou déclaratifs d'immeubles, de fonds de commerce, de navires ou de bateaux.

Les articles 58 et 59, relatifs à la procédure, prévoient, comme sous le régime actuel, qu'à défaut d'accord amiable sur l'estimation, la demande en expertise est introduite par simple requête au tribunal de la situation, ou de l'immatriculation s'il s'agit de navires ou de bateaux.

La requête sera présentée dans les deux ans du jour de l'enregistrement, sauf en ce qui concerne les fonds de commerce dont la valeur est susceptible de varier rapidement et pour lesquels le délai est réduit à six mois.

L'expertise devra être ordonnée dans le mois de la demande et, quelle que soit l'importance des biens, un seul expert désigné, non plus par les parties, mais par le tribunal, sera chargé d'y procéder et devra déposer son rapport, au plus tard, dans les trois mois de la notification de sa nomination.

Pour sauvegarder les droits, tant du Trésor que des redevables, l'article 59 prévoit que, sur la demande formée dans les mêmes conditions par l'Administration ou les contribuables et, sous peine de déchéance, dans le mois de la notification du rapport d'expert, une contre-expertise pourra être ordonnée dans les mêmes formes que la première expertise et confiée, si l'une des parties le requiert, à trois experts. Il sera statué sur l'expertise ou la contre-expertise par le tribunal jugeant en matière sommaire.

Sanctions. — Les sanctions applicables aux insuffisances sont déterminées par l'article 60 qui établit une distinction suivant que l'insuffisance est inférieure ou non au huitième du prix exprimé ou de la valeur déclarée, « toute compensation étant faite entre les diverses expertises » et, au cas où elle est supérieure à cette quotité, selon qu'elle est reconnue amiablement avant ou après le dépôt du rapport d'expert.

La disposition visant la compensation à faire entre les diverses expertises a été introduite dans le projet par la Commission des finances de la Chambre; elle tend à préciser qu'il sera établi une moyenne entre les différentes propositions des experts. La compensation s'opérera dans ce cas en additionnant les chiffres des deux estimations et en prenant la moitié.

Toutes les fois que l'insuffisance sera inférieure au huitième du prix exprimé ou de la valeur déclarée, il ne sera dû qu'un supplément de droit simple sans pénalité et l'Administration supportera les frais d'expertise. Dans le cas contraire, le redevable devra acquitter, outre le supplément de droit simple et les frais d'expertise, un droit en sus si l'insuffisance est reconnue amiablement avant le dépôt du rapport d'expertise, et un double droit en sus après ce dépôt.

Quant à l'article 61, il tend uniquement à abroger toutes dispositions contraires de la législation actuellement en vigueur.

Sociétés civiles. — Déclarations d'existence et mesures de contrôle.

ART. 62. — *Les sociétés civiles de personnes constituées conformément aux articles 1832 et suivants du Code civil sont tenues de faire au bureau de l'Enregistrement du lieu où elles ont le siège de leur principal établissement une déclaration contenant :*

1° *L'objet, le siège et la durée de la société;*

2° *La date de l'acte constitutif et, s'il y a lieu, du ou des actes modificatifs, ainsi que celle de l'enregistrement de chacun de ces actes, dont un exemplaire sur papier non timbré, dûment certifié, est joint à la déclaration;*

3° *Les nom, prénoms et domicile de chacun des associés, directeurs ou gérants;*

4° *La nature et la valeur des biens mobiliers et immobiliers, constituant les apports;*

5° *Les droits attribués aux associés dans le partage des bénéfices et de l'actif social, que ces droits soient ou non constatés par des titres délivrés aux ayants droit.*

Cette déclaration devra être faite dans les trois mois de la publication de la présente loi au Journal officiel *pour les sociétés civiles existant au jour de cette publication, et dans le mois de leur constitution définitive, pour les mêmes sociétés qui se formeront postérieurement.*

En cas de modification dans la constitution de l'actif social, de changement de siège, de remplacement du directeur ou gérant ou d'un ou plusieurs des associés, lesdites sociétés doivent en faire la déclaration dans le délai d'un mois au bureau qui a reçu la déclaration primitive et déposer en même temps un exemplaire de l'acte modificatif.

ART. 63. — *Toute contravention aux dispositions qui précèdent est punie d'une amende de* 100 à 5.000 *francs en principal sans préjudice d'une pénalité de 10 p. 100 en principal du montant des apports mobiliers ou immobiliers omis ou insuffisamment évalués dans la déclaration.*

Les omissions sont réprimées dans les délais et suivant les formes prescrites par les lois qui régissent les déclarations de mutation par décès.

Les insuffisances mobilières ou immobilières sont constatées par voie d'expertise, à laquelle il est procédé dans les formes indiquées aux articles 57 à 60 de la présente loi.

A défaut de la déclaration prévue à l'article 62, les actes constitutifs ou modificatifs de sociétés civiles ne sont pas opposables à l'administration pour la perception de tous impôts ou taxes exigibles en vertu des lois en vigueur.

ART. 64. — *Les sociétés civiles visées à l'article 62 sont assujetties au droit de communication conféré aux agents de l'Enregistrement par la loi du 8 juin 1850, article 16, le décret du 17 juillet 1857, article 9, la loi du 23 août 1871, article 22 et la loi du 21 juin 1875, article 7. Le refus de communication est constaté par un procès-verbal et soumis aux sanctions établies par l'article 5 de la loi du 17 avril 1906.*

ART. 65. — *Les dispositions qui précèdent sont applicables aux sociétés civiles constituées à l'étranger entre personnes de nationalité française ou comprenant un ou plusieurs associés français. Les déclarations prévues à l'article 62 ci-dessus sont faites au bureau de l'enregistrement du domicile de l'associé ou de l'un quelconque des associés français.*

Ces sociétés demeurent soumises en France à toutes les obligations fiscales qui incombent aux sociétés étrangères en vertu des lois en vigueur, notamment de l'article 3 du décret portant règlement d'administration publique en date du 6 décembre 1872, relatif à l'impôt sur le revenu des biens meubles et immeubles possédés en France par les sociétés, compagnies et entreprises étrangères.

Jusqu'à présent, seules étaient soumises à une déclaration d'existence au bureau de l'Enregistrement du lieu où elles ont le siège de leur principal établissement, les compagnies, sociétés ou entreprises *françaises*, dont les actions et obligations sont assujetties au droit de transmission établi par l'art. 6 de la loi du 23 juin 1857 (Article 1er du décret du 17 juillet 1857).

Quant aux sociétés *étrangères*, qui se proposaient d'acquérir des biens en France ou d'y faire des opérations, elles devaient déposer, préalablement à leur établissement en France, au bureau de l'Enregistrement dans le ressort duquel se manifeste pour la première fois leur existence, un exemplaire certifié de leur acte constitutif (Loi du 13 avril 1898, art. 12, parag. 5).

Ces mesures n'englobaient pas dans leur champ d'application les sociétés civiles de personnes, constituées conformément aux articles 1832 et suivants du Code civil qui, n'ayant pas d'objet commercial, n'émettent pas de titres négociables ou, si elles sont étrangères, ne manifestent pas leur existence aux agents du Trésor.

Bien qu'assujetties en principe à l'impôt sur le revenu des parts sociales attribuées à leurs membres, et des emprunts qu'elles peuvent contracter, les collectivités de l'espèce se trouvaient soustraites à tout contrôle de l'Administration. Un certain nombre de ces Sociétés, ou soi-disant telles, avaient pu se constituer entre membres d'une même famille dans le but d'éviter ou d'atténuer les charges fiscales de toute nature (impôt général sur le revenu, droits de mutation à titre gratuit ou à titre onéreux...) qui auraient normalement incombé aux prétendus associés s'ils ne s'étaient avisés de transférer à un être moral souvent fictif la propriété de leurs biens personnels.

Les articles 62 à 65 de la loi du 13 juillet 1925 ont donc un double but :

1° Obliger les sociétés civiles de toute nature, qu'elles soient constituées en France ou à l'étranger, à révéler leur existence à l'Administration;

2° Conférer à celle-ci les moyens d'investigation nécessaires pour exercer son contrôle sur les biens qui en dépendent.

Déclaration d'existence. — Les sociétés civiles de personnes, constituées conformément aux articles 1832 et suivants du Code civil, sont tenues de faire au bureau de l'Enregistrement du lieu où elles ont le siège de leur principal établissement, une déclaration constatant :

1° L'objet, le siège et la durée de la société;

2° La date de l'acte constitutif et, s'il y a lieu, du ou des actes modificatifs, ainsi que celle de l'enregistrement de chacun de ces actes, dont un exemplaire sur papier non timbré, dûment certifié, est joint à la déclaration;

3° Les nom, prénoms et domicile de chacun des associés, directeurs ou gérants;

4° La nature et la valeur des biens mobiliers et immobiliers, constituant les apports;

5° Les droits attribués aux associés dans le partage des bénéfices et de l'actif social, que ces droits soient ou non constatés par des titres délivrés aux ayants droit.

Ce texte ne s'applique ni aux sociétés commerciales régies par la loi du 24 juillet 1867, ni aux associations régies par la loi du 1er juillet 1901.

La déclaration devra être faite dans les trois mois de la publication de la loi au *Journal officiel*, c'est-à-dire le 14 octobre prochain au plus tard, pour les sociétés civiles existantes au jour de cette publication et dans le mois de leur constitution définitive pour les mêmes sociétés qui se formeront postérieurement.

En cas de modification dans la constitution de l'actif social, de changement de siège, de remplacement du directeur ou gérant ou d'un ou plusieurs des associés, lesdites sociétés doivent en faire la déclaration, dans le délai d'un mois, au bureau qui a reçu la déclaration primitive, et déposer en même temps un exemplaire de l'acte modificatif.

Sociétés constituées à l'étranger. — Ces dispositions sont applicables, en vertu de l'article 67, aux sociétés civiles constituées à l'étranger entre personnes de nationalité française ou comprenant un ou plusieurs associés français.

Dans ce cas, la déclaration est faite au bureau de l'Enregistrement du domicile de l'associé ou de l'un quelconque des associés français.

En outre, si ces sociétés possèdent en France des meubles ou des immeubles, elles sont astreintes aux mêmes obligations fiscales que les sociétés étrangères qui possèdent des biens sur notre territoire.

Sanctions. — A défaut de s'être conformées aux obligations qui leur sont ainsi imposées, les sociétés civiles françaises ou étrangères sont passibles d'une amende de 100 à 5.000 francs.

En outre, en cas d'omission dans la déclaration d'une partie de leurs apports mobiliers ou immobiliers, ou en cas d'insuffisance d'évaluation de ces apports, elles ont à acquitter une pénalité égale à 10 p. 100 en principal du montant des apports omis ou insuffisamment évalués.

Les omissions sont réprimées dans les délais et suivant les formes prescrites par les lois qui régissent les déclarations de mutation par décès.

Les insuffisances mobilières ou immobilières sont constatées par voie d'expertise, à laquelle il est procédé dans les formes indiquées aux articles 57 à 60 de la loi du 13 juillet 1925.

A défaut de déclaration, les actes constitutifs ou modificatifs des sociétés civiles ne sont pas opposables à l'Administration pour la perception de tous impôts ou taxes exigibles en vertu des lois en vigueur.

Ainsi, dans ce dernier cas, à supposer que l'un des associés vienne à décéder, il ne pourra pas être excipé de l'acte de société pour faire limiter le paiement du droit de mutation à la part que le défunt possédait dans l'ensemble des biens appartenant à l'être moral; les droits seront dus sur la valeur des biens mis en société par le défunt, comme si la propriété de ces biens n'avait jamais cessé de reposer sur sa tête.

Droit de communication. — Les sociétés civiles vont être désormais astreintes au droit de communication que l'Administration exerce déjà sur les sociétés par actions. On sait que les investigations des agents de la Régie portent sur les livres, registres, titres, pièces de recette, de dépense et de comptabilité.

Le refus de communication expose les contrevenants à une amende de 1.000 à 10.000 francs, ainsi qu'à une astreinte minima de 100 francs par jour de retard (L. du 17 avril 1906, art. 5).

Carte d'identité des étrangers. — Tarif du droit de timbre.

ART. 66. — *Il sera perçu à l'occasion de la délivrance ou du renouvellement de la carte d'identité d'étranger une somme de 50 francs pour l'Etat, 6 francs pour le département et 12 francs pour la commune, en tout 68 francs sans addition d'aucun décime.*

Ces sommes seront réduites respectivement à 7 francs, 1 franc et 2 francs, au total 10 francs, sans addition d'aucun décime, pour les étrangers pères ou mères d'un ou plusieurs enfants français, pour les étudiants et les travailleurs salariés, les savants et les écrivains étrangers vivant en France, remplissant les conditions qui seront déterminées par décret. En seront totalement exonérés les étrangers ayant servi comme volontaires dans l'armée française pendant la guerre.

Bénéficieront également de la somme réduite ou de l'exonération les conjoints, ascendants ou descendants des travailleurs vivant avec ces derniers.

La carte sera requise de tout étranger faisant en France un séjour de plus de deux mois. Elle doit être renouvelée tous les deux ans.

Dans le cas prévu dans le second alinéa du présent article, mais seulement lorsqu'il s'agit de travailleurs salariés, la somme sera à la charge de l'employeur.

La part des départements et des communes sera répartie entre tous les départements et les communes suivant les principes du fonds commun.

Tout étranger autorisé à résider en France et âgé de plus de 15 ans doit être obligatoirement muni d'une carte d'identité qui lui est délivrée par le préfet du département où il a établi sa résidence (Art. 1 et 3 du décret du 2 avril 1917).

Le droit de timbre de la carte d'identité des étrangers, qu'une loi du 29 avril 1921 (Art. 15) a substitué, dans un but de simplification, aux taxes jusqu'alors en vigueur, avait été fixé uniformément à 10 francs par la loi précitée.

Le droit de timbre est dû :

1° Lors de la délivrance de la carte au titulaire ou de son renouvellement;

2° Lors de la délivrance d'un duplicata de la carte perdue par le titulaire.

Les visas apposés sur la carte par les autorités compétentes, en cas de changement de résidence à l'étranger, ne donnent pas lieu à l'application du timbre (Instruction de l'administration de l'Enregistrement, n° 3724, page 4).

Les timbres sont apposés sur les cartes par les soins et sous la responsabilité de l'Administration préfectorale.

Sont toutefois dispensées du timbre les cartes d'identité délivrées aux étrangers indigents (Décret du 31 décembre 1921, art. 5).

Ce régime est modifié par l'article 66 de la loi de finances, qui établit deux tarifs différents : un tarif ordinaire et un tarif plus réduit; une innovation est, en outre, introduite en ce sens qu'une partie du droit est attribuée au département et à la commune dans lesquels l'étranger a fixé sa résidence.

Le tarif ordinaire est fixé à 68 francs, sans addition de décimes, soit 50 francs pour l'Etat, 6 francs pour le département et 12 francs pour la commune; quant au tarif réduit, il est de 10 francs, sans addition de décimes, soit 7 francs pour l'Etat, 1 franc pour le département et 2 francs pour la commune.

Profitent du tarif réduit : les étrangers pères ou mères d'un ou de plusieurs enfants français, les étudiants et les travailleurs salariés, les conjoints ascendants des travailleurs vivant avec ces derniers, les savants et les écrivains étrangers vivant en France et remplissant les conditions qui seront déterminées par décret.

Sont dispensés de toute taxe les étrangers ayant servi comme volontaires dans l'armée française pendant la guerre; la dispense dont profitent les indigents nous paraît avoir été implicitement maintenue.

Le texte précise, en outre :

1° Que la carte sera requise de tout étranger faisant en France un séjour de plus de deux mois;

2° Qu'elle devra être renouvelée tous les deux ans;

3° Que la taxe afférente à la carte des travailleurs étrangers sera à la charge de l'employeur.

Ventes d'immeubles dont le prix est supérieur à 5.000 francs. Rédaction sur timbre.

ART. 67. — *Les minutes, originaux et expéditions des actes ou procès-verbaux de vente ou licitation dont le prix sera supérieur à 5.000 francs sont soumis au timbre de dimension.*

Les cahiers des charges relatifs à ces mutations seront soumis au timbre de dimension après la réalisation des ventes ou des adjudications, lorsque le prix excédera 5.000 francs.

Sont exemptes du droit de timbre de dimension toutes les copies des actes destinés à être déposés au bureau des hypothèques.

Les articles 6 et 7 de la loi du 23 avril 1905 sont abrogés en ce qu'ils ont de contraire aux présentes dispositions.

Les articles 6 et 7 de la loi du 22 avril 1905 avaient dispensé du timbre les minutes, originaux et expéditions des actes de vente, licitation ou échange d'immeubles.

L'article 67 de la loi de finances rétablit l'obligation de rédiger ces actes sur papier timbré, toutes les fois que le prix est supérieur à 5.000 francs.

Le texte ne vise pas les échanges qui continueront à bénéficier de l'exemption, encore bien que les immeubles échangés aient une valeur supérieure à 5.000 francs, ou que la soulte exprimée excède elle-même ce chiffre.

Le terme « prix » doit s'entendre ici dans le sens qu'il comporte en droit civil; c'est, d'après la définition de Merlin, « tout ce que le vendeur reçoit de l'acheteur en échange de la chose qu'il lui vend; c'est toute la somme d'argent que, sous une dénomination ou sous une autre, l'acquéreur tire de sa poche pour la faire entrer dans celle du vendeur ».

Il ne faut pas confondre le prix avec la valeur des biens; ainsi, en cas de licitation, l'acte continuera à bénéficier de l'immunité du timbre, si le prix de la part acquise est inférieur à 5.000 francs, alors même que l'ensemble des immeubles licités aurait une valeur bien supérieure.

La dispense du timbre est maintenue pour les cahiers des charges; ces actes ne seront soumis au timbre qu'après la réalisation des ventes ou des adjudications, lorsque le prix excédera 5.000 francs.

Dès lors, si l'adjudication n'est pas suivie d'effet, le droit de timbre ne sera pas exigible, alors même que la ou les mises à prix seraient supérieures à 5.000 francs.

Si, au contraire, l'adjudication est tranchée moyennant un prix supérieur à 5.000 francs ou des prix qui, sans excéder 5.000 francs, forment un total supérieur à ce chiffre, le droit de timbre deviendra exigible; l'acte sera présenté au receveur pour être revêtu de timbres mobiles.

Les mêmes règles nous paraissent devoir être appliquées aux procès-verbaux d'adjudication.

Enfin, dans sa disposition finale, ce texte exempte du droit de timbre de dimension toutes les copies des actes destinés à être déposés au bureau des hypothèques. Cette mesure ne fait pas double emploi avec l'immunité inscrite dans l'article 1er de la loi du 27 juillet 1900. Il en résulte explicitement que toutes les expéditions d'actes de vente ou de licitation, déposées à la Conservation des hypothèques en vue de l'accomplissement de la formalité de la transcription, sont dispensées du timbre, quel que soit d'ailleurs le prix de la vente ou de la licitation.

Affiches lumineuses. — Majoration des tarifs.

ART. 68. — *Les droits auxquels sont assujetties les affiches lumineuses désignées à l'article 20 de la loi du 8 avril 1910 sont doublés lorsque ces affiches sont établies dans les limites d'une commune dont la population dépasse 100.000 habitants.*

Pour Paris, le droit est triplé.

En outre, les tarifs ainsi déterminés sont doublés pour toutes les affiches d'une superficie supérieure à 50 mètres carrés.

ART. 69. — *Sont assimilées aux affiches lumineuses, pour l'application des droits établis à l'article précédent :*

1° *Les réclames lumineuses et les enseignes qui réunissent les caractères spécifiques des affiches lumineuses tels qu'ils sont définis à l'article 20 de la loi du 8 avril 1910;*

2° *Les affiches sur papier, les affiches peintes et les enseignes éclairées la nuit au moyen d'un dispositif spécial. Ces affiches, même si elles sont actuellement imposées au taux des affiches peintes, devront acquitter le nouveau droit à partir de la promulgation de la présente loi, déduction faite, le cas échéant, des taxes déjà perçues.*

Sont assimilées aux affiches lumineuses de la plus grande dimension les réclames faites de quelque façon que ce soit qui ne rentrent pas dans la catégorie des affiches ordinaires, faites par projections lumineuses ou non, et inscriptions permanentes ou fugitives, telles que les projections ou inscriptions sur le sol, sur le ciel, etc.

ART. 70. — *L'amende de 5 francs en principal, édictée par les articles 23 de la loi du 8 avril 1910 et 42 de la loi du 25 juin 1920, est portée à 1.000 francs en principal.*

Ces articles modifient profondément l'assiette des droits frappant la publicité par affiches lumineuses.

Dans l'état antérieur de la législation, les affiches lumineuses, qu'elles fussent constituées par la réunion de lettres ou de signes installés sur des supports ou obtenues au moyen de projections ou de combinaisons de points lumineux étaient assujetties par les articles 20 de la loi du 8 avril 1910 et 41 et 42 de celle du 25 juin 1920 à un droit annuel ou mensuel, *indépendant de l'importance des villes où ces affiches étaient installées.*

D'autre part, en vertu de l'article 22 de la loi du 8 avril 1910, celles de ces affiches qui ont le caractère *d'enseignes* (affiches apposées sur les murs mêmes de la maison ou des dépendances de la maison où s'exerce le commerce ou l'industrie que l'on veut annoncer au public), échappaient à l'impôt.

L'article 68 élève du simple au double, pour les villes dont la population dépasse 100.000 habitants, et au triple pour Paris, le taux des droits perçus sur les affiches lumineuses désignées par l'article 20 de la loi du 8 avril 1910. Il prévoit également un tarif double pour les affiches dont la superficie excède cinquante mètres carrés.

L'article 68 assimile aux affiches lumineuses les enseignes réunissant les caractères spécifiques définis par l'article 26 de la loi du 8 avril 1910. Un alinéa, dû à l'initiative de la Commission des finances de la Chambre, étend cette assimilation à tous les autres moyens concevables de publicité lumineuse, tels qu'affiches sur papier, affiches peintes, enseignes éclairées au moyen d'un dispositif spécial. Une autre disposition, qui a pour origine un amendement de MM. Ernest Lafont, Ferdinand Faure et Jouhannet, voté par la Chambre à la deuxième séance du 25 février, malgré l'opposition de la Commission des finances et du Gouvernement, est destinée à atteindre des formes de publicité que l'administration de l'Enregistrement s'était déclarée impuissante à taxer (inscriptions dans le ciel, inscriptions sur le sol au moyen d'un liquide répandu) : la loi assimile aux affiches lumineuses de la plus grande dimension ces projections ou inscriptions, et *donne d'une façon générale à l'Administration le moyen de taxer à l'avenir tous les nouveaux modes de publicité.* (Exposé des motifs du projet de loi, transmission n° 106, p. 37).

Le texte voté porte de 5 francs à 1.000 francs en principal l'amende attachée à toute infraction aux dispositions des lois du 8 avril 1910 et 25 juin 1920 concernant les taxes sur les affiches lumineuses.

Timbre de quittance. — Majoration du tarif.

ART. 71. — *Le premier alinéa de l'article 53 de la loi du 25 juin 1920 est modifié ainsi qu'il suit :*

« Est fixé à :

» 0 fr. 25 quand les sommes n'excèdent pas 100 francs,

» 0 fr. 50 quand les sommes sont comprises entre 100 francs et 1.000 francs,

» 1 franc quand les sommes sont comprises entre 1.000 francs et 10.000 francs,

» 3 francs quand les sommes sont comprises entre 10.000 francs et 50.000 francs,

» et, au delà, 1 franc en sus par nouvelle fraction de 50.000 francs,

» Le droit de timbre des titres, de quelque nature qu'ils soient, signés ou non signés, faits sous signatures privées, qui constatent des payements ou des versements de sommes, quels que soient le caractère civil ou commercial du payement ou du versement et la qualité de celui qui le reçoit ou l'effectue. »

Sont frappés d'un droit de timbre-quittance uniforme de 25 centimes les reçus constatant un dépôt d'espèces effectué chez un banquier, un agent de change ou un comptable public.

L'article 53 de la loi du 25 juin 1920 avait fixé, savoir :

A 0 fr. 25, quand les sommes n'excèdent pas 100 francs,

A 0 fr. 50, quand les sommes sont comprises entre 100 francs et 1.000 francs,

et à 1 franc, quand les sommes excèdent 1.000 francs,

Le tarif du droit de timbre auquel sont soumis, en vertu des articles 18 à 20 de la loi du 23 août 1871 et de l'article 28 de la loi du 15 juillet 1914, les titres de quelque nature qu'ils soient, signés ou non signés, faits sous signatures privées, qui constatent des paiements ou des versements de sommes, quels que soient le caractère civil ou commercial du paiement ou du versement ou la qualité de celui qui le reçoit ou l'effectue.

L'article 71 de la loi de finances porte ce tarif à :

« 0 fr. 25 quand les sommes n'excèdent pas 100 francs;

« 0 fr. 50 quand les sommes sont comprises entre 100 francs et 1.000 francs;

« 1 franc quand les sommes sont comprises entre 1.000 francs et 10.000 francs;

« 3 francs quand les sommes sont comprises entre 10.000 francs et 50.000 francs;

« et, au delà, 1 franc en sus par nouvelle fraction de 50.000 francs. »

Le deuxième alinéa du même article réalise, d'autre part, une importante innovation; il réduit à une somme uniforme de 25 centimes le tarif du droit de timbre afférent aux reçus constatant un dépôt d'espèces effectué chez un banquier, un agent de change ou un comptable public.

Mais il faut qu'il s'agisse d'un simple dépôt d'espèces et non du payement d'une dette; à cet égard le texte va donner naissance à une distinction, qui sera souvent subtile, entre les reçus libératoires et les reçus constatant une simple remise de fonds restant à la disposition du déposant.

A défaut de disposition contraire du nouveau texte, le tarif de 25 centimes, institué par le deuxième alinéa de l'article 55 de la loi du 25 juin 1920, nous paraît maintenu pour les reçus de titres, valeurs ou objets.

Valeurs mobilières. Droit de timbre des actions. Imposition de la prime d'émission.

ART. 72. — *Pour le calcul du droit de timbre auquel sont soumis les titres ou certificats d'actions, en vertu des articles 14 et 22 de la loi du 5 juin 1850 et 9 de la loi du 23 juin 1857, il est ajouté au capital nominal le montant de la prime d'émission, s'il en a été ou s'il en est imposé une au souscripteur.*

Cette disposition est applicable, à compter du 1er juin 1925, aux abonnements en cours contractés depuis le 1er janvier 1925.

L'article 14 de la loi du 5 juin 1850 a assujetti les titres ou certificats d'actions dans les sociétés à un droit de timbre proportionnel, qui est acquitté au comptant ou converti en une taxe annuelle d'abonnement (même loi, art. 22).

Le droit au comptant a été fixé, en dernier lieu, par l'article 48 de la loi du 25 juin 1920, à 1 p. 100 du capital nominal du titre, pour les sociétés dont la durée n'excède pas dix ans, et à 2 p. 100 pour celles dont la durée dépasse dix ans. Quant au droit d'abonnement, il s'élève, en vertu du même texte, à 0,10 p. 100 du même capital. Ces droits sont soumis aux deux décimes établis par l'article 3 de la loi du 22 mars 1924.

Dans la pratique, les sociétés qui procèdent à une augmentation de leur capital exigent fréquemment des souscripteurs d'actions nouvelles le versement, en sus du montant nominal de chaque titre, d'une somme dite « prime d'émission », qui n'est pas autre chose qu'un supplément d'apport.

Le droit de timbre étant dû exclusivement sur le capital nominal, c'est-à-dire sur la somme inscrite sur le titre, la prime, qui parfois est supérieure au capital nominal, échappait à l'impôt.

L'article 72 de la loi de finances a pour but de l'y assujettir. Il porte que « pour le calcul du droit de timbre, il est ajouté au capital nominal le montant de la prime d'émission, s'il en a été ou s'il en est imposé une au souscripteur. »

Cette disposition vise aussi bien le droit de timbre au comptant que le droit de timbre par abonnement et elle s'applique aux titres des sociétés étrangères soumises au principe d'équivalence par application de l'article 9 de la loi du 23 juin 1857 (ordinairement désignées sous la rubrique : *Sociétés abonnées*), comme aux sociétés françaises.

Par contre, elle ne saurait être étendue aux titres des sociétés étrangères qui ne sont pas soumises au principe d'équivalence (*Sociétés non abonnées*).

Enfin, elle n'atteint que les actions, à l'exclusion des obligations, alors même que le souscripteur serait tenu, pour les titres de cette dernière catégorie, de verser une somme supérieure à leur valeur nominale.

L'article 72 n'a pas d'effet rétroactif à l'égard des valeurs françaises non abonnées au timbre et qui acquittent, par conséquent, le droit de timbre au comptant au tarif édicté par l'article 48 de la loi du 25 juin 1920.

Au contraire, la loi rétroagit en ce qui concerne les titres des sociétés françaises ou étrangères qui se sont abonnées depuis le 1er janvier 1925, et dans cette hypothèse, la taxe d'abonnement, calculée cumulativement sur la prime d'émission et le capital nominal, est exigible depuis le 1er juin 1925. Mais il n'est rien innové en ce qui concerne les sociétés abonnées antérieurement au 1er janvier 1925, lesquelles se trouvent par conséquent dispensées d'acquitter la taxe de timbre sur les primes stipulées lors de l'émission de leurs actions (Rapport n° 140 de M. Henry Bérenger, p. 104).

Impôt sur les opérations de bourse. — Majoration des tarifs.

ART. 73. — *Le droit de timbre auquel l'article 28 de la loi du 28 avril 1893 soumet toute opération de bourse ayant pour objet l'achat et la vente de valeurs de toute nature est porté à 60 centimes (0 fr. 60) par 1.000 francs ou fraction de 1.000 francs.*

Il est perçu sur le montant de la négociation.

Sur les opérations de report, le droit est élevé à 25 centimes (0 fr. 25) par 1.000 francs ou fraction de 1.000 francs.

Il n'est pas innové en ce qui concerne les opérations relatives aux rentes sur l'Etat français.

Dans le dernier état, le tarif de l'impôt sur les opérations de bourse a été fixé :

Valeurs autres que les fonds d'Etat français :

Pour les opérations au comptant et à terme : 0 fr. 50 par 1.000 francs ou fraction de 1.000 francs;

Pour les opérations de report : 0 fr. 20 par 1.000 francs ou fraction de 1.000 francs.

Fonds d'Etat français.

Pour les opérations au comptant et à terme : 0 fr. 0125 par 1.000 francs ou fraction de 1.000 francs;

Pour les opérations de report : 0 fr. 00625 par 1.000 francs ou fraction de 1.000 francs.

Ces droits ne comportent pas de décimes.

L'article 73 de la loi majore, ainsi qu'il suit, les tarifs applicables aux valeurs autres que les fonds d'Etat :

Pour les opérations à terme et au comptant : 0 fr. 60 par 1.000 francs ou fraction de 1.000 francs;

Pour les opérations de report : 0 fr. 25 par 1.000 francs ou fraction de 1.000 francs.

Il n'est rien innové en ce qui concerne les rentes sur l'État français.

Impôt sur les opérations de change.

ART. 74. — *Les opérations de change visées à l'article 1er de la loi du 1er août 1917 sont soumises à un droit de timbre dont la quotité est fixée à 10 centimes par 1.000 francs ou fraction de 1.000 francs du montant de l'opération.*

ART. 75. — *Un décret déterminera les conditions d'application de la disposition qui précède.*

Toute infraction aux dispositions de l'article 74 et à celles du décret prévu pour son exécution sera punie d'une amende de 100 à 5.000 francs en principal.

S'inspirant des deux lois des 28 avril 1893 (Art. 28 et suiv.) et 27 février 1913 (Art. 91) qui ont institué, la première, une taxe sur les opérations de bourses de valeurs, la seconde, une taxe sur les opérations de bourses de commerce, le législateur a cru devoir créer une taxe sur les opérations de change, à laquelle il attribue le caractère d'un droit de timbre, « dont la quotité est fixée à 10 centimes par 1.000 francs ou fraction de 1.000 francs du montant de l'opération ».

Un décret doit déterminer les conditions d'application de cette disposition.

Il y a lieu de noter que les articles 74 et 75 de la loi de finances, ont été votés sans débats, tant au Sénat qu'à la Chambre.

Qu'il nous soit permis d'attirer l'attention sur les conséquences redoutables que pourrait entraîner le nouvel impôt, si les tempéraments indispensables n'étaient apportés dans son mode de perception.

Le but essentiel des opérations de change est de permettre à une personne :

1° De se procurer des disponibilités en monnaies étrangères pour acquitter les sommes dont elle est débitrice à l'étranger et qui représentent, la plupart du temps, le prix de marchandises importées;

2° De réaliser en monnaie française les avoirs en monnaies étrangères dont elle dispose et qui proviennent, le plus souvent, du prix de marchandises exportées.

Les moyens de change constituent donc, la plupart du temps, la contre-valeur d'une marchandise; frapper les opérations de change d'un impôt aboutit, par suite, à taxer les marchandises, soit à l'importation, soit à l'exportation. Si ces marchandises sont elles-mêmes atteintes par un autre impôt, il y a superposition, avec cette aggravation, en matière d'exportation, que l'on pénalise, en quelque sorte, ceux qui rapatrient leurs capitaux.

Ces simples considérations, qui indiquent les inconvénients économiques du nouvel impôt, suffisent à démontrer qu'il conviendra de se montrer circonspect dans son application.

Or, le texte autorise toutes les interprétations, même les plus rigoureuses.

On ne peut songer, cependant, à atteindre toutes les opérations de change sans exception, car on aboutirait à une multiplication de l'impôt d'autant plus lourde que les intermédiaires intervenant dans une opération seraient plus nombreux; le banquier à qui je demande 10.000 £ ne les a pas nécessairement à sa disposition; il doit se les procurer ailleurs, souvent au moyen de l'arbitrage sur une place étrangère. Il se crée ainsi, pour une même opération, une filière qui peut comprendre 4, 5, 6 intermédiaires pour aboutir du vendeur à l'acheteur de devises.

Il conviendrait donc, à notre avis, de limiter la perception de la taxe aux opérations émanant des donneurs d'ordre, à l'exclusion des opérations intermédiaires, qui ne sont que des modalités de réalisation.

Telle est, du reste, la pratique admise en matière d'impôt sur les opérations de bourse, et il paraît logique d'en faire application pour la perception du nouvel impôt. Le texte de la loi est assez souple pour autoriser une telle interprétation et le décret prévu pour son application pourrait, par une réglementation appropriée, permettre aux simples transmetteurs d'ordre de ne point acquitter eux-mêmes l'impôt, à la condition que le paiement en soit assuré au moment où l'opération définitive se consomme.

S'il en était autrement, on rendrait l'arbitrage à peu près impossible, pour le plus grand préjudice de la place de Paris qui, en Europe, est la plus importante, après Londres et Amsterdam. Les commissions que prélèvent nos arbitragistes seraient perdues; elles seraient encaissées par des professionnels étrangers.

Sous ces réserves, la nouvelle taxe nous paraît devoir atteindre les opération à terme tout comme les opérations au comptant; elle sera particulièrement lourde en matière de reports, étant donné que le report comporte, pour une seule prorogation d'échéance, quatre opérations différentes qui vont être chacune frappées isolément.

Enfin, l'article 75 punit d'une amende de 100 à 5.000 francs toute infraction aux dispositions de l'article 74 instituant la taxe, et à celles du décret prévu pour son exécution.

Valeurs mobilières. — Taxe annuelle de transmission. Majoration du tarif.

ART. 76. — *A partir du 30 juin 1925, est porté à 0 fr. 70 p. 100 en principal le taux du droit annuel de transmission fixé à 0 fr. 60 p. 100 par l'article 18 de la loi du 30 juin 1923 et auquel sont assujettis :*

1° *Les titres au porteur d'actions ou obligations françaises;*

2° *Les titres nominatifs et au porteur étrangers visés au paragraphe 2 de l'article 31 de la loi du 29 mars 1914;*

3° *Les droits incorporels visés à l'article 24 de la loi du 28 décembre 1922.*

Le taux de la taxe annuelle de transmission, qui frappe les titres au porteur et les actions non créées matériellement des collectivités françaises, ainsi que les titres nominatifs et au porteur des sociétés étrangères soumises au régime de l'abonnement, est porté de 0 fr. 60 à 0 fr. 70 p. 100, soit 0 fr. 84 p. 100, y compris le double décime.

Cette mesure a effet à compter du 1er juillet 1925; la majoration sera donc applicable à l'intégralité du troisième trimestre de 1925, que les sociétés et autres collectivités émettrices auront à acquitter dans les vingt premiers jours d'octobre prochain.

C'est la quatrième augmentation de tarif que subit depuis la guerre la taxe annuelle de transmission (L. 25 juin 1920, art. 49; L. 30 juin 1923, art. 18; double décime, L. 22 mars 1924, art. 3).

Ces majorations successives n'ont pas seulement pour but un supplément de ressources à attendre du produit de la taxe; elles tendent principalement à accroître la prime fiscale dont bénéficient, par rapport aux titres au porteur, les titres nominatifs des valeurs françaises, qui ne sont pas soumis à la taxe annuelle. On espère ainsi inciter les porteurs à préférer les titres nominatifs, qui se prêtent beaucoup moins aux dissimulations, spécialement en matière de mutations par décès.

Impôt sur le revenu des valeurs mobilières non abonnées et des fonds d'Etat étrangers. — Majoration du tarif.

ART. 77. — *A partir du 30 juin 1925, le taux de la taxe établie par les articles 31, 34 et 42 de la loi du 29 mars 1914 et 50, troisième alinéa, de la loi du 25 juin 1920 sur le revenu des valeurs mobilières étrangères qui ne sont pas soumises au régime de l'abonnement, ainsi que sur les titres de rente, emprunts et autres effets publics des gouvernements étrangers, est fixé à 18 p. 100, sans addition de décimes.*

Sont dispensés de la taxe du revenu établie par les articles 31, 34 et 42 de la loi du 29 mars 1914 sur le revenu des valeurs étrangères qui ne sont pas soumises au régime de l'abonnement, les dividendes, intérêts, arrérages et tous autres produits des valeurs mobilières étrangères que les sociétés d'assurances et de réassurances françaises sont obligatoirement tenues de déposer et de maintenir en dépôt à l'étranger, en vertu des lois locales, pour constituer des cautionnements, des réserves mathématiques, et toutes autres réserves pour sinistres à régler et pour risques en cours.

Cette exonération est subordonnée à la justification des dépôts ainsi constitués à l'étranger; elle cesse dès que ces dépôts ne sont plus obligatoires.

ART. 78. — *Les dispositions du paragraphe 1er de l'article 77 ci-dessus n'auront effet que pour les coupons mis en recouvrement postérieurement au 1er juillet 1925 et présentés à l'encaissement postérieurement à la promulgation de la présente loi.*

Cet article a pour but de porter de 12 p. 100 (soit 14,40 p. 100 avec le double décime) à 18 p. 100, *sans addition de décimes*, le taux de l'impôt sur le revenu des valeurs mobilières étrangères non abonnées et des fonds d'États étrangers.

L'impôt dont il s'agit est celui que prélèvent les banquiers, en compte avec le Trésor, lors de l'encaissement des coupons de ces valeurs, par application des articles 34 et suivants de la loi du 29 mars 1914.

La majoration de tarif n'a effet qu'à l'égard des coupons *échus* postérieurement au 1er juillet 1925, c'est-à-dire *à partir du 2 juillet* et encaissés postérieurement à la promulgation de la loi (Art. 78).

L'article 77 contient, en outre, une innovation importante tendant à exonérer de la taxe les valeurs étrangères non abonnées que les sociétés d'assurances et de réassurances françaises sont tenues obligatoirement, en vertu des lois locales, de déposer à l'étranger en vue de la constitution de cautionnements, de réserves mathématiques et de réserves pour sinistres à régler et pour risques en cours. Cette disposition a pour but d'alléger la surcharge fiscale qui pèse sur ces sociétés, en raison des impôts qu'elles doivent supporter à l'étranger du chef de ces mêmes valeurs, et de favoriser ainsi notre expansion à l'extérieur.

On sait qu'en ce qui concerne les revenus de cette espèce encaissés à l'étranger, l'impôt est perçu, soit au moyen de l'apposition de timbres mobiles sur le titre, soit par déclaration souscrite par le propriétaire ou l'usufruitier des titres dans les trois premiers mois de l'année (L. 29 mars 1914, art. 37). Les sociétés en situation de profiter de la disposition qui précède se trouvent donc dispensées de ces formalités en ce qui concerne les revenus encaissés postérieurement à la promulgation de la loi.

Quant aux justifications, elles ne sauraient, étant donné l'option qu'ont les sociétés d'acquitter l'impôt selon l'un ou l'autre mode de paiement prévus par le législateur, être produites qu'aux agents de l'Administration qui se présenteraient au siège social pour exercer le droit de communication.

Impôt sur le revenu des valeurs mobilières. Tantièmes des administrateurs.

ART. 79. — *Sont passibles en totalité de la taxe instituée par l'article 12 de la loi du 13 juillet 1911 et par l'article 12 de la loi du 30 décembre 1916 les prélèvements sur les bénéfices qui, à partir de la promulgation de la présente loi, seront effectués au profit de l'administrateur unique ou des membres des conseils d'administration en leur dite qualité, même si ces prélèvements ne résultent pas d'une disposition statutaire obligatoire*

L'article 12 de la loi du 13 juillet 1911 a assujetti à l'impôt sur le revenu des valeurs mobilières « les bénéfices qui, par suite de dispositions statutaires, sont distribués aux membres des conseils d'administration des sociétés, compagnies et entreprises. »

D'après l'interprétation que l'administration des Finances a dû adopter à la suite de décisions de jurisprudence, il faut, pour l'application de l'impôt, que les bénéfices soient attribués en vertu d'une clause impérative des statuts donnant à l'attributaire un droit ferme à ces bénéfices, généralement connus sous le nom de « tantièmes ».

On a craint que cette interprétation n'aboutisse à une évasion importante sinon totale de la matière imposable, les sociétés ayant la latitude, pour échapper à l'impôt, de modifier leurs statuts de manière à ne plus faire de l'allocation des tantièmes qu'une simple éventualité.

C'est pourquoi l'article 70 dispose que la taxe sur les tantièmes est exigible « même si ces prélèvements ne résultent pas d'une disposition statutaire obligatoire ».

Par elle-même cette disposition est d'une interprétation facile et ne paraît pas susceptible de soulever de réelles difficultés dans l'application.

Mais au cours de la discussion devant la Chambre (2ᵉ séance du 25 février 1925, *Journal officiel*, Débats, p. 1279) a été évoquée la grave question de savoir si la rémunération accordée aux administrateurs délégués et aux administrateurs directeurs des sociétés anonymes doit être taxée à l'impôt sur le revenu au même titre que celle des administrateurs ordinaires qui ne sont pas tenus, comme les premiers, de consacrer tout leur temps aux affaires sociales.

On ne saurait méconnaître, en effet, que depuis la loi du 13 juillet 1911, qui a institué l'impôt sur les tantièmes, est intervenue la loi du 31 juillet 1917, instituant les impôts cédulaires et frappant les salaires dans une cédule spéciale.

Or, les administrateurs délégués et les administrateurs directeurs des sociétés sont de véritables employés et la rémunération qu'ils touchent à ce titre constitue incontestablement un salaire, alors même qu'elle affecte le caractère d'une participation aux bénéfices.

Nous ne méconnaissons pas que, dans l'état actuel de la législation, et en présence de l'arrêt rendu, le 30 novembre 1921, par la Cour de cassation (affaire des soies asiatiques de Lilienthal, *Revue de l'Enregistrement*, n° 7641), il est difficile de soustraire ces participations à l'application de la loi du 13 juillet 1911. Mais il n'en reste pas moins que c'est par suite d'une véritable anomalie qu'elles sont taxées dans la cédule des valeurs mobilières, au lieu de l'être dans celle des traitements et salaires. Tel paraît être, d'ailleurs, le sentiment du Directeur Général de l'Enregistrement qui s'est exprimé, à cet égard, d'une façon assez nette, à la tribune de la Chambre des députés (*Ibid. Journal officiel*, p. 1279).

Une réforme législative paraît indispensable pour remettre les choses au point.

Impôt sur le revenu des valeurs mobilières.
Remboursements opérés sur le capital.

Art. 80. — *L'impôt sur le revenu des capitaux mobiliers est perçu sur le montant des remboursements et amortissements totaux ou partiels que les sociétés ou collectivités, désignées dans les paragraphes 1er et 3 de la loi du 29 juin 1872 et non affranchies de l'impôt sur le revenu des valeurs mobilières par des lois subséquentes, effectuent, sur le montant de leurs actions, parts d'intérêts ou commandites, avant leur dissolution ou leur mise en liquidation.*

La disposition qui précède est applicable aux remboursements et amortissements effectués sur le montant des actions, parts d'intérêts ou commandites des sociétés et compagnies étrangères. Elle n'est pas applicable aux amortissements qui seraient faits par une réalisation d'actif et au moyen de prélèvements sur les éléments autres que le compte « profits et pertes », les réserves ou provisions diverses de bilan.

Les sommes distribuées dans les conditions ainsi définies entrent en compte pour l'établissement de l'impôt général sur le revenu dû par les bénéficiaires.

Ne sont pas soumises aux dispositions qui précèdent les sociétés dont les statuts prévoient l'amortissement obligatoire des actions.

Seront également exemptées de l'application des dispositions qui précèdent les sociétés concessionnaires de l'Etat, des départements, des communes, des colonies et protectorats, qui établiront que l'amortissement par remboursement de tout ou partie de leur capital social, parts d'intérêts ou commandites, est justifié par la caducité de tout ou partie de leur actif social, notamment par dépérissement progressif ou par obligation de remise en fin de concession à l'autorité concédante. Un règlement d'administration publique fixera les conditions dans lesquelles sera constaté dans chaque cas que l'opération a bien le caractère d'amortissement et que l'exonération est légitime.

Lorsque les actions auront été remboursées par un des moyens non expressément exclus par le deuxième paragraphe du présent article, à la liquidation de la société, la répartition de l'actif entre les porteurs d'actions de jouissance et jusqu'à concurrence du pair des actions originaires sera considérée comme un remboursement de capital non imposable à l'impôt sur le revenu.

Un règlement d'administration publique fixera le mode de payement de la taxe ainsi que toutes les autres mesures nécessaires pour l'exécution du présent article.

Sous l'empire de la loi du 29 juin 1872, l'impôt sur le revenu des valeurs mobilières n'était pas exigible, lorsque la distribution des sommes ou valeurs composant le fonds social avait lieu à titre d'amortissement du capital social; dans ce cas, en effet, il se produit une simple restitution d'apports, c'est-à-dire, d'un *capital* investi dans l'entreprise par l'actionnaire.

Une jurisprudence constante avait consacré cette thèse (V. notamment Seine, 4 janvier 1878; *Rép. pér.*, 4959; *Journal de l'Enregistre-*

ment, 20.649. — Lyon, 29 juillet 1881; R. P. 6.127; J. E. 22.175. — Nice, 2 août 1897. *Rev. de l'Enregistrement* 1579; R. P. 9308).

Or de nombreuses sociétés distribuent aujourd'hui tout ou partie de leurs bénéfices sous forme de remboursement sur le capital : de la sorte leurs actionnaires n'avaient à acquitter, sous le régime antérieur, ni l'impôt sur le revenu des valeurs mobilières, ni l'impôt général sur le revenu.

Voici quels sont les procédés les plus usités :

Une société distribue, par exemple, une somme de 50 francs à ses actionnaires et affecte cette somme à concurrence de 20 francs au dividende, et, pour le surplus, au remboursement du capital. De la sorte l'impôt sur le revenu n'est dû que sur 20 francs.

Toujours par le jeu d'un remboursement sur le capital, certaines sociétés arrivaient à distribuer gratuitement une action de jouissance à leurs actionnaires, sans acquitter la taxe. Ainsi une société, dont les actions sont de 500 francs, remboursait 500 francs par action et augmentait son capital d'une somme égale au capital primitif en donnant à chaque action ancienne un droit de souscription à une action nouvelle. Le porteur de l'action ancienne employait à la souscription la somme qui lui avait été remboursée sur le capital et se trouvait, par ce moyen, nanti, sans rien débourser et sans acquitter aucune taxe, d'une action de jouissance de 500 francs et d'une action de capital de pareille somme.

Contrairement à l'appréciation formulée, à tort selon nous, au cours de la discussion devant le Parlement, il n'y avait point là une fraude : on remboursait son apport à l'actionnaire et, en fin d'entreprise, l'impôt sur le revenu eût été exigible sur l'intégralité des valeurs composant le fonds social, sans imputation possible du capital originaire restitué à l'apporteur. Le Trésor n'était donc exposé à aucune perte.

Il est de toute évidence que le capital n'est pas un bénéfice et le caractère n'en est pas modifié si, par le jeu des réserves, il est remboursé par anticipation. Ce qui constitue le bénéfice, c'est la plus-value du fonds social sur le capital social, c'est-à-dire la différence entre ces deux éléments. Seule cette plus-value est passible de l'impôt sur le revenu, à la condition expresse qu'elle soit mise en distribution, c'est-à-dire qu'on la fasse passer du patrimoine de la société dans le patrimoine de l'actionnaire.

Ces considérations juridiques ont été développées très complètement au cours de la discussion devant la Chambre des députés des dispositions qui font l'objet de l'article 80 de la loi de finances (Chambre des députés, séance du 25 janvier 1925, *Journal officiel*, Débats, p. 1280 et suivantes).

Elles n'ont cependant pas prévalu et, bien que l'article ait été disjoint à plusieurs reprises par le Sénat, la Haute Assemblée a fini par l'adopter sans débat (Sénat, séance du 12 juillet 1925, *Journal officiel*, p. 1548).

L'économie de cette disposition est la suivante :

On ne pourra plus faire, désormais, aucune distinction entre les distributions de bénéfices selon qu'elles amortissent ou non le capital social, et l'impôt sera exigible sur l'intégralité de la somme touchée par l'actionnaire. Ainsi, pour reprendre les deux exemples que nous avons cités plus haut, l'impôt sera dû dans le premier cas non pas seulement sur la somme de 20 francs distribuée à titre de dividende, mais aussi sur celle de 30 francs affectée à l'amortissement; et, dans le second cas, sur la somme de 500 francs, valeur de l'action distribuée gratuitement.

La mesure vise non seulement les sociétés par actions, mais encore les sociétés par parts d'intérêts ainsi que les sociétés en commandite qui amortiraient soit leurs parts, soit leurs commandites, avant la dissolution ou la mise en liquidation de la société.

Elle s'étend aussi aux actions, parts d'intérêts et commandites des sociétés étrangères.

Enfin, il est spécifié que les sommes distribuées à titre d'amortissement du capital entrent en compte pour l'établissement de l'impôt général sur le revenu.

La réforme réalise, en somme, un décalage; elle a pour effet de faire acquitter par anticipation un impôt qui n'était dû qu'en fin d'entreprise et c'est pourquoi le pénultième alinéa du texte précise qu'à la liquidation de la société la répartition de l'actif entre les porteurs d'actions de jouissance et jusqu'à concurrence du pair des actions originaires, sera considérée comme un remboursement de capital non imposable à l'impôt sur le revenu.

Exception. — Le législateur a d'ailleurs établi un certain nombre d'exceptions à la règle qu'il a formulée.

L'une d'elles, issue d'un amendement de M. Edmond Boyer, a pour objet les amortissements « qui seraient faits par une réalisation d'actif et au moyen de prélèvements sur les éléments autres que le compte « Profits et Pertes », les réserves ou provisions diverses de bilan ».

Cette rédaction est critiquable : on emploie ici le terme « amortissement » dans un sens qu'il n'a pas dans la pratique; l'opération qui a pour but une réalisation de l'actif au moyen d'un prélèvement sur les postes du bilan autres que les provisions et les réserves n'est pas un amortissement; si l'on élimine ces divers postes du passif du bilan, que reste-t-il en effet? Il reste le capital. C'est donc une *réduction du capital*. Et il eût été beaucoup plus simple d'adopter cette expression plutôt que la terminologie qui figure dans le texte.

Or, il est exact que la réduction du capital n'intervient pas toujours à la suite de pertes; il peut arriver, en effet, que l'intégralité du capital de la société ne lui soit plus nécessaire pour le but qu'elle poursuit; elle réduit alors son capital, opération qui a pour but de diminuer soit le nombre des actions, soit leur valeur nominale tandis que dans l'amortissement, le capital reste immuable).

C'est à juste titre, dès lors, que, dans cette hypothèse, le législateur a dispensé la répartition de l'impôt sur le revenu : l'actionnaire ne s'enrichit pas, on lui rend les sommes qu'il a apportées et qui ne sont plus nécessaires à l'entreprise.

Une autre exception est édictée en faveur des sociétés dont les statuts prévoient l'amortissement obligatoire des actions, après avoir posé ce principe, le texte donne l'exemple le plus typique, celui des sociétés concessionnaires de l'Etat, des départements, des communes, des colonies et protectorats.

Tel est notamment le cas des compagnies de chemins de fer.

La principale caractéristique de ces compagnies concessionnaires, c'est d'être liées vis-à-vis de l'Etat par un véritable contrat aux termes duquel la compagnie s'engage à exécuter, en ses lieu et place, une entreprise d'intérêt public, dont elle est indemnisée, en premier lieu, par le droit qui lui est attribué de percevoir une rémunération de ceux qui font usage de l'entreprise, et, en second lieu, par des avantages pécuniaires (garantie d'intérêts).

Or, parmi les obligations imposées aux compagnies concessionnaires, figure celle d'opérer sur les bénéfices un prélèvement destiné à constituer un fonds d'amortissement calculé de telle sorte que le capital nominal des actions soit complètement amorti cinq ans avant l'expiration de la concession (*Pandectes françaises*, v° *Chemins de fer*, n° 582).

Les motifs de cette stipulation sont apparemment les suivants : à l'expiration de la concession, l'entreprise doit faire retour gratuitement à l'Etat, à qui elle n'a jamais cessé d'appartenir, et il s'ensuit qu'à cette échéance le fonds social, réduit à très peu de chose, ne suffirait vraisemblablement plus à assurer le remboursement des actions.

Un règlement d'administration publique doit déterminer les détails d'application de ce texte assez obscur : on doit espérer qu'il en facilitera l'interprétation.

Impôt sur le revenu des créances, dépôts et cautionnements.
Obligations imposées aux greffiers des tribunaux de commerce.

Art. 81. — *L'inscription de privilège prise pour la garantie du prix de vente d'un fonds de commerce ne pourra être radiée que s'il est jus-*

tifié que l'impôt édicté par l'article 38 de la loi du 31 juillet 1917 a été acquitté sur les intérêts de ce prix.

Un décret déterminera la forme et le mode de production des justifications.

Les greffiers des tribunaux de commerce qui contreviendront aux dispositions du présent article et du décret à intervenir seront personnellement passibles d'une amende de 1.000 à 5.000 francs.

En vue de remédier, dans une certaine mesure, aux fraudes qui se pratiquent en matière d'impôt sur le revenu des créances, dépôts et cautionnements, institué par l'article 38 de la loi du 31 juillet 1917, l'article 81 de la loi de finances subordonne la radiation de l'inscription du privilège prise pour la garantie du prix de vente d'un fonds de commerce à la justification que l'impôt a été acquitté sur les intérêts de ce prix.

Les greffiers des tribunaux de commerce, à qui l'on impose ainsi l'obligation de contrôler les justifications fournies par les redevables, vont avoir là, sans aucune compensation, une lourde tâche qui les exposera, d'ailleurs, à une amende de 1.000 à 5.000 francs pour chaque contravention.

Un décret doit déterminer la forme et le mode de production de ces justifications.

Il est à remarquer, tout d'abord, que le texte vise uniquement la radiation des inscriptions de *privilège* de vendeur, à l'exclusion des radiations de *nantissements*; les greffiers n'auront donc aucune justification à réclamer pour opérer les radiations de cette dernière catégorie.

Mais, même limitée aux inscriptions de privilège, l'application de la disposition donnera souvent lieu à des difficultés insolubles; il n'est pas rare, en effet, que des mainlevées soient consenties sans paiement, non seulement des intérêts, mais encore du capital, soit que le créancier renonce à sa garantie dans l'intérêt du débiteur, soit encore que la garantie ait été transférée sur un autre fonds de commerce ou sur un immeuble. Que se passera-t-il, lorsqu'après réalisation du gage, le créancier privilégié ne peut pas être colloqué ou bien n'est colloqué qu'en partie?

L'Administration va-t-elle décider, dans ces diverses hypothèses, que l'impôt est exigible, alors que le créancier n'aura touché ni les intérêts, ni même l'intégralité de son capital? Ce serait là une très grave dérogation aux règles qui régissent la perception de l'impôt, dont le fait générateur est le paiement des intérêts (L. 25 juin 1920, art. 52).

S'il en était ainsi, mieux vaudrait, pour éviter toute difficulté, laisser périmer les inscriptions.

Impôt sur le revenu global des compagnies d'assurances.

Art. 82. — *A partir du 1er janvier 1925, les dispositions ci-après seront appliquées pour la détermination du revenu servant de base à l'impôt sur les bénéfices industriels et commerciaux en ce qui concerne les entreprises pratiquant l'assurance ou la réassurance et les entreprises de capitalisation ou d'épargne.*

Pour les entreprises françaises, le revenu net global est constitué par la somme du bénéfice net industriel et des revenus nets mobiliers et immobiliers de toute nature. Les pertes, s'il y en a, viennent en atténuation du revenu net global de l'exercice et, en cas d'insuffisance, en atténuation du revenu net global des exercices postérieurs, jusqu'au cinquième inclusivement.

Pour les entreprises étrangères, le revenu net global est évalué forfaitairement, en appliquant aux primes perçues par ces entreprises en France et dans les colonies ou pays de protectorat, ou correspondant à des risques situés en France et dans les colonies ou pays de protectorat, un coefficient égal à la proportion existant pour les cinq plus prospères entreprises françaises assurant des risques de même nature ou exerçant la même industrie, entre leur revenu net global calculé conformément au paragraphe précédent et le montant des primes : toutefois, les entreprises étrangères pourront, à charge par elles d'apporter à la commission ci-dessous prévue les justifications nécessaires, être imposées suivant les mêmes règles que les entreprises françaises.

Le taux de l'impôt est fixé à 20 p. 100 et est à la charge exclusive des entreprises, sociétés ou assureurs sans aucun recours contre leurs adhérents ou assurés nonobstant toutes clauses ou conventions contraires, quelle qu'en soit la date.

Les coefficients visés aux paragraphes précédents sont arrêtés chaque année par les ministres des Finances et du Travail, après avis d'une commission ainsi composée :

Un conseiller d'Etat en service ordinaire, président.

Le directeur général de l'Enregistrement ou son représentant.

Le directeur général des Contributions directes ou son représentant.

Un inspecteur des finances désigné par le ministre des Finances.

Le directeur du Contrôle des assurances privées au ministère du Travail ou son représentant.

Trois représentants des entreprises françaises, désignés par leurs collègues.

Un représentant des entreprises étrangères, désigné par ses collègues.

Pour l'application du présent article, les entreprises ci-dessus visées sont soumises au contrôle de l'inspection générale des finances et du service financier chargé de l'assiette de l'impôt.

Un règlement d'administration publique rendu, après avis de la commission susvisée, déterminera les conditions d'application du présent article.

Cet article, voté après de longs et âpres débats par les Chambres, est le résultat d'un compromis entre les dispositions proposées par le Gouvernement et primitivement votées par la Chambre des députés, et le texte du Sénat.

Le Gouvernement avait, dans le *Projet de loi* n° 1608, proposé la création d'une caisse nationale de réassurances.

La Commission des finances de la Chambre rejeta à l'unanimité et purement et simplement ce projet. Elle se trouva alors en présence de deux propositions dont l'économie était tout à fait différente : la première tendait à soumettre les compagnies d'assurances à une taxe sur les primes, taxe qui, en vertu d'une disposition expresse de la loi, ne serait pas récupérable sur les assurés; la seconde, qui faisait l'objet d'un amendement de M. Duboin, instituait une « participation sur les bénéfices industriels et commerciaux des compagnies d'assurances », et également sur les bénéfices réalisés sur les réserves de ces compagnies. La Commission des finances de la Chambre combattit le texte de M. Duboin parce qu'il présentait « l'inconvénient grave d'engager pour la première fois un principe social très important, puisqu'il pose la question de la participation de l'Etat aux bénéfices industriels et commerciaux d'une société » (Déclaration de M. Lamoureux, rapporteur général, 2e séance du 2 juillet 1925, *Journal officiel* 3 juillet, Débats parlementaires, Chambre, p. 3108).

M. Duboin précisait (*ibid.*, p. 3119) que son amendement ne visait que les entreprises françaises ou étrangères pratiquant l'assurance ou la réassurance, mais qu'il ne s'appliquait pas aux mutuelles agricoles de la loi du 4 juillet 1900 ni aux caisses départementales d'assurances, gérées gratuitement et qui ne réalisent point de bénéfices.

Le Sénat, le 9 juillet 1925, votait un texte signifiant qu'il s'agissait d'aménager, en ce qui concerne les compagnies d'assurances, l'impôt sur les bénéfices industriels et commerciaux, sans introduire dans la législation fiscale un principe nouveau de « participation aux bénéfices » de telles ou telles entreprises. C'est ce texte qui fut adopté par la Chambre le 11 juillet 1925.

L'article 82 établit, à dater du 1er janvier 1925, *un impôt de 20 p. 100* sur le *revenu net global : a*) des entreprises pratiquant l'assurance et la réassurance; *b*) des entreprises de capitalisation et d'épargne.

Il résulte des travaux préparatoires, que ne sont point assujetties à cette taxe les mutuelles agricoles ni les caisses départementales d'assurances populaires (Déclaration du rapporteur général de la Commission des finances de la Chambre, 2e séance du 2 juillet 1925, *Journal officiel* 3 juillet, Débats parlementaires, Chambre, p. 3127).

Sont exonérées les fédérations et caisses régionales d'assurances mutuelles (Déclaration de M. le Ministre des Finances en réponse à une question de M. de Monicault, 2e séance du 2 juillet 1925, *ibid.*, p. 3128), même si elles ont à leur service des employés rétribués.

D'une manière générale, ainsi que l'a fait observer M. Henry Bérenger, rapporteur général de la Commission des finances du Sénat (2e séance du 9 juillet 1925, *Journal officiel*, 10 juillet, Débats parlementaires, Sénat, p. 1441), le texte voté fait rentrer dans la cédule des bénéfices industriels et commerciaux la taxe spéciale qu'avait d'abord votée la Chambre; par conséquent, *toutes les caisses qui ne font pas de bénéfices industriels et commerciaux se trouvent exemptées par cela même* », d'après toutes les explications qui ont été données et par les termes mêmes de l'article.

Le principe et les conséquences ont été très nettement définis au cours de la dernière discussion de l'article 82 à la Chambre (2e séance du 11 juillet 1925, *Journal officiel* 12 juillet, Débats parlementaires, Chambre, p. 3392) :

M. Queuille : « *Quelle interprétation sera donnée à l'article en ce qui concerne les sociétés d'assurances mutuelles agricoles?* »

M. le Ministre des Finances : « Elles ne font *pas de bénéfices. La question de l'assujettissement ne se pose donc pas pour elles.* »

M. Queuille : « Puisqu'elles ne font pas de bénéfices, elles ne sont *pas assujetties à l'impôt*. Seulement, Monsieur le Ministre, comme vous avez indiqué, au Sénat, que les exemptions prévues en faveur des sociétés d'assurances seraient précisées dans un article qui suit, cet article ayant été disjoint, je voulais savoir si nous étions bien d'accord. Je me félicite de cet accord. Il est donc entendu que *les sociétés mutuelles d'assurances agricoles ne seront pas assujetties à l'impôt* et que l'article disjoint par le Sénat n'est pas nécessaire pour rendre possible l'exonération.

M. le Ministre des Finances : « Tout le monde a reconnu l'inutilité de l'article. Il n'est pas besoin de surcharger la loi de dispositions inutiles...

M. de Monicault : « Vous dites que vous appliquerez l'impôt aux sociétés qui paient actuellement la taxe sur les bénéfices industriels et commerciaux. Mais il y a des sociétés mutuelles, qui ne sont pas des mutuelles agricoles, qui ne payent pas cet impôt. M. le Commissaire du Gouvernement a fait entendre qu'elles seraient probablement assujetties désormais à l'impôt sur les bénéfices industriels et commerciaux. Ne pouvons-nous craindre que, par extension ou par assimilation, les mutuelles agricoles ne soient elles-mêmes englobées et assujetties à ce nouvel impôt, à la suite de ces autres mutuelles de droit commun? On comprendra la nécessité de la précision que je demande. »

M. le Ministre des Finances : « La déclaration que j'ai faite est formelle; *elles ne peuvent pas être assujetties.* »

Le même critère s'appliquant à toutes les entreprises d'assurances et de réassurances, les *entreprises d'assurances maritimes sont assujetties à l'impôt* : un amendement présenté par M. Marcel Héraud, qui tendait à excepter les assurances maritimes des dispositions de l'article 82, a été repoussé par la Chambre (2e séance du 11 juillet 1925, *Journal officiel* 12 juillet, Débats parlementaires, Chambre, p. 3392).

Une disposition spéciale, qui constitue le quatrième alinéa de l'article 82, a pour effet de laisser à la charge exclusive des assureurs l'impôt de 20 p. 100 et d'empêcher tout recours contre les assurés ou adhérents des sociétés d'épargne et de capitalisation, nonobstant toutes conventions contraires, qu'elles soient antérieures ou postérieures à la loi du 13 juillet 1925.

La volonté formelle du législateur, constamment affirmée au cours des travaux préparatoires a été de s'opposer à ce que le nouvel impôt sur les bénéfices des assureurs devînt un impôt sur les assurés ou une taxe sur l'épargne (Voir notamment en ce sens, Sénat, 2e séance du 9 juillet 1925, *loc. cit.*, p. 1438).

Le texte voté donne une double définition du *revenu net global*, en ce qui concerne les entreprises *françaises* et les entreprises *étrangères*.

a) En ce qui concerne les entreprises *françaises*, le revenu net global qui servira de base à l'impôt est constitué par la somme du bénéfice net industriel et des *revenus nets mobiliers et immobiliers de toute nature*. La volonté du législateur, clairement exprimée au cours des débats parlementaires, a été d'atteindre, en dehors du bénéfice commercial proprement dit, les *profits provenant des réserves* constituées par les entreprises d'assurances.

Mais, par *exception au principe général de l'étanchéité des exercices*, admis en matière d'impôt général sur le revenu et d'impôt cédulaire, et dont les conséquences anti-économiques et inéquitables ont été souvent dénoncées, les entreprises visées par l'article 82 ont la faculté de *compenser par les pertes d'un exercice le revenu net global des quatre exercices postérieurs*, de sorte que la perte d'un exercice déficitaire vient en atténuation du revenu net global des exercices bénéficiaires, à l'intérieur d'une période de cinq ans.

Quid des entreprises françaises d'assurances à l'étranger : les profits qu'elles réalisent sont-ils compris dans le revenu net global ou restent-ils en dehors ?

Étant donné les principes généraux de notre législation fiscale, il ne saurait y avoir aucun doute. Le ministre des Finances a d'ailleurs déclaré au Sénat, en réponse à cette question posée par M. Hervey (2e séance du 9 juillet 1925, *Journal officiel* 10 juillet, Débats parlementaires, Sénat, p. 1438) : « J'ai l'obligation de constater que les sommes dont il s'agit sont comprises dans le dividende de l'actionnaire. La totalité de ces dividendes sera nécessairement frappée. Quelle que soit l'origine des bénéfices, on ne taxe que le bénéfice lui-même; tout ce qui concourt au dividende de l'actionnaire sera nécessairement frappé. »

b) Pour les *compagnies étrangères opérant en France* et dont la comptabilité centrale échappe aux investigations des agents de l'Administration française, le législateur s'est efforcé d'établir un système d'évaluation de leurs revenus tel qu'il y ait « un parallélisme entre elles et les entreprises françaises afin de ne créer aucun privilège au profit des entreprises étrangères, au préjudice des entreprises françaises » (Déclaration de M. le Ministre des Finances à la Chambre, 2e séance du 9 juillet 1925, *loc. cit.*, p. 1438).

Les compagnies *étrangères* sont en principe *taxées forfaitairement*, mais elles ont la faculté de demander à être taxées d'après leurs revenus réels, comme les compagnies françaises, à la condition de fournir à la commission instituée par l'article 82 toutes les justifications comptables nécessaires.

Ainsi que l'a expliqué à la Chambre (1re séance du 11 juillet 1925, *loc. cit.*, p. 3390) M. Sumien, directeur du contrôle des assurances, commissaire du Gouvernement, « les mêmes justifications pourront être apportées par les compagnies d'assurances sur la vie et par les compagnies d'assurances contre les accidents du travail qui ont déjà un siège social et une comptabilité spéciale en France... Pour les autres compagnies qui ne pourraient pas apporter des justifications parce qu'elles ne font pas des opérations assez importantes en France, c'est le paragraphe précédent qui jouera. »

Dans cette hypothèse on appliquera le *système forfaitaire* suivant, dont les modalités seront déterminées par le règlement d'administration prévu au dernier alinéa de l'article 82 : après avis de la commission dont la composition est précisée par l'article, les ministres des Finances et du Travail arrêteront annuellement le coefficient correspondant, pour les cinq entreprises françaises les plus prospères, à la proportion existant entre le montant des primes encaissées et le revenu net global, ce dernier calculé, en ce qui concerne les entreprises françaises, comme il a été précédemment indiqué.

Ce coefficient sera appliqué au montant des primes perçues par l'entreprise d'assurance ou de réassurance étrangère en France et dans les colonies et pays de protectorat français ou correspondant à des risques situés en France ou dans les colonies françaises et pays de protectorat. Le résultat de cette opération sera considéré comme le *revenu net global de l'entreprise étrangère*, et c'est le revenu ainsi forfaitairement établi qui subira l'impôt de 20 p. 100.

L'application des dispositions de l'article 82 est confiée par l'avant-dernier alinéa à *l'inspection générale des finances* et au service chargé de l'assiette, c'est-à-dire, puisqu'il s'agit d'un impôt cédulaire, à *l'administration des Contributions directes*, ainsi qu'il a été indiqué au cours des travaux préparatoires par le ministre des Finances (Sénat, 2e séance du 9 juillet 1925, *loc. cit.*, p. 1441).

Taxe spéciale sur les établissements de crédit et les entreprises d'assurances.

ART. 83. — *Les dispositions du premier alinéa de l'article 14 de la loi du 31 juillet 1917 sont complétées par les dispositions suivantes :*

« La même taxe est applicable aux établissements de banque ou de crédit, ainsi qu'aux entreprises d'assurances, d'épargne et de capitalisation, lorsque leur chiffre d'affaires excède un million de francs.

» En ce qui concerne les établissements de banque ou de crédit, le chiffre d'affaires doit s'entendre du montant des courtages, commissions, remises, salaires, prix de location, intérêts, escomptes, agios et autres profits définitivement acquis, droits de garde, etc., à l'exclusion des revenus des valeurs mobilières en portefeuille.

» En ce qui concerne les entreprises d'assurances autres que les assurances maritimes et les réassurances de toute nature acceptées par les sociétés, entreprises, compagnies et tous autres assureurs, le chiffre d'affaires doit s'entendre du montant des primes encaissées. »

Le texte voté rend applicable à ces entreprises *la taxe spéciale sur le chiffre d'affaires* instituée par l'art. 14 de la loi du 31 juillet 1917, taxe qu'il ne faut pas confondre avec la taxe sur le chiffre d'affaires instituée par les articles 59 et suivants de la loi du 25 juin 1920.

L'article 14 de la loi du 25 juin 1920 était ainsi conçu :

« Indépendamment de l'impôt sur les bénéfices des professions industrielles et commerciales, tel qu'il est organisé par les articles précédents, il est établi une taxe spéciale sur le chiffre d'affaires réalisé par les entreprises ayant pour objet principal la vente en détail des denrées ou marchandises, lorsque ce chiffre d'affaires dépasse 1 million de francs, déduction faite du montant des exportations à l'étranger, en Algérie, aux colonies et pays de protectorat.

» Le taux de l'impôt est fixé conformément au tarif suivant :

1 p. 1.000 sur la fraction du chiffre d'affaires comprise entre 1 million de francs et 2 millions de francs;

2 p. 1.000 sur la fraction du chiffre d'affaires comprise entre 2.000.001 francs et 10 millions de francs;

3 p. 1.000 sur la fraction du chiffre d'affaires comprise entre 10.000.001 francs et 100 millions de francs;

4 p. 1.000 sur la fraction du chiffre d'affaires comprise entre 100.000.001 francs et 200 millions de francs;

5 p. 1.000 sur la fraction du chiffre d'affaires au-dessus de 200 millions de francs.

» Les contribuables visés par le présent article sont tenus de faire annuellement, dans les trois premiers mois de chaque année, la déclaration du chiffre total de leurs affaires pendant l'année précédente et de présenter à l'appui de cette déclaration toutes les justifications nécessaires pour en établir l'exactitude.

» Est applicable en cas d'omission de déclaration et de déclaration inexacte, la sanction édictée par l'article 9, deuxième alinéa de la présente loi.

» Pour les maisons à succursales multiples rentrant dans la catégorie des entreprises visées par le présent article, le chiffre d'affaires sur lequel s'établira la taxe spéciale sera le chiffre global des affaires réalisées par toutes les succursales installées, soit dans la ville du siège principal, soit dans des villes différentes. »

La taxe à laquelle l'article assujettit les entreprises visées est entièrement indépendante de la taxe de 1,10 p. 100, instituée par l'art. 59 de la loi du 25 juin 1920; les deux impôts se superposeront nécessairement si le chiffre d'affaires de l'entreprise dépasse 1 million de francs.

En présence des termes de la loi, on doit admettre que *la taxe sera due, même en l'absence de bénéfices*, dès l'instant que le chiffre d'affaires excède la limite fixée, de sorte que, pour un exercice déterminé, une entreprise pourra être assujettie à la taxe spéciale sans être passible de l'impôt sur les bénéfices industriels et commerciaux (En ce sens, pour l'application de la loi du 31 juillet 1917, Maguéro et Tassain, *Répertoire fiscal*, v° *Bénéfices commerciaux et industriels*, n° 159).

Les entreprises assujetties sont, d'une part, les établissements de banque, de crédit, d'autre part les *entreprises d'assurances, y compris les entreprises d'épargne et de capitalisation* que le Sénat avait d'abord exonérées sur la proposition de M. Guillier.

L'extension du texte pris en lui-même paraît aussi large que possible. En ce qui concerne les entreprises d'assurances notamment, il semblerait qu'elles fussent toutes visées et que ce fût seulement pour le mode de calcul du chiffre d'affaires que l'article introduirait une distinction entre les entreprises d'assurances en général, pour lesquelles le chiffre d'affaires doit s'entendre du montant des primes encaissées, et, d'autre part « les assurances maritimes et les réassurances de toute nature acceptées par les sociétés, entreprises, compagnies et tous autres assureurs ». Mais cette interprétation est contredite par les termes formels du *Rapport* de la Commission des finances de la Chambre sous son article 141 : « *Sont exemptées de la mesure les entreprises d'assurances maritimes et de réassurances*, dont l'existence difficile a besoin de ménagements ».

A la différence de l'article 14 de la loi du 31 juillet 1917, qui ne définissait pas le chiffre d'affaires, l'article 83 en donne une définition.

En ce qui concerne *les banques et établissements de crédit*, il reproduit la définition de l'article 62 de la loi du 25 juin 1920 visant les banquiers, escompteurs, changeurs, pour lesquels le chiffre d'affaires est constitué « par le montant des courtages, commissions remises, salaires, prix de location, intérêts, escomptes, agios et autres profits définitivement acquis », *en y comprenant* expressément les *droits de garde*, mais à *l'exclusion des revenus et valeurs mobilières en portefeuille*. En ce qui concerne les *entreprises d'assurances*, le *chiffre d'affaires* doit s'entendre *du montant des primes encaissées*.

L'article rendant applicable, sans réserve, aux entreprises qui y sont visées, les dispositions de l'article 14 de la loi du 31 juillet 1917, il y a lieu de décider, en ce qui les concerne, comme pour les entreprises ayant pour objet principal la vente en détail de denrées ou marchandises. Il en sera ainsi, notamment, pour la détermination des obligations des assujettis, pour les sanctions prévues en cas de défaut de déclaration ou de déclaration inexacte (art. 9 de la loi du 31 juillet 1917), pour la procédure de la taxation d'office et pour le délai de réparation des omissions (art. 34 de la loi du 31 juillet 1917).

Suppression de la surtaxe sur le chiffre d'affaires à l'importation.

Art. 84. — *L'article 12 de la loi du 31 juillet 1920 est abrogé.*

L'article 60 de la loi du 25 juin 1920 est complété ainsi qu'il suit :

« Sont également exemptes de la taxe prévue à l'article 59 les affaires consistant dans la vente de produits végétaux, animaux ou minéraux, importés à l'état brut, dont la liste sera fixée par un décret rendu sur la proposition des ministres des Finances, du Commerce et des Colonies, lorsque cette vente est effectuée par l'importateur lui-même et que les produits sont vendus dans l'état où ils ont été importés. Pour l'application de cette disposition, le vendeur n'est importateur que s'il a pris livraison des produits dont la vente doit être exonérée avant leur passage à la douane. Le décret susvisé énumérera en outre les justifications à pro-

duire pour bénéficier de l'exemption. Ce décret sera soumis à la ratification législative, immédiatement si les Chambres sont réunies, sinon, dès l'ouverture de leur plus prochaine session; il restera applicable jusqu'à la mise en vigueur de la loi statuant sur sa ratification.

» Pour les personnes opérant en France comme agents ou employés de personnes non établies en France, le chiffre d'affaires servant de base à la liquidation de l'impôt institué par l'article 59 de la loi du 25 juin 1920 est constitué par le montant des ventes effectivement et définitivement réalisées.

» Si les opérations effectuées par les intermédiaires ou mandataires portent sur des marchandises présentées à l'importation et qu'ils introduisent en France, l'impôt sera perçu sur le montant de l'achat ou de la vente ainsi réalisée, sauf en ce qui concerne les produits visés par le paragraphe 3 précédent et sous réserve des justifications prévues audit paragraphe.

» Lorsque les marchandises présentées à l'importation de l'étranger ou des colonies ne sont pas introduites en France par les soins d'un agent ou employé de personnes non établies en France ou par ceux d'un intermédiaire ou mandataire, l'impôt sera dû par l'acheteur dans les conditions prévues par la loi du 25 juin 1920 et portera sur le montant des achats effectivement et définitivement réalisés, sauf quand il s'agit de produits visés par le paragraphe 3 précédent. Cette disposition ne vise que l'acheteur recevant de l'étranger ou des colonies des marchandises destinées à son usage ou à sa propre consommation et non à la revente. »

Ces dispositions, d'une extrême importance, mettent fin à une situation qui menaçait gravement le commerce d'importation français, organisant « une sorte de dumping à rebours par une véritable prime à l'importation accordée aux étrangers affranchis par faveur du paiement de l'impôt qu'acquittaient nos nationaux » (*Rapport* n° 537 de M. Viollette, p. 147).

Elles mettent fin également à « une fraude fréquente pratiquée par les maisons étrangères en matière d'opérations portant, non plus sur des marchandises importées, mais sur des marchandises qui se trouvent déjà en France. L'exigibilité de la double taxe instituée par le second alinéa de l'article 72 de la loi du 25 juin 1920 se trouvait, en effet, subordonnée dans cette hypothèse à la condition essentielle que le vendeur français ait reçu l'ordre de livrer les marchandises au tiers auquel elles ont été revendues, et ait exécuté cet ordre. Pour tourner la loi, les étrangers s'abstenaient de donner aucun ordre à leur vendeur français, ils s'adressaient à des tiers, entrepreneurs de transports ou autres, qu'ils chargeaient d'effectuer ou d'assurer la livraison des marchandises revendues à un acheteur français. Ces tiers n'étant point visés au texte, le Trésor était mis dans l'impossibilité de récupérer l'impôt afférent à la revente, puisque, par hypothèse, la maison étrangère, première acheteuse, puis revendeuse, n'avait pas d'établissement en France » (*Ibid.*).

Les textes votés reproduisent, sans changements essentiels, ceux du projet de loi adopté pendant la précédente législature par la Chambre des députés, adopté avec modifications par le Sénat, ayant pour objet de modifier certaines dispositions relatives à la taxe sur le chiffre d'affaires (Voir Sénat, nos 595 [année 1921], 624-668-769 [année 1922]; Chambre des députés, nos 1760, 2392, 2516, 2660, 2662, 5609).

L'économie des dispositions nouvelles était par avance précisée dans le *Rapport* n° 5913 déposé sur ce projet de loi le 29 mars 1923 au nom de la Commission des finances de la Chambre par M. Bokanowski, rapporteur général.

L'article 12 de la loi du 31 juillet 1920, afin de soumettre à des charges égales tous les importateurs de produits étrangers, frappait d'une surtaxe de 1,10 p. 100 les importations faites par une personne qui, n'ayant en France ni le siège de son commerce, ni succursale, échappe à la perception de la taxe sur le chiffre d'affaires. La même loi disposait, afin de ne point grever les matières premières nécessaires à l'industrie nationale, que la majoration ne s'appliquerait point aux produits facturés quand le vendeur serait établi au pays d'origine.

On a vu plus haut les raisons pour lesquelles ces dispositions avaient manqué leur objet et ont été remplacées par les dispositions nouvelles de la loi du 13 juillet 1925.

Sont désormais assujetties à l'impôt sur le chiffre d'affaires les personnes vendant en France des marchandises pour le compte de personnes établies à l'étranger. Les maisons étrangères qui n'ont pas d'établissement en France perdent l'avantage injustifiable qu'elles tenaient de la définition limitative de personnes redevables de l'impôt sur le chiffre d'affaires aux termes de l'article 59 de la loi du 25 juin 1920. L'intermédiaire qui place en France des marchandises pour leur compte et qui n'acquittait, sous l'empire de la législation antérieure, l'impôt de 1,10 p. 100 que calculé sur le montant de ses courtages, commissions et remises, le paiera désormais *sur le montant des ventes* effectivement et définitivement réalisées.

Mais le nouveau texte *exempte* totalement de la taxe sur le chiffre d'affaires *les affaires consistant dans la vente des produits végétaux, animaux ou minéraux* importés à l'état brut, *lorsque cette vente est effectuée par l'importateur lui-même et que les produits sont vendus dans l'état même où ils ont été importés.* Le vendeur ne sera considéré comme importateur qu'à la condition d'avoir pris *avant leur passage à la douane* livraison des produits dont la vente doit être exonérée.

L'immunité ainsi accordée à la première vente en France a « pour but de sauvegarder certains marchés de produits, dont plusieurs de nos grands ports sont le siège et qui en font la prospérité. C'était ... de créer, au regard de l'impôt sur le chiffre d'affaires, de véritables ports francs » (*Rapport* n° 5913 de M. Bokanowski, p. 31).

Les produits dont la vente profitera de l'exonération ne sont point énumérés dans la loi : l'article 84 confie au Gouvernement le soin de les déterminer. Mais le Parlement n'a pas voulu laisser au Gouvernement seul le droit d'en fixer la liste : aussi le texte voté précise-t-il que les décrets portant énumération des produits dont la vente sera exonérée seront soumis à la ratification législative, immédiatement si les Chambres sont réunies, et, dans le cas contraire, dès l'ouverture de leur plus prochaine session : mais ils seront applicables jusqu'à la mise en vigueur de la loi statuant sur leur ratification.

D'autre part, si l'opération effectuée par l'intermédiaire ou mandataire porte sur des marchandises présentées à l'importation et qu'il introduit en France, l'impôt sera perçu sur le montant de l'achat ou de la vente ainsi réalisée, sauf quand il s'agit des matières premières et produits exonérés.

Quelle est la conséquence de ces dispositions? C'est que, désormais, toute opération de vente des marchandises appartenant à des personnes non établies en France devra acquitter l'impôt sur le montant du prix de cette opération (à moins, bien entendu, qu'elle ne porte sur des produits exonérés), *sans distinguer suivant que cet intermédiaire ou mandataire agit pour le compte du vendeur ou pour le compte de l'acheteur.*

Il faut noter que le texte vise, non point seulement les marchandises provenant de l'étranger, mais d'une manière générale *toutes les marchandises présentées à l'importation.* La taxe sur le chiffre d'affaires relative à ces opérations conserve son caractère propre et ne doit pas être confondue avec la taxe à l'importation ni avec le droit de douane.

Le dernier paragraphe de l'article vise *les achats directs à des personnes non établies en France.* En vertu de ce texte, *l'acheteur devra acquitter l'impôt sur le chiffre d'affaires sur le montant des achats de marchandises de provenance étrangère,* destinées à son usage ou à sa propre consommation et non à la revente, lorsqu'il les introduit directement en France, sauf bien entendu dans les cas où il s'agit des produits exonérés en vertu du paragraphe 1er du même article.

Cette disposition, qui complète le système de taxation des produits de provenance étrangère, empêchera les acheteurs d'éluder l'impôt sur le chiffre d'affaires au moyen de commandes directes à des importateurs non établis en France, ou sans entremise d'intermédiaires visés par l'article.

Pour les raisons indiquées plus haut, le texte vise, d'une manière générale, les marchandises *présentées à l'importation* et non point seulement celles provenant de l'étranger.

Sociétés coopératives.

Art. 85. — *L'impôt institué par l'article 59 de la loi du 25 juin 1920 ne sera exigé qu'à partir du 1er janvier 1926 en ce qui concerne les sociétés coopératives de consommation qui étaient susceptibles de bénéficier des exonérations prévues par l'article 15 de la loi du 31 juillet 1917 et n'ont pas en fait acquitté cet impôt.*

L'impôt ne sera exigé qu'à compter de la même date en ce qui concerne :

1° Les syndicats agricoles qui sont passibles de l'impôt sur le chiffre d'affaires dans les mêmes conditions que les sociétés coopératives de consommation;

2° Les groupements d'achats en commun constitués entre professionnels (personnes ou sociétés).

Cet article, dû à l'initiative de la Chambre des députés, fixe la situation des sociétés coopératives de consommation, des syndicats agricoles et des sociétés d'achats en commun par rapport à la taxe sur le chiffre d'affaires.

Le texte voté les *exonère pour le passé, jusqu'au 1er juillet 1925*. Il les astreint, au contraire, pour l'avenir, au paiement de la taxe.

L'origine de ce texte est dans le fait qu'en dépit de l'intention certaine du législateur et de la jurisprudence formelle du Conseil d'Etat, la loi du 25 juin 1920 n'avait pas été appliquée en ce qui concerne un certain nombre de syndicats et de coopératives.

L'article a pour but et pour effet de « passer l'éponge sur le passé » et de « fixer le statut de ces sociétés d'après la loi de 1920. » (Déclaration de M. Henry Bérenger, rapporteur général de la Commission des finances, Sénat, séance du 12 juillet 1925, *Journal officiel* 13 juillet, Débats parlementaires, Sénat, p. 1540).

Modifications à la législation concernant le droit de pêche.

Art. 86. — *Le paragraphe 6 de l'article 19 de la loi du 31 juillet 1920 est ainsi modifié :*

« Les dispositions qui précèdent ne sont pas applicables aux locations de pêches consenties aux sociétés de pêcheurs à la ligne bénéficiaires de la

loi du 20 janvier 1902 et du décret des 17 février-20 mai 1903, ni aux sociétés coopératives de pêcheurs professionnels. »

ART. 87. — *Le paragraphe 1er de l'article 1er de la loi du 15 avril 1829 est modifié de la façon suivante :*

« Le droit de pêche sera exercé au profit de l'Etat : 1° dans tous les fleuves, rivières, canaux, étangs ou réservoirs d'alimentation et contre-fossés navigables desdits canaux ou flottables avec trains ou radeaux, et dont l'entretien est à la charge de l'Etat ou de ses ayants droit. »

L'article 86, dû à l'initiative du Sénat, spécifie que les dispositions de l'article 19 de la loi du 31 juillet 1920, établissant une taxe annuelle sur les locations de droits de pêche et de droits de chasse, ne sont pas applicables aux locations de pêches consenties aux sociétés de pêcheurs à la ligne bénéficiaires de la loi du 20 janvier 1902, non plus qu'aux sociétés coopératives de pêcheurs professionnels.

L'article 19 de la loi du 31 juillet 1920 disposait que « les locations, soit écrites, soit verbales, du droit de pêche et du droit de chasse sont soumises à une taxe annuelle de 10 francs par 100 francs, qui sera liquidée sur le prix augmenté des charges et qui sera à la charge exclusive des preneurs ».

L'article 86 a le caractère d'une disposition interprétative, destinée à couper court à certains errements administratifs, car, déjà sous l'empire de la loi du 31 juillet 1920, il est certain que la taxe n'était pas exigible lorsque la location était faite, soit à des sociétés de pêcheurs à la ligne bénéficiaires de la loi du 20 janvier 1902 et du décret des 17 février-20 mai 1903, soit à des sociétés coopératives de pêcheurs professionnels.

L'article 87, également dû à l'initiative du Sénat, complète le paragraphe 1er de la loi du 15 avril 1829 relative à la pêche fluviale, en vue d'assurer aux sociétés de pêcheurs à la ligne le bénéfice de l'amodiation amiable du droit de pêche tel qu'il est prévu par la loi du 20 janvier 1902 et dont elles ne pouvaient jouir en raison des dispositions trop peu précises de l'article 1er de la loi du 15 avril 1829.

DOUANES ET CONTRIBUTIONS INDIRECTES

Droit de recherche dans les écritures des compagnies de navigation aérienne, des compagnies de transport par route et des agences de groupage dites « rapides ».

Art. 88. — *L'article 77 (titre III) de la loi du 25 juin 1920 portant création de nouvelles ressources fiscales est complété ainsi qu'il suit*

« 5° Chez les compagnies de navigation aérienne (bulletins d'expédition, notes et bordereaux de livraisons, registres de magasin, etc.);

» 6° Chez les entreprises de transport par route (registres de prise en charge, carnets d'enregistrement des colis, carnets de livraison, feuilles de route, lettres de voitures, bordereaux d'expédition, etc.);

» 7° Chez les agences, y compris celles dites « de transports rapides », qui se chargent de la réception, du groupage, de l'expédition par tous modes de locomotion (fer, route, eau, air) et de la livraison de tous colis (bordereaux détaillés d'expéditions collectives, récépissés bleus, carnets de livraison, etc.).

» Les divers documents visés ci-dessus devront être conservés par les intéressés pendant un délai de trois ans, à compter de la date d'envoi des colis pour les expéditeurs, et à compter de la date de la réception pour les destinataires. »

L'administration des Douanes, qui tenait déjà de la législation en vigueur le droit de rechercher, dans les écritures des compagnies de transport par voies ferrées, maritimes ou fluviales et des maisons de transit, si aucun transport n'a frauduleusement échappé à sa surveillance, reçoit du nouveau texte le même droit pour les transports sur route et par avion.

Désormais, toutes les entreprises de transport, de quelque nature qu'elles soient, sont soumises au droit d'investigation de l'administration des Douanes.

Conversion des droits de douane au quintal en droits au kilogramme et arrondissement des taxes au centime.

Art. 89. — *Le service des Douanes est autorisé à ramener au kilogramme la quotité de tous les droits de douane actuellement fixés au quintal métrique, à l'exception toutefois des droits dont la quotité, à quelque tarif que ce soit, ne dépasse pas 10 francs.*

Pour la conversion ainsi autorisée, les fractions de franc inférieures à 0 fr. 50 dans la taxation au quintal seront négligées; les fractions égales ou supérieures à 0 fr. 50 comporteront forcement du dernier centime du droit au kilogramme.

Le projet de loi du Gouvernement (n° 441) explique clairement le sens de cette disposition qui n'a donné lieu ni devant les Commissions parlementaires ni devant les Chambres à aucune discussion.

Lorsqu'il a adopté, pour la perception des droits de douane, une base spécifique, le législateur a, le plus souvent, désigné pour unité de perception le quintal métrique. En raison de son extrême spécialisation et de l'existence de diverses surtaxes fixées en pourcentages des droits de base, le tableau des droits d'importation comporte actuellement des droits fixés en francs et en centimes par 100 kilogrammes. C'est ainsi que les tulles-bobinots encadrés, autres qu'ordinaires, fabriqués avec des fils blanchis jusqu'à 8 fils inclus acquittent 1.219 fr. 92 les 100 kilogrammes (coefficients en sus) en tarif général. Les mêmes articles présentant de 8 à 10 fils sont imposés à raison de 1.728 fr. 22 les 100 kilogrammes en tarif maximum.

La disposition proposée a pour but, sans modifier en plus ou en moins les ressources du Trésor, de simplifier les calculs et de faciliter la tâche du service des Douanes, devenue si lourde depuis la fin des hostilités. Dans les deux hypothèses considérées, les droits seraient respectivement ramenés à :

12 fr. 20 par kilogramme (au lieu de 12 fr. 1992);

17 fr. 28 par kilogramme (au lieu de 17 fr. 2822).

Dans le premier cas, le service percevrait 0 fr. 0008 en plus par kilogramme; dans le deuxième, il percevrait 0 fr. 0022 de moins.

Contingentement des rhums.

Art. 90. — *A partir du 1er janvier 1925 et pour une période allant jusqu'au 31 décembre 1929, le contingent des rhums provenant des colonies françaises est porté de 185.000 hectolitres d'alcool pur à 200.000 hectolitres d'alcool pur.*

Aux termes de l'article 89 de la loi du 25 juin 1920 les boissons alcooliques, d'origine coloniale ou étrangère, dont l'importation peut être autorisée pour le compte des négociants ou particuliers, sont assujetties « au paiement d'une surtaxe sur l'alcool contenu, égale à la différence entre les prix d'achat et de cession par l'Etat des alcools cédés pour la conservation des fruits frais ».

Les rhums et tafias des colonies françaises provenant de la mise en œuvre des matières premières (cannes ou mélasses) récoltées ou fabriquées dans ces colonies, sont soumis au paiement de la surtaxe au-delà d'un contingent qui, arrêté au chiffre annuel de 160.000 hectolitres par l'article 9 de la loi du 31 décembre 1922, fut porté à 185.000 hectolitres par l'article 23 de la loi du 27 décembre 1923.

Le nouveau texte, voté par la Chambre sur un amendement de M. Candace et accepté par le Sénat, autorise une augmentation de 15.000 hectolitres et précise que cette fixation sera en vigueur jusqu'au 31 décembre 1929.

Imposition des sucres et glucoses employés pour la fabrication d'apéritifs.

ART. 91. — *Les sucres et glucoses employés pour la fabrication des apéritifs dits à base de vin et de tous produits qui, par leurs modes de présentation, de mise en vente ou de consommation, sont assimilables aux apéritifs à base de vin sont frappés d'une taxe complémentaire de 300 francs par 100 kilogrammes, qui sera perçue à l'intérieur par le service des Contributions indirectes, et à l'importation, indépendamment des droits de douane, dans des conditions qui seront fixées par décrets rendus sur la proposition du ministre des Finances.*

Toute infraction aux dispositions qui précèdent et à celles des décrets rendus pour leur exécution sera punie d'une amende de 500 à 5.000 francs, indépendamment de la confiscation des sucres, glucoses ou liquides et du payement du quintuple des droits fraudés ou compromis.

Sont dispensés de cette taxe les sucres entrant dans la fabrication des vermouths répondant à la définition donnée par le comité consultatif des arts et manufactures, le 16 janvier 1895, préparés sous le contrôle du service des Contributions indirectes et renfermant au minimum 80 p. 100 de moût de raisin ou de vin.

La taxe complémentaire de 40 francs par 100 kilogrammes de sucre, instituée par l'article 5 de la loi du 29 juin 1907, est portée à 100 francs par 100 kilogrammes.

Majoration du droit de statistique.

ART. 92. — *Le taux du droit de statistique établi par l'article 3 de la loi du 22 janvier 1872 et modifié par le premier paragraphe de l'article 28 de la loi du 8 avril 1910 et par l'article 23 de la loi du 29 juin 1918, est porté à 0 fr. 30 pour chaque unité de perception.*

Les paragraphes 2, 3 et 4 de l'article 28 de la loi susvisée du 8 avril 1910 sont maintenus en vigueur.

Cet article porte à 0 fr. 30 le taux du droit de statistique qui était de 0 fr. 20 et n'avait pas varié depuis 1918.

Assujettissement à l'impôt de 10 p. 100 des voitures automobiles mises en circulation par les entreprises de transport qui les construisent elles-mêmes.

ART. 93. — *Les dispositions de la loi du 30 mars 1923 sont complétées comme suit :*

« *La mise en circulation de voitures automobiles par une entreprise de transports les ayant elle-même construites donne ouverture au payement de la taxe prévue à l'article 1er de la présente loi. La valeur du véhicule servant de base à la taxe ne pourra, en aucun cas, être inférieure au prix de revient.*

» *L'affectation au transport habituel des personnes d'une automobile ayant été déclarée précédemment comme devant être utilisée exclusivement au transport des marchandises, donnera lieu au payement, de la part de son possesseur, de la taxe prévue à l'alinéa précédent, sous déduction de l'impôt sur le chiffre d'affaires qui aurait été acquitté antérieurement.*

» *La même règle sera suivie si une automobile ou un châssis, primitivement déclarés comme destinés au transport exclusif des marchandises, sont transformés ou équipés en vue du transport des personnes.* »

La loi du 30 mars 1923 soumettait à une taxe *ad valorem* de 10 p. 100, payée par le constructeur, uniquement la vente *des automobiles neuves servant au transport des personnes.*

Par là, en ce qui concerne les automobiles, la taxe sur le chiffre d'affaires se confondait pratiquement avec une taxe sur la mise en circulation des voitures neuves.

Au point de vue fiscal, ce régime a donné lieu à des déceptions dont le *Projet de loi* n° 441 déposé par le Gouvernement s'est fait l'écho : « Le cas s'est notamment présenté d'entreprises de transport qui se sont mises à construire elles-mêmes les voitures dont elles se servent. Aucune vente ne précédant la mise en circulation, la perception de l'impôt devenait impossible. Les entreprises dont il s'agit, échappant au payement de l'impôt, se trouvaient, en outre, dans une situation privilégiée par rapport aux entreprises de même nature achetant leur matériel, et de nombreuses plaintes à l'égard de cette situation sont parvenues à l'Administration. »

L'article 93 supprime l'exonération de fait résultant de l'application des dispositions de la loi du 30 mars 1923, en décidant que *la mise en circulation par un constructeur d'automobiles, exploitant un service de transports, de voitures provenant de ses usines, donnera ouverture à la taxe de* 10 *p.* 100.

La raison d'être du second alinéa de l'article 93 est indiquée dans l'exposé des motifs du *Projet de loi* n° 441, sous les articles 130 et

131 du projet primitif du Gouvernement : « Depuis quelque temps s'est vulgarisée la fabrication de types de voitures (camionnettes normandes, boulangères, fermières, torpédos commerciales, etc.) qui, tout en étant plus spécialement destinées à servir au transport des marchandises, peuvent sans grandes modifications être utilisées au transport des personnes. Etant donné la nature de la voiture et le fait que les acheteurs remettent à leur vendeur des déclarations attestant que celle-ci est uniquement destinée au transport des marchandises, les constructeurs n'acquittent la taxe qu'au taux de 1,10 p. 100. Si, dans la pratique, la voiture est utilisée plus ou moins fréquemment au transport des personnes, l'Administration éprouve de sérieuses difficultés pour récupérer le complément de taxe exigible. »

Cet article a donné lieu, à la Chambre des députés, à une longue et importante discussion. A la suite de ce débat (2ᵉ séance du 11 juillet 1925, *Journal officiel* 12 juillet, Débats parlementaires, Chambre, p. 3410 et suivantes), la Chambre se trouva unanime dans le dessein de rétablir dans le texte le mot *habituel* que le Sénat avait d'abord supprimé en reprenant le texte primitif du Gouvernement.

Il en résulte, comme il a d'ailleurs été expressément déclaré au cours de la discussion à la Chambre, que les automobiles qui servent *accidentellement* au transport des personnes, mais qui servent normalement au transport des marchandises, ne paieront point la taxe de luxe.

Il a été précisé notamment, en réponse à une question de M. Chevrier, député, à la fois par le rapporteur général de la Commission des finances, et par M. de Margerie, directeur général des Contributions indirectes, commissaire du Gouvernement, que des camions ou camionnettes transportant accidentellement des sociétés de sport, musicales ou scolaires, et se rendant à une fête quelconque, ne doivent pas acquitter la taxe de luxe.

Il convient de citer les déclarations faites à la séance de la Chambre du 11 juillet par le directeur général des Contributions indirectes (*loc. cit.*, p. 3410) : « *Il n'est pas douteux que la détermination du caractère habituel ou non habituel d'un transport présentera toutes sortes de difficultés* et ne mettra pas fin à celles qui se produisent actuellement. En ce qui concerne la question précise posée par M. Chevrier, il n'est pas douteux que si l'on se sert accidentellement d'un camion pour transporter une société de sport d'un endroit à l'autre, ou une société de gymnastique un jour de fête, encore que d'après les textes actuels l'impôt soit exigible, ce serait un abus de droit de l'exiger. *L'Administration ne le réclamera pas.* »

Le dernier alinéa de l'article envisage la responsabilité des propriétaires de véhicules dans tous les cas de transformation effectuée postérieurement à l'achat.

Mais il est bien entendu qu'il s'agit d'une véritable transformation ou de l'équipement de la voiture en vue du transport des personnes. A cet égard, le *Rapport* (n° 537) de la Commission des finances de la Chambre précise aussi clairement que possible (p. 154) la pensée du législateur : « La Commission ne peut pas accepter cette véritable brimade dont le petit commerce est actuellement victime dans un certain nombre de départements et qui consiste... à exiger la taxe de luxe de qui s'avise un beau jour de mettre une banquette ou des chaises dans une camionnette. Nous ne pouvons pas, cependant, empêcher le petit cultivateur ou le commerçant, qui toute la semaine charge des marchandises dans sa voiture, d'y installer un aménagement plus ou moins rudimentaire pour promener le dimanche sa famille. Quand, dans ces conditions, et sous ces prétextes, on vient réclamer 1.800 francs de taxe de luxe, c'est un abus inadmissible que votre commission ne peut pas admettre... Cependant, comme il ne faut pas qu'il y ait fraude, si la camionnette achetée pour le transport exclusif des marchandises sert, au contraire, *habituellement au transport des personnes* et *accidentellement seulement au transport des marchandises*, la perception sera due. »

La rédaction définitive de l'article incorporant la notion de transport *habituel* des personnes, ces observations ont, pour l'interprétation de la loi, une autorité décisive . la taxe de 10 p. 100 ne peut être réclamée que si la voiture achetée pour le transport exclusif des marchandises ne sert qu'accidentellement à cette fin, et habituellement au transport des personnes.

Permis de circulation.

ART. 94. — *Le permis de circulation prévu à l'article 99 de la loi du 25 juin 1920 sera d'un type différent, suivant qu'il s'agira de véhicules servant au transport des personnes ou de véhicules habituellement destinés au transport des marchandises.*

Le fait de transporter d'une façon habituelle des personnes dans une voiture munie d'un permis de circulation spécial aux voitures servant au transport exclusif des marchandises donne lieu à l'application des pénalités prévues à l'article 102 de la loi du 25 juin 1920.

La délivrance du permis de circulation sera subordonnée à la production de la copie du procès-verbal du service des Mines remise à l'acheteur et dûment annotée par le ou les industriels qui auront construit, transformé ou équipé l'automobile, de la valeur sur laquelle la taxe aura été acquittée, ainsi que du taux de l'impôt appliqué.

Cet article a pour but d'utiliser, en vue de la vérification de la taxe *ad valorem* de 10 p. 100, le contrôle antérieurement pratiqué en vue de garantir le recouvrement du droit de circulation sur les automobiles.

A cet effet, il est prévu que le permis de circulation sera d'un type spécial lorsqu'il s'agira de véhicules destinés au transport des personnes, la délivrance de ce type de permis étant subordonnée à la justification du payement antérieur de la taxe dont il s'agit.

Le fait d'affecter « d'une façon habituelle au transport des personnes » une voiture qui aura donné lieu à la délivrance du permis de circulation spécial aux voitures servant au transport exclusif des marchandises constituera une infraction punie selon les dispositions de l'article 102 de la loi du 25 juin 1920. Aux termes de cet article, les agents des Contributions indirectes et des Octrois et tous autres agents ayant qualité pour dresser des procès-verbaux en matière de roulage constatent les contraventions aux dispositions de la loi concernant la carte de circulation : les conducteurs des voitures automobiles doivent leur présenter à toute réquisition le permis de circulation sur la voie publique, dans les établissements ouverts au public, et tous lieux où ces agents ont accès. Les contraventions, constatées et poursuivies comme en matière de contributions indirectes, seront punies d'une *amende de 50 à 200 francs en principal, indépendamment de la confiscation et du quintuple des droits fraudés et compromis.*

Il a été précisé au cours des travaux préparatoires que les mots *d'une façon habituelle* insérés dans le texte doivent écarter toute application des dispositions nouvelles à des transports accidentels ou occasionnels de personnes. M. Guérin, député, ayant demandé (2e séance du 25 février 1925, *Journal officiel* 26 février, Débats parlementaires, Chambre, p. 1290), si le fait, dans les campagnes, pour une personne possédant une automobile servant au transport des marchandises, de transporter *deux ou trois fois par mois*, par exemple, des amis dans un lieu de promenade ou de pèlerinage, obligera à payer la taxe de luxe, le rapporteur général de la Commission des finances a déclaré que celui qui use ainsi accidentellement d'une camionnette n'est *pas passible de l'impôt.* « L'affaire, a dit M. Viollette (*Ibid.*, p. 1290) a été réglée, autant que possible, de façon catégorique par le texte dont il s'agit. L'Administration nous demandait de frapper de la taxe de luxe le propriétaire d'une camionnette qui, servant souvent au transport de marchandises, est affectée *parfois* au transport des voyageurs.

La Commission a refusé. Pour qu'il puisse en être ainsi, a-t-elle dit, il faut que la camionnette achetée comme voiture pour le transport de marchandises, soit habituellement employée au transport des voyageurs. *Ce n'est vraiment que si son emploi a été à ce point modifié qu'elle sera passible de la taxe de luxe.* Un de nos honorables collègues nous demande de préciser le sens du mot *habituellement;* c'est impossible, parce que ce mot suppose une part d'interprétation. Mais il est clair que, dans l'exemple cité par M. Guérin, celui de l'automobile qui, toute la semaine, est utilisée pour le transport des marchandises, et qui, exceptionnellement, sert le dimanche à transporter des personnes, *la Commission ne veut pas atteindre le propriétaire...* Notre texte a été rédigé dans l'esprit que je viens de dire et après le rejet du texte du Gouvernement. »

M. Chevrier, député, ayant, à la même séance (*Ibid.*, p. 1291), demandé : « Est-il entendu que le propriétaire d'automobile qui, exceptionnellement, prête gracieusement sa voiture pour transporter, par exemple, une société de jeunes gens, est exonéré ? », le rapporteur général lui a répondu : « Parfaitement ».

M. François Morel posa la question suivante : « Beaucoup d'usines possèdent des camions pour transporter les marchandises, et certains patrons ont la libéralité de les affecter au transport des ouvriers, le matin, de leur domicile à l'usine, le soir, de l'usine à leur domicile. Il va sans dire, n'est-ce pas ? qu'ils ne seront pas assujettis à la taxe ». Le rapporteur général répondit : « Ils ne sont pas visés en l'espèce, parce qu'il s'agit d'instruments de travail. »

Ainsi que l'a remarqué très justement, au cours de la discussion de cet article, M. François Coty, alors que, selon la jurisprudence, une seule répétition du même acte suffit pour constituer juridiquement une habitude, le texte voté doit être interprété beaucoup plus largement, une voiture qui, pendant la semaine, sert au transport des marchandises et qui, le dimanche seulement, est affectée au transport des personnes, étant exonérée de la taxe.

« Il sera bien entendu, a conclu le rapporteur général, qu'on n'inquiétera pas les propriétaires de camions qui auront prêté leurs automobiles à des sociétés, ni les petits commerçants et les petits cultivateurs qui utiliseront accidentellement leur voiture pour transporter des voyageurs. »

Il convient encore de citer l'importante déclaration faite en ce sens, à la deuxième séance du 25 février 1925, par le ministre des Finances : « Comment l'Administration, qui perçoit la taxe de luxe à la sortie de l'usine, pourra-t-elle savoir si la voiture en est passible ou non ? Une torpédo est vendue : elle est frappée de la taxe de luxe de 10 p. 100. Mais, si on transforme légèrement sa carrosserie, pour la faire servir au transport des marchandises pendant la semaine, *tout en l'employant le dimanche à des excursions, il n'y a plus lieu à perception de la taxe.* »

Taxe sur les automobiles et cyclecars.

ART. 95. — *L'article 25 de la loi du 22 mars 1924 est modifié de la façon suivante :*

« A compter du 1er juillet 1925 et jusqu'au 1er janvier 1926, les droits sur les véhicules automobiles autres que ceux visés à l'article 12 de la loi du 30 juin 1923 sont fixés comme suit :

» 1° Voitures automobiles assujetties à un tarif de transport arrêté par une autorité publique, par cheval-vapeur ou fraction de cheval-vapeur, avec minimum d'imposition de cinq chevaux-vapeur : 48 francs.

» 2° Autres véhicules automobiles, par cheval-vapeur ou fraction de cheval-vapeur, avec minimum d'imposition de cinq chevaux-vapeur :

» Pour les 5 premiers chevaux-vapeur, 48 francs;
» Pour les 5 chevaux-vapeur suivants, 60 francs;
» Pour les 10 chevaux-vapeur suivants, 72 francs;
» Pour les 10 chevaux-vapeur suivants, 84 francs;
» Pour les chevaux-vapeur à partir du 30e, 96 francs;

» Toutefois, les véhicules servant exclusivement au transport des marchandises ne peuvent être taxés à plus de 60 francs par cheval-vapeur.

» 3° Les cyclecars sont soumis, pour leur puissance effective, aux mêmes droits et régime que les automobiles.

» Les bateaux automobiles destinés à la navigation de plaisance et les vélocipèdes ou appareils analogues munis d'une machine motrice, à l'exception des bicyclettes à moteur auxiliaire dont le poids n'excède pas 30 kilogrammes et qui ne sont pas capables de dépasser en palier une vitesse de 30 kilomètres à l'heure, sont imposés, d'après leur puissance effective, à raison de 20 francs par cheval-vapeur ou fraction de cheval-vapeur.

» Est supprimée la tarification spéciale des motocyclettes avec side-car.

» Sont exonérés de tout impôt les tracteurs agricoles, les motoculteurs, tous les moteurs inanimés servant à remorquer les instruments agricoles destinés aux travaux exclusifs des champs et ne servant à aucun transport sur route. »

Cet article a essentiellement le caractère d'une disposition provisoire. La Commission des Finances de la Chambre avait, avant que l'article fût voté, prié les services du ministère des Finances de rechercher un texte frappant les voitures de luxe en proportion tout à la fois de leur prix de vente et de leur puissance. Les services n'ayant point réussi à mettre sur pied un texte satisfaisant, au cours de la discussion de la loi de finances, l'article 95 a été voté « à titre transactionnel et provisoirement... Le caractère provisoire de ce texte est marqué par le deuxième paragraphe de l'article, puisqu'il n'a effet que pour un délai de six mois et qu'il est entendu que, d'ici la fin de l'année, un article nouveau sera soumis à la Chambre. » (Déclaration de M. Lamoureux, rapporteur général).

Au cours de la discussion, la Chambre fut saisie de suggestions diverses, tendant à maintenir les anciens taux d'imposition pour les camionnettes et les camions (amendement de MM. Triballet, Escoulent, Chevrier et autres), à établir une discrimination entre les voitures industrielles et les voitures de luxe (intervention de M. Loucheur), à imposer la valeur de l'automobile, résultant soit de la valeur assurée ou de la valeur du catalogue, pour les voitures neuves, soit de la valeur de cession dans le cas de voitures cédées aux exploitants actuels par les services publics (intervention de M. Léon Blum).

Le ministre des Finances et les divers orateurs qui ont pris part à cette discussion ont été d'accord pour proclamer que « la formule actuelle adoptée par le service des Mines n'est plus adaptée aux nécessités du moment ».

Le texte voté vise les véhicules automobiles autres que ceux visés par l'article 42 de la loi du 30 juin 1923 (c'est-à-dire les véhicules possédés en conformité des règlements du service militaire ou administratif et exclusivement utilisés pour les besoins du service).

Pour les voitures automobiles assujetties à un tarif de transports arrêté par une autorité publique, les droits fixés par l'article 25 de la loi du 22 mars 1924 à 48 francs par cheval-vapeur ou fraction de cheval-vapeur, avec un minimum d'imposition de cinq chevaux-vapeur, sont fixés à 36 francs.

Pour les autres véhicules automobiles, les droits fixés en 1924 à 36 francs par cheval-vapeur du premier au deuxième cheval-vapeur, et à 44 francs au-dessus du dixième cheval-vapeur, avec un minimum d'imposition de 5 chevaux-vapeur, subissent une augmentation suivant une tarification progressive, avec un maximum de taxation de 60 francs par cheval-vapeur pour les véhicules servant exclusivement au transport des marchandises.

Les cyclecars, que l'article 25 de la loi du 22 mars 1924 frappait d'un droit annuel de 120 francs, sont désormais soumis, pour leur puissance effective en chevaux-vapeur, aux mêmes droits et au même régime que les automobiles.

L'article 25 frappait d'une taxe de 10 francs par cheval-vapeur ou fraction de cheval-vapeur et par an, avec minimum d'imposition de 3 chevaux-vapeur, « les bateaux de toute forme et de tout tonnage munis d'un moteur mécanique et destinés à la navigation de plaisance à l'intérieur des eaux territoriales, maritimes ou fluviales ».

L'article 95 de la loi du 13 juillet 1925 impose à raison de 20 francs par cheval-vapeur ou fraction de cheval-vapeur les *bateaux automobiles.*

Il soumet au même tarif les *vélocipèdes* et tous autres appareils analogues munis d'une machine motrice, exception faite pour les bicyclettes à moteur auxiliaire qui remplissent les conditions définies dans le texte de l'article.

L'article 25 de la loi du 22 mars 1924 soumettait à une taxe annuelle de 60 francs la *motocyclette pourvue d'un side-car.* L'article 95 de la loi du 15 juillet 1925 supprime entièrement cette tarification spéciale des motocyclettes avec side-car.

Le dernier alinéa exonère de tout impôt les tracteurs agricoles et appareils de motoculture, et les moteurs mécaniques servant à remorquer les machines agricoles, mais à la condition qu'ils servent *uniquement* aux travaux des champs et qu'ils ne soient utilisés *à aucun transport sur route.* Il y a lieu de noter que les termes de l'article 95 sont rigoureux et formels; il n'y est point question de transport *habituel*, comme au troisième alinéa de l'article 93 et au second alinéa de l'article 94 : la constatation d'un seul transport sur route suffirait à rendre passible de l'impôt un moteur mécanique comme un véhicule automobile ordinaire.

Perception des taxes communales sur les automobiles.

Art. 96. — *Les communes autorisées à percevoir des taxes sur les voitures automobiles ont la faculté d'en confier la perception à l'administration des Contributions indirectes. Dans ce cas, la taxe municipale est assise et recouvrée suivant la même forme que la taxe d'Etat, sans pouvoir excéder 25 p. 100 du montant de l'impôt d'Etat, sous réserve des droits des communes actuellement autorisées à percevoir des droits plus élevés.*

Les personnes ayant plusieurs résidences seront, pour les véhicules automobiles qui les suivent dans une commune où existent des taxes municipales et où ces personnes possèdent une résidence personnelle, commerciale ou professionnelle, imposées dans cette commune. Si des taxes municipales existent dans plusieurs de ces résidences, le droit est établi d'après le tarif le plus élevé et le produit en est réparti par égales parts entre les communes intéressées. Pour l'application de cette disposition, les contribuables doivent remettre une déclaration spéciale à la recette buraliste de la localité la plus imposée où ils doivent obligatoirement se munir du permis de circulation.

Toute omission ou fausse déclaration constatée par les agents désignés à l'article 102 de la loi du 25 juin 1920 est punie des peines édictées par ledit article. Les poursuites sont exercées par le maire de la commune où devait avoir lieu l'imposition, et le montant net des pénalités, déduction faite d'un prélèvement de 10 p. 100 au profit des saisissants, est attribué aux communes lésées.

En cas de contravention commune, l'administration des Contributions indirectes est exclusivement chargée du soin de transiger ou de poursuivre. Les condamnations recouvrées ou les sommes payées à la suite de transactions sont réparties dans les conditions prévues à l'article 13 du décret du 5 août 1920.

Les traités conclus entre l'Administration et les municipalités fixeront, dans chaque cas particulier, les taux des frais de perception ainsi que le montant des remises à allouer aux agents chargés de l'assiette et des recouvrements.

L'article 9 de la loi du 30 avril 1921 disposait que les *taxes municipales sur les voitures automobiles*, dont la perception est autorisée au profit des communes en remplacement des droits d'octroi, continueraient à être recouvrées suivant les règles et d'après les tarifs en vigueur antérieurement au 25 juin 1920.

Il en résulte que, dans les localités où existent des taxes municipales, les possesseurs d'automobiles sont en relation avec deux services distincts. Des démarches multiples leur sont ainsi imposées, et les comptables, ainsi que les agents chargés de l'assiette, ont à faire face à un double travail.

Le nouveau texte autorise la perception des taxes municipales sous forme de centimes additionnels à l'impôt d'Etat. Si, comme il est permis de l'espérer, la plupart des municipalités adoptent ce système, il en résultera une grande simplification, mais le législateur a prévu le cas où certaines d'entre elles préféreraient assurer les recouvrements par leurs propes moyens, et il n'a, en conséquence, point donné à cette réforme un caractère obligatoire.

L'article 96 impose aux possesseurs d'automobiles ayant plusieurs résidences l'obligation de se munir du permis de circulation dans la localité où les taxes municipales sont le plus élevées et de remettre une déclaration spéciale à la recette buraliste de cette localité.

Si une seule de ces résidences se trouve dans une commune où existent des taxes municipales, c'est dans cette commune que sera établie l'imposition, pourvu que le redevable y possède une résidence *personnelle, commerciale ou professionnelle*.

Il est permis de penser que le but de simplification visé par le législateur sera malaisément atteint par ces dispositions : l'obligation pour le redevable d'établir lui-même la comparaison entre les diverses taxes municipales pour choisir la localité la plus imposée afin d'y faire sa déclaration représente une complication incontestable.

Les contraventions, c'est-à-dire les omissions et fausses déclarations, seront constatées et poursuivies conformément à l'article 102 de la loi du 25 juin 1920, c'est-à-dire comme en matière de contributions indirectes, et punies d'une amende de 50 à 200 francs en principal, indépendamment de la confiscation et du quintuple des droits fraudés ou compromis.

L'article réserve le droit de poursuite au maire de la commune où devait avoir lieu l'imposition, c'est-à-dire de la commune où le tarif est le plus élevé.

Le cinquième aliéna prévoit qu'en cas de contravention commune, l'administration des Contributions indirectes est exclusivement chargée du soin de transiger ou de poursuivre. Ce texte, d'une rédaction particulièrement défectueuse, paraît signifier que, dans le cas où il serait relevé à la fois une infraction à l'obligation spéciale créée à la charge des possesseurs de voitures automobiles par cet article et une autre contravention — par exemple, celles visées par les articles précédents, — le droit de transiger ou de poursuivre sera exclusivement réservé, pour l'une et l'autre infractions, à l'administration des Contributions indirectes.

Importation de métaux précieux.

ART. 97. — *L'article 75 de la loi du 9 brumaire an VI est complété par les dispositions suivantes :*

« Lorsque les achats de matières, ouvrages, lingots en platine ou métaux assimilés, en or ou en argent, auront été conclus avec des personnes domiciliées à l'étranger, les inscriptions à faire figurer au registre prévu par l'article 74 devront être appuyées des quittances attestant que les taxes et droits exigibles à l'entrée en France ont été payés. »

Taxes sur les théâtres, music-halls et cinémas.

ART. 98. — *L'article 92 de la loi du 25 juin 1920 est complété par l'addition suivante :*

« En ce qui concerne les départements et uniquement pour les théâtres, music-halls et cinémas, l'Etat ne percevra que 80 p. 100 des taxes qu'il perçoit sur les théâtres, music-halls et cinémas exploités à Paris. »

MONOPOLES. — DOMAINE. — RECETTES D'ORDRE

Tabac : vente à l'Etat monégasque.

ART. 99. — *Les tabacs de la régie française seront fournis à l'Etat monégasque à des tarifs se rapprochant autant que possible des prix de revient et qui seront fixés, au début de chaque année, par le ministre des Finances.*

Poudres.

ART. 100. — *L'article unique de la loi du 26 septembre 1918, modifié par l'article 10 de la loi du 30 juin 1921, est modifié à nouveau ainsi qu'il suit :*

DÉSIGNATION des ESPÈCES DE POUDRES DE CHASSE	PRIX DE VENTE PAR KILOGRAMME AU CONSOMMATEUR				
	A L'ÉTAT NU	EN BOITE DE :			
		1 kilogr.	500 gr.	200 gr.	100 gr.
	fr. c.	fr. c.	fr. c.	fr. c	fr. c.
Poudres noires :					
Ordinaire (fine)	»	18 »	49 »	50 »	52 »
Forte (superfine)	»	60 »	61 »	62 »	64 »
Spéciale (extra fine)	»	75 »	76 »	77 »	79 »
Poudres pyroxylées :					
Type S	»	111 »	112 50	111 50	115 50
Type J	»	125 »	126 50	128 50	129 50
Type M	»	120 »	121 50	123 50	121 50
Type T et T *bis*	126 »	129 »	130 50	132 50	133 50

Modification de l'article 26 de la loi du 30 décembre 1895 relatif à la publication obligatoire au *Journal officiel* des tableaux d'amortissement et des tirages des titres.

ART. 101. — *L'article 26 de la loi de finances du 30 décembre 1895 est modifié et complété de la façon suivante :*

« A dater de la promulgation de la présente loi, tous les tableaux d'amortissement, tous les tirages, avec ou sans lots, de titres émis avec l'inter-

vention ou l'autorisation de l'Etat ou qui ont fait l'objet d'une insertion au Bulletin des annonces légales obligatoires *depuis sa fondation, et les listes des titres sortis dans les tirages précédents et non remboursés, seront insérés au* Journal officiel, *à la charge et aux frais des émetteurs.*

» Un décret pris sur l'initiative du ministre de l'Intérieur et contresigné par le ministre des Finances, fixera les modalités et le tarif de ces différentes insertions.

» Toute infraction à la présente disposition sera punie d'une amende de 50 à 2.000 francs. L'insertion du jugement sera faite aux frais du contrevenant au Journal officiel *de la République française. »*

La seconde publication, prévue par le paragraphe 1er de l'article 3 de la loi du 17 mars 1909 sur la vente et le nantissement des fonds de commerce, sera également faite dans un Bulletin *annexé au* Journal officiel. *Le délai de dix jours courra de cette publication.*

Un règlement d'administration publique déterminera les conditions d'application et fixera notamment la périodicité du Bulletin, *le prix de l'abonnement et le coût des insertions, y compris le numéro justificatif.*

Cet article crée des obligations nouvelles : *a*) aux *émetteurs de titres; b*) aux vendeurs de fonds de commerce.

a) La loi de finances du 30 décembre 1895, article 26, dispose qu'à dater de sa promulgation, tous les tableaux d'amortissement, tous les tirages avec ou sans lots, *de titres qui seraient émis avec l'intervention ou l'autorisation de l'Etat* et les listes des titres sortis dans les tirages précédents et non remboursés seront insérés au *Journal officiel*, à la charge et aux frais des émetteurs. »

Cette obligation, qui n'était d'ailleurs pas sanctionnée, était restée dans une large mesure lettre morte. Le nouvel article l'assortit de sanctions, et *l'étend à toutes les valeurs françaises*, sans distinguer entre les valeurs déjà émises et celles qui seront émises par la suite.

Le nouveau texte, qui a l'avantage d'assurer plus de sécurité au public, aux intermédiaires, à tous ceux qui sont appelés à négocier des valeurs mobilières, oblige les sociétés et les municipalités à publier à l'avenir au *Journal officiel* leurs listes de tirages, leurs tableaux d'amortissement et les titres sortis dans les tirages précédents et non encore remboursés.

b) La disposition relative aux fonds de commerce a été insérée dans le texte sur un amendement de M. Ernest Lafont : la Commission des finances de la Chambre a considéré que, dans l'intérêt des tiers, la publicité de la vente des fonds de commerce n'était pas suffisamment assurée, et qu'il y avait intérêt à centraliser les renseignements dans l'intérêt des créanciers (Déclaration du rapporteur général, Chambre, 2e séance du 25 février 1925, *Journal officiel* 26 février, Débats parlementaires, Chambre, p. 1296).

Mise à la charge des intéressés des frais d'insertion au *Journal officiel* des extraits de décrets d'admission à domicile, de naturalisation, de réintégration et d'autorisation de se faire naturaliser ou de servir à l'étranger.

Art. 102. — *L'article 22 de la loi de finances du 31 juillet 1920 est complété ainsi qu'il suit :*

« Seront également à la charge des intéressés les frais d'insertion au Journal officiel *des extraits de décrets d'admission à domicile, de naturalisation, de réintégration et d'autorisation de se faire naturaliser ou de servir à l'étranger.*

» Le coût de l'insertion est fixé à 6 francs la ligne.

» En cas d'exonération totale des droits de sceau, il pourra être également fait remise des frais d'insertion. »

Le rapport de la Commission des finances de la Chambre, n° 537 (p. 171), précise que ce texte *n'a pas d'effet rétroactif.*

Redevances sur les saindoux, alcools et sucres.

Art. 105. — *La redevance de 1 franc par 100 kilogrammes de saindoux dénaturé ailleurs que dans les bureaux d'importation, établie par l'article 31 de la loi du 26 juillet 1893, est portée à 3 francs.*

La redevance de 0 fr. 80 par hectolitre d'alcool pur soumis à la dénaturation, établie par l'article 2 de la loi du 16 avril 1895, est portée à 2 fr. 40.

La redevance de 0 fr. 08 sur les sucres, établie par les articles 13 de la loi du 5 août 1896, 6 de la loi du 9 juillet 1904 et 12 de la loi du 27 février 1912, est portée à 0 fr. 25.

Frais de légalisation.

Art. 106. — *Toute pièce présentée à la légalisation du ministère de la Justice donne lieu à la perception d'une taxe de 5 francs.*

Sont légalisés gratuitement les documents utilisés par les personnes qui justifient de leur indigence en la forme prévue par les lois sur l'assistance judiciaire, ainsi que les documents établis dans un intérêt administratif français.

Taxes sur la propriété industrielle.

Art. 118. — *Les paragraphes 1, 2 et 3 de l'article 1er de la loi du 26 juin 1920 instituant des taxes spéciales pour le service de la propriété industrielle sont modifiés comme suit :*

« Le dépôt ou le renouvellement de dépôt d'une marque de fabrique ou de commerce donne lieu au paiement :

» 1° D'une taxe fixe de dépôt de 50 francs perçue au profit de l'Etat;

» 2° D'une taxe d'enregistrement de 10 francs par classe de produits auxquels la marque doit s'appliquer, perçue au profit de l'office national de la propriété industrielle. »

Création d'un droit à percevoir à l'occasion de la délivrance du certificat de route prévu par la convention internationale automobile du 11 octobre 1909.

ART. 126. — *La délivrance du certificat de route, prévu à l'article 3 de la convention internationale automobile du 11 octobre 1909, donnera lieu à la perception d'un droit fixe de 20 francs. Sont assimilées à cette délivrance, pour la perception du droit, les prorogations du délai d'un an de la validité du certificat.*

Ce droit de 20 francs sera versé préalablement à la remise du titre aux intéressés.

L'exposé des motifs du *projet de loi* déposé par le Gouvernement fait valoir que la délivrance du certificat de route prévu par l'article 3 de la Convention internationale automobile du 11 octobre 1909, aux automobilistes désireux de circuler à l'étranger, occasionne au Trésor des dépenses sensibles qu'il paraît équitable, dans la situation financière actuelle, de faire supporter par les bénéficiaires de la mesure.

Ces dépenses comprennent notamment, en dehors du coût des journées de travail du personnel préposé à la délivrance, les frais d'impression du certificat lui-même, qui ne comporte pas moins, actuellement, de 32 feuillets (64 pages), rédigés dans des langues différentes.

Le recouvrement de ces dépenses aura lieu par la perception d'une taxe forfaitaire, analogue à celles qui ont été admises pour d'autres titres, comme le permis de conduire (carte rose), dont le certificat international de route tient lieu, du reste, pour la circulation à l'étranger en même temps que de récépissé de déclaration de mise en circulation (carte grise).

En vertu de la loi du 5 janvier 1924, la délivrance de la carte rose donne lieu à la perception d'un droit de 30 francs, en plus du droit d'examen de 15 francs; dès lors, il n'a pas paru exagéré de fixer à 20 francs la taxe de délivrance du certificat international de route, étant donné surtout le caractère généralement somptuaire que présente la dépense résultant de l'emploi d'automobiles pour des déplacements à l'étranger.

Comme il s'agit d'une taxation forfaitaire, on a adopté le même chiffre de 20 francs pour les prorogations du délai d'un an de la validité du certificat, qui tiennent lieu de délivrance d'un nouveau titre et dont la pratique a été recommandée par une circulaire du ministre des Travaux publics en date du 14 mai 1923.

RESSOURCES EXCEPTIONNELLES

Contribution extraordinaire sur les bénéfices de guerre.

ART. 129. — *Les personnes qui n'auront pas souscrit, au 31 mars 1925, la déclaration de leurs bénéfices par application des articles 4 et 5 de la loi du 1er juillet 1916, devront produire cette déclaration le 31 octobre 1925 au plus tard.*

Seront tenus de souscrire une semblable déclaration ou une nouvelle déclaration dûment rectifiée et complétée :

1° Les contribuables taxés d'office par application des articles 9 et 10 de la loi susvisée, qui auront réalisé par période d'imposition des bénéfices supplémentaires ou exceptionnels supérieurs à 25.000 francs par an et dont les bénéfices imposés sont inférieurs par période d'imposition, de plus d'un dixième aux bénéfices imposables effectivement réalisés;

2° Les contribuables qui auraient omis de comprendre dans leurs déclarations antérieures des bénéfices supplémentaires ou exceptionnels supérieurs à 25.000 francs par an et provenant d'une profession distincte de celles dont les bénéfices ont déjà été taxés.

ART. 130. — *Les droits afférents aux bénéfices déclarés conformément à l'article précédent seront immédiatement compris dans les rôles, avec les majorations prévues par l'article 14 de la loi du 1er juillet 1916 et l'article 15 de la loi du 25 juin 1920.*

ART. 131. — *Jusqu'au 30 juin 1928, les commissions du premier degré pourront statuer sur les déclarations souscrites par application de l'article 129 de la présente loi, et la pénalité prévue à l'article 13 de la loi du 1er juillet 1916 sera obligatoirement appliquée dans tous les cas où une insuffisance de plus d'un dixième par rapport au bénéfice imposable aura été relevée dans lesdites déclarations.*

ART. 132. — *Pendant le même délai, si l'Administration démontre par des preuves certaines, à l'égard des contribuables visés par l'article 129, l'existence de bénéfices non encore imposés, il pourra être établi des taxations d'office dans les conditions prévues par l'article 9 de la loi du 1er juillet 1916 à l'égard des personnes ou sociétés n'ayant produit aucune déclaration, ainsi que des compléments d'imposition.*

Il en sera de même à l'égard des contribuables ayant régulièrement souscrit leurs déclarations, conformément aux articles 4 et 5 de la loi du 1er juillet 1916, si des faits révélés à l'occasion d'instances civiles ou pénales apportent la preuve de l'insuffisance desdites déclarations.

Les droits afférents aux bénéfices imposés dans les conditions prévues au présent article supporteront les majorations édictées par l'article 14 de la loi du 1er juillet 1916 et l'article 15 de la loi du 25 juin 1920.

Ils supporteront également la majoration prévue à l'article 13 de la loi du 1er juillet 1916, cette majoration n'étant toutefois appliquée, dans le cas où une déclaration antérieure a été produite, que si la fraction de bénéfice exceptionnel ou supplémentaire non déclarée est supérieure à 10 p. 100 du bénéfice imposable.

Toutefois, lorsque la commission supérieure aura statué, le contribuable au profit duquel ou contre lequel cette décision aura été rendue ne pourra plus être recherché à moins que ce ne soit pour une profession distincte de celle qui a fait l'objet de l'instance définitivement jugée par la commission supérieure.

Art. 133. — *Les droits et suppléments de droits établis par application des dispositions ci-dessus pourront être compris dans les rôles jusqu'au 31 décembre 1928.*

Les articles 129 à 133 ont pour objet de permettre la « réparation des omissions ou insuffisances de taxation. » Ils introduisent de très importantes modifications dans la législation de la contribution extraordinaire sur les bénéfices de guerre.

Ils ont en effet pour but et pour conséquence d'imposer *l'obligation de déclarations nouvelles* à des contribuables pour lesquels les délais de déclaration étaient expirés depuis le 31 mars 1921 par application des articles 4 et 5 de la loi du 1er juillet 1916.

Ils permettent, d'autre part, à l'Administration, *l'établissement d'impositions nouvelles* à la charge de contribuables à l'égard desquels l'Administration aurait été désarmée, en vertu des textes antérieurement en vigueur.

Enfin, ils modifient profondément le régime de la taxation d'office en imposant aux redevables ainsi taxés pour n'avoir pas produit de déclaration ou pour n'avoir souscrit qu'une déclaration incomplète ne satisfaisant pas au vœu de la loi (Commission supérieure, 15 juin 1917, *Revue des bénéfices de guerre*, n° 287), l'obligation de produire une déclaration le 31 octobre 1925 au plus tard.

Toutefois, une restriction générale et importante a été introduite par le législateur au principe de ces impositions nouvelles : « estimant qu'il n'y avait lieu de procéder qu'aux recherches susceptibles de faire rentrer des sommes importantes » (Exposé des motifs du *projet de loi* n° 106, transmission au Sénat, p. 57), et afin d' « éviter de remettre en cause toute l'assiette de la contribution extraordinaire, sans profit appréciable pour le Trésor » (Rapport n° 140 de M. Henry Bérenger, p. 148), l'article 129 n'exige de déclarations ou de compléments de déclaration que *des contribuables qui n'ont jamais souscrit aucune déclaration*, et des contribuables dont le bénéfice, *par période d'imposition*, serait *au moins égal à 25.000 francs*, ou qui auraient bénéficié d'une atténuation *au moins égale à cette somme*, par suite de l'omission des revenus provenant d'une profession distincte de celle dont les revenus ont été antérieurement taxés.

Rien n'est donc changé à la situation des contribuables qui ont été taxés d'office, mais qui n'ont pas réalisé, *par période d'imposition*, des bénéfices supplémentaires ou exceptionnels supérieurs à 25.000 francs : aucune nouvelle déclaration n'est exigée d'eux.

Rien n'est changé non plus à la situation des contribuables qui ont été taxés d'office, et qui ont réalisé, *par période d'imposition*, des bénéfices supplémentaires ou exceptionnels supérieurs à 25.000 francs, lorsque la taxation d'office a été établie sur des bénéfices supplémentaires ou exceptionnels qui ne sont pas inférieurs de plus d'un dixième aux bénéfices imposables effectivement réalisés : cette disposition est analogue à celle prévue, en matière d'impôt général sur le revenu, par les articles 18 de la loi du 15 juillet 1914 (modifié par l'article 5 de la loi du 30 décembre 1916), et 2 de la loi du 31 juillet 1920, qui punissent de l'application du droit en sus les déclarations insuffisantes si l'insuffisance constatée est supérieure au dixième du revenu imposable. En d'autres termes, une tolérance d'un dixième au maximum du bénéfice supplémentaire ou exceptionnel imposable est accordée au contribuable.

Enfin, aucune obligation nouvelle n'est imposée au contribuable qui a, dans ses déclarations antérieures, fait état, même d'une manière insuffisante, des bénéfices de l'unique profession exercée par lui : le contribuable qui a souscrit des déclarations antérieures n'est tenu d'en souscrire de nouvelles que s'il tombe sous le coup d'une *double condition*, s'il a réalisé des bénéfices du fait d'une *profession distincte de celle dont les bénéfices ont déjà fait l'objet d'une taxation* et si les bénéfices supplémentaires ou exceptionnels ainsi réalisés ont *dépassé 25.000 francs par an.*

L'obligation de souscrire de *nouvelles* déclarations s'applique donc exclusivement aux catégories suivantes de personnes assujetties à la contribution extraordinaire.

a) A celles qui ont été taxées d'office, lorsqu'elles ont réalisé au moins 25.000 francs de bénéfices exceptionnels ou supplémentaires par période d'imposition (si l'insuffisance de taxation dépasse la marge tolérée d'un dixième);

b) A celles qui ont antérieurement souscrit des déclarations, mais qui, dans ces déclarations, n'ont fait état que des bénéfices provenant d'une seule profession, alors qu'elles ont tiré des bénéfices de l'exercice d'une autre profession et que ces bénéfices ont dépassé 25.000 fr. par an.

Le texte spécifie nettement que le bénéfice exceptionnel ou supplémentaire devra, pour donner lieu à l'application des dispositions nouvelles, être supérieur à 25.000 francs *par an*. Cette disposition signifie, chaque période d'imposition devant être considérée isolément, qu'un redevable est assujetti aux dispositions nouvelles pour chaque période où le bénéfice réalisé par an aura dépassé 25.000 francs.

Il y a lieu de signaler la différence qui existe entre le texte primitif du projet du Gouvernement et le texte qui, proposé par la Commission des finances de la Chambre, a été voté par cette dernière, accepté par la Commission des finances du Sénat et voté sans débats par les deux Assemblées.

Le texte primitif visait « les contribuables taxés d'office par application des articles 9 et 10 de la loi susvisée (celle du 1er juillet 1916), dont les bénéfices supplémentaires ou exceptionnels imposés sont inférieurs, *par période d'imposition*, de plus d'un dixième aux bénéfices imposables effectivement réalisés ».

Le texte définitif porte : « Les contribuables taxés d'office par application des articles 9 et 10 de la loi susvisée, qui auront réalisé par période d'imposition des bénéfices supplémentaires ou exceptionnels supérieurs à 25.000 francs *par an*. »

Cette différence de texte et l'addition des mots *par an*, juxtaposés aux mots *par période d'imposition* obligent à faire une distinction entre la *période d'imposition* et *l'année* : cette distinction est importante en ce qui concerne la première période d'imposition du 4 août 1914 au 31 décembre 1915 (Loi du 1er juillet 1916 art. 2) qui est supérieure à une année et la dernière période d'imposition du 1er janvier au 25 juin 1920 (Loi du 25 juin 1920 art. 12), qui n'a qu'une durée de six mois.

Pour la première période d'imposition, les dispositions nouvelles de l'article 129 n'étant applicables qu'au contribuable qui aura réalisé plus de 25.000 francs de bénéfices exceptionnels ou supplétaires *par an*, ne peuvent pas l'être au contribuable qui, du 1er janvier 1915 au 31 décembre 1915, n'aura pas réalisé ce chiffre minimum de bénéfices.

La *période d'imposition* ne se confondant pas avec *l'an*, il ne saurait être question de totaliser les résultats de toute la période s'écoulant du 4 août 1914 au 31 décembre 1915 pour déterminer si le chiffre minimum de 25.000 francs a été ou non dépassé. Le redevable ne sera assujetti aux dispositions nouvelles que si, du 4 août 1914 au 31 décembre 1915, son bénéfice net dépasse 25.000 francs plus cinq douzièmes de 25.000 francs.

D'autre part, pour la dernière période d'imposition, qui ne couvre qu'un semestre, le contribuable ne saurait être retenu si le chiffre de ses bénéfices imposables du 1er janvier au 30 juin 1920 n'atteint pas au minimum 12.500 francs, soit la moitié de 25.000 francs : on ne saurait envisager, en ce cas, d'autre manière de calculer *par an* que celle qui est employée pour déterminer le bénéfice normal annuel quand l'entreprise n'a pas fonctionné pendant un exercice entier avant le 1er août 1914, c'est-à-dire le calcul proportionnellement aux résultats acquis jusqu'au 31 juillet 1914 inclus (Commission supérieure, 8 octobre 1920, *Revue des impôts*, n° 781).

Pratiquement, le système de la loi équivaut à augmenter de 25.000 francs le bénéfice normal ou, ce qui revient au même, à porter de 5.000 à 30.000 francs par période d'imposition de douze mois la somme exonérée de la contribution.

Article 130.

Lorsque le contribuable aura souscrit sa déclaration dans les conditions précisées par l'article qui précède, les droits ou les compléments de droits afférents aux bénéfices qu'il aura ainsi déclarés seront immédiatement compris dans les rôles avec application des *majorations* prévues pour *défaut de déclaration dans les délais normaux*, par les articles 14 de la loi du 1er juillet 1916 et 1915 de la loi du 25 juin 1920, c'est-à-dire que les droits afférents au bénéfice imposable seront majorés de 10 p. 100, et qu'en outre de cette pénalité de 10 p. 100, les assujettis seront frappés d'une surtaxe de 25 p. 100 sur la contribution afférente aux exercices antérieurs à 1918 et de 10 p. 100 sur la contribution afférente à l'exercice 1919.

Article 131.

Cet article fixe le délai dans lequel les commissions de taxation pourront examiner les déclarations produites par application de l'article 129 ci-dessus.

Le Gouvernement avait proposé de fixer l'expiration de ce délai au 30 juin 1930. Mais la Commission des finances de la Chambre n'avait « pas admis qu'on pût ouvrir un nouveau délai de cinq ans ». A sa suite, la Chambre et le Sénat ont décidé de fixer le terme extrême de ce délai au 30 juin 1928.

L'article 131 prévoit, en outre, que si les nouvelles déclarations sont entachées d'une insuffisance de plus d'un dixième, il sera obligatoirement fait application de la majoration de 50 p. 100 édictée par l'article 13 de la loi du 1er juillet 1916.

D'après ce dernier article, « lorsque la déclaration du contribuable sera reconnue insuffisante, la contribution correspondant à la fraction du bénéfice supplémentaire non déclarée sera majorée de moitié si toutefois cette fraction est supérieure à 10 p. 100 du bénéfice total...

« Toutefois, la pénalité prévue au paragraphe précédent ne sera pas applicable lorsque l'erreur aura été commise de bonne foi. »

Aux termes du nouvel article, la majoration de 50 p. 100 sera, au contraire, *obligatoirement* appliquée en cas d'insuffisance de plus d'un dixième. La raison en est que « le Gouvernement et la Chambre », suivis sur ce point sans débats par le Sénat, « ont considéré qu'un contribuable ayant persisté à dissimuler une partie de ses bénéfices dans ses déclarations rectificatives ne pouvait raisonnablement exciper de sa bonne foi et devait supporter *ipso facto* la pénalité de 50 p. 100 » (*Rapport* n° 140 de M. Henry Béranger, p. 149).

Article 132.

L'article précédent visait les contribuables qui auront souscrit des déclarations rectificatives en application de l'article 129.

L'article 132 au contraire s'applique aux contribuables qui ne se seront pas mis en règle.

Le texte de cet article a, depuis sa présentation par le Gouvernement dans le projet de loi n° 441, subi de nombreuses et importantes modifications, qui en éclairent le sens.

Le projet du Gouvernement prévoyait que les contribuables n'ayant produit aucune déclaration pourraient être l'objet de taxations d'office sans avoir été mis préalablement en demeure de déclarer leurs bénéfices suivant la procédure prévue à l'article 9 de la loi du 1er juillet 1916. La Commission des finances de la Chambre n'admit pas que cette taxation d'office pût avoir lieu sans mise en demeure.

D'autre part, la Commission des finances de la Chambre estima que « les redevables ne pouvaient rester sous le coup de nouvelles vérifications de leur comptabilité jusqu'à l'expiration du délai fixé pour l'application de nouvelles dispositions, c'est-à-dire jusqu'au 30 juin 1928 ». La Commission des finances tint par suite à préciser « pour les redevables qui ont été vus et revus, contrôlés et recontrôlés à l'occasion d'un pourvoi devant la Commission supérieure, que tout serait fini lorsque la Commission supérieure aurait statué, à moins toutefois que la question ne se posât pour un commerce distinct de celui ayant fait l'objet de la première instance » (*Rapport* n° 537 de M. Viollette, p. 211).

Ainsi, lorsqu'un contribuable se sera pourvu devant la Commission supérieure et que celle-ci aura statué, il ne pourra plus être question de rechercher ce contribuable, *sauf pour des revenus provenant d'une profession distincte*.

Tenant compte, d'autre part, de divers amendements présentés au moment de la discussion par M. Henry Le Mire, la Commission des finances de la Chambre modifia elle-même le texte qu'elle avait élaboré, et ses propositions définitives, acceptées par le Gouvernement, furent adoptées sans modification par la Chambre et par le Sénat.

L'économie de l'article 132, tel qu'il a été voté, est la suivante : (Cf. *Rapport* n° 140 de M. Henry Bérenger, p. 150).

a) En ce qui concerne les contribuables n'ayant souscrit de déclarations ni dans les délais normaux, ni dans le délai fixé par l'article 129, il pourra être procédé à la taxation d'office, mais seulement dans les conditions prévues à l'article 9 de la loi du 1er juillet 1916, c'est-à-dire après mise en demeure, suivie d'un délai d'un mois.

Mais pour que ces contribuables puissent être taxés d'office, il faut :

1° Qu'il s'agisse de « contribuables visés par l'article 129 », c'est-à-dire *qui aient réalisé des bénéfices exceptionnels* ou *supplémentaires*, quel qu'en soit le chiffre, *qui n'aient jamais souscrit de déclarations régulières* et qui n'aient *jamais* non plus *été l'objet d'une taxation d'office*.

Une délicate question se posera dans le cas du contribuable qui aura souscrit sa déclaration *plus d'un mois après la mise en demeure de l'Administration*.

Devra-t-on, pour l'application de l'article 132, le considérer comme un contribuable *non déclarant*, ou au contraire comme un contribuable ayant souscrit précédemment une déclaration, et assujetti aux dispositions nouvelles seulement s'il a réalisé des bénéfices supérieurs à 25.000 francs par période d'imposition ?

La première solution, quoique conforme à la jurisprudence de la Commission supérieure, apparaîtrait en l'espèce singulièrement rigoureuse; la seconde serait incontestablement plus équitable, et il est à souhaiter qu'elle soit adoptée par l'Administration.

2° L'Administration doit démontrer l'existence de bénéfices imposables par *des preuves certaines*. La volonté du législateur s'est manifestée, sur ce point, par le choix des mots : *preuves certaines*. Le législateur a entendu écarter, pour ces impositions, les simples indices, signes ou présomptions. Si son intention n'avait pas été particulièrement formelle et énergique, il aurait pu se contenter de viser la procédure prévue par l'article 9 de la loi du 1er juillet 1916, qui dispose que : « la taxation sera établie par la Commission pour les contribuables non patentés, à l'aide des éléments recueillis par les services publics et notamment par l'examen des marchés;

» Pour les assujettis à la redevance des mines, par la comparaison du produit net servant de base à la redevance proportionnelle et correspondant à chacune des périodes d'imposition à laquelle s'applique la contribution, avec la moyenne du produit net correspondant aux trois exercices antérieurs au 1er août 1914;

» Pour les sociétés soumises à la publication de leurs bilans, par la comparaison des bilans des trois exercices antérieurs au 1er août 1914 avec celui de l'exercice imposable;

» Pour les patentés et les sociétés non soumises à la publication de leurs bilans, d'après les éléments dont dispose la Commission. »

Le législateur de 1925, éclairé sans doute par certains abus, ne permet plus aux commissions de taxation de se contenter d' « éléments » quelconques pour asseoir la taxation d'office : il n'autorise la taxation d'office que si l'Administration « *démontre*, par des preuves certaines, *l'existence* de bénéfices non encore imposés. »

b) Dans les mêmes conditions, c'est-à-dire toujours *à l'égard des redevables visés par l'article* 129, et à *la condition d'apporter une démonstration par des preuves certaines, des compléments d'imposition* pourront être réclamés aux personnes ayant souscrit des déclarations tardives ou ayant été taxées d'office;

c) Quant aux contribuables ayant souscrit régulièrement leurs déclarations dans les délais impartis par les articles 4 et 5 de la loi du 1er juillet 1916, ils pourront faire l'objet de compléments d'imposition, mais seulement si des faits révélés à l'occasion d'instances civiles ou pénales apportent la preuve de l'insuffisance de leurs déclarations.

Ainsi, en ce qui concerne cette catégorie de contribuables, il ne suffira pas à l'Administration d'établir, par des preuves certaines, l'existence de bénéfices non encore imposés; il faudra encore que ces preuves soient *constituées* par des faits révélés à l'occasion d'instances civiles ou de procédures pénales.

D'autre part, les contribuables des catégories *b* et *c*, indistinctement, dans tous les cas où la *Commission supérieure* des bénéfices de guerre aura rendu une décision *définitive*, ne pourront plus être recherchés que pour les bénéfices provenant d'une profession distincte de celle dont les revenus auront été fixés par cette juridiction.

De toute façon, les contribuables imposés par application de l'article 132 supporteront les majorations de retard (voir *supra*, sous l'art. 130), et la pénalité de 50 p. 100; mais, *dans le cas des contribuables ayant souscrit une déclaration antérieure*, cette majoration ne s'appliquera que si la fraction de bénéfice exceptionnel ou supplémentaire non déclarée est supérieure à 10 p. 100 du bénéfice imposable.

Exemple : un contribuable a réalisé un bénéfice supplémentaire de 100.000 francs; il n'a antérieurement déclaré que 92.000 francs. Une imposition complémentaire est établie à sa charge pour la fraction de bénéfice non déclarée, soit pour 8.000 francs; il supportera les majorations de retard; mais la pénalité de 50 p. 100 ne lui sera pas applicable, parce que la fraction de bénéfice non déclarée n'est pas supérieure au dixième du bénéfice total imposable.

Enfin, ces taxations d'office et ces compléments d'imposition ne pourront être établis que jusqu'au 30 juin 1928.

Article 133.

Cet article fixe le délai dans lequel les cotisations établies par application des articles précédents pourront être comprises dans les rôles. Le Gouvernement avait, dans le projet de loi de finances, proposé la date extrême du 31 décembre 1930.

Mais les Chambres ayant fixé au 30 juin 1928 le terme du délai pendant lequel les commissions de taxation pourront fixer ces impositions ont, par voie de conséquence, substitué à la date du 31 décembre 1930 proposée par le Gouvernement celle du 31 décembre 1928.

Privilège du Trésor.

ART. 134. — *Indépendamment de son privilège général sur les meubles et effets mobiliers des redevables, le Trésor aura pour sûreté des impositions établies en exécution des articles ci-dessus une hypothèque générale sur tous les immeubles, fonds de commerce, navires de mer et bâtiments de navigation fluviale de plus de vingt tonnes appartenant aux redevables.*

Cette hypothèque prendra rang à la date de son inscription, laquelle aura lieu dans les conditions déterminées par les articles 1er, 2, 4, 5, 10 et 20 de la loi du 10 août 1922 et l'article 15 de la loi du 15 mai 1924.

L'inscription dont il s'agit pourra être prise dans tous les cas au vu d'une décision de la commission du premier degré, le redevable ayant été préalablement entendu ou dûment convoqué.

Cet article a pour objet de mettre en harmonie la législation existante sur le privilège du Trésor pour le recouvrement de la contribution extraordinaire avec les dispositions nouvelles contenues dans les articles précédents.

D'après l'article 14 de la loi du 10 août 1922, il ne pourrait plus être pris d'inscription de privilège du Trésor sur les immeubles, fonds de commerce et navires des contribuables postérieurement au 1er avril 1926. Et, suivant l'article 9 de la loi du 15 mai 1924, le Trésor n'aurait sur les immeubles, navires et fonds de commerce des redevables, pour sûreté des impositions qui pourront être comprises dans les rôles mis en recouvrement après le 31 décembre 1925, en exécution des décisions de la Commission supérieure ou à la suite d'informations judiciaires, qu'une hypothèque générale.

Le législateur avait admis cette limitation des droits du Trésor pour ne pas entraver indéfiniment les transactions par l'obligation de procéder, préalablement à toute vente ou constitution d'hypothèque, aux formalités de purge spéciale décrites par les articles 7 à 13 de la loi du 10 août 1922.

Pour la même raison, le législateur de 1925 n'a point voulu substituer aux dates indiquées par les articles 14 de la loi du 10 août 1922 (1er avril 1926) et 9 de la loi du 15 mai 1924 (31 décembre 1925) d'autres dates correspondant à la prolongation nouvelle de la période de mise en recouvrement de la contribution extraordinaire.

Il a donc décidé que, pour sûreté des impositions qui seront mises en recouvrement pendant la période complémentaire, c'est-à-dire à partir du 31 décembre 1925, sur décision des commissions du premier degré, le Trésor n'aurait, indépendamment de *son privilège sur les meubles et effets mobiliers des redevables* (L. du 12 novembre 1808, art. 1er) *qu'une hypothèque générale sur les immeubles, navires et fonds de commerce de ces débiteurs*, hypothèque qui prendra rang *à la date de son inscription.*

Pour ces impositions complémentaires comme pour les impositions antérieures, l'inscription sera prise dans les conditions prévues par les articles 1er, 2, 4, 5, 10 et 20 de la loi du 10 août 1922, et par l'article 15 de la loi du 15 mai 1924, qui a remplacé le dernier alinéa de l'article 20 de la loi du 10 août 1922 : toute la procédure de l'inscription reste donc sans aucune modification et, notamment, les sanctions organisées par l'article 10 de cette dernière loi contre les redevables, vendeurs et emprunteurs en cas de non-déclaration ou de déclarations inexactes s'appliquent pour l'inscription de l'hypothèque générale de l'article 134 de la loi du 13 juillet 1925 comme pour l'inscription du privilège de la loi du 10 août 1922.

L'article 134 prévoit que l'inscription d'hypothèque *pourra* être prise dans tous les cas au vu d'une décision de la commission du premier degré. La Commission des finances de la Chambre estima qu'on ne pourrait prendre des dispositions susceptibles de porter une si grave atteinte au crédit sans avoir mis l'intéressé à même de discuter la mesure (*Rapport* n° 537 de M. Viollette, p. 212). Le texte voté prévoit donc que le redevable devra être préalablement entendu ou dûment convoqué.

Le texte ne dit pas clairement devant qui l'intéressé sera convoqué pour discuter la mesure d'inscription d'hypothèque.

On pourrait se demander s'il n'y a pas lieu de distinguer entre la décision de la Commission du premier degré, qui fixe provisoirement l'assiette de la contribution extraordinaire, et la décision qui interviendra sur la question, évidemment différente, de l'inscription d'hypothèque pour la garantie des droits du Trésor. Et l'on pourrait considérer que le percepteur, chargé du recouvrement, aurait à apprécier les raisons qui, dans chaque cas particulier, rendent désirable ou inutile cette inscription.

Mais, quelle que soit l'imprécision du texte, l'interprétation de l'Administration est que le contribuable sera convoqué *devant la Commission du premier degré*, qui statuera, non plus sur l'assiette de la contribution, mais sur l'opportunité de l'inscription, et c'est sur le vu de cette décision spéciale que l'inscription sera ou non requise.

Héritiers de personnes imposables à la contribution sur les bénéfices de guerre.

ART. 135. — *Les héritiers des contribuables décédés seront tenus aux mêmes obligations que s'ils avaient réalisé eux-mêmes des bénéfices imposables, dans la limite de la part de succession recueillie par chacun d'eux.*

Le texte primitif du projet de loi du Gouvernement était ainsi conçu : « Les héritiers des contribuables décédés seront tenus conjointement et solidairement aux mêmes obligations que s'ils avaient réalisé eux-mêmes des bénéfices imposables ».

Le projet de loi du Gouvernement justifiait ainsi cette disposition exorbitante du droit commun: « Pour éviter que les bénéfices réalisés par les contribuables décédés puissent échapper à la taxe, les héritiers de ces contribuables seraient tenus conjointement et solidairement aux mêmes obligations que celles qui leur auraient incombé s'ils avaient personnellement réalisé lesdits bénéfices ». (*Projet* n° 441, p. 139).

La Commission des finances de la Chambre avait accepté et la Chambre voté ce texte. Mais la Commission des finances du Sénat et le Sénat, considérant le caractère insolite d'une disposition instituant la solidarité entre héritiers, établirent et votèrent un texte précisant que, conformément au droit commun, les héritiers ne seront responsables des bénéfices de guerre dûs par le *de cujus* que dans la limite de leur part successorale.

La Commission des finances de la Chambre se rendit à ces raisons et se rallia en conséquence au texte voté par le Sénat (*Rapport* n° 1759 de M. Lamoureux, p. 139), qui fut également accepté par la Chambre.

Il est important de noter qu'en vertu de cet article les héritiers des contribuables décédés sont tenus, non seulement de la dette de la contribution extraordinaire du *de cujus* dans la limite de leur part successorale, mais généralement « *aux mêmes obligations que s'ils avaient réalisé eux-mêmes des bénéfices imposables* ».

Il en résulte que « les héritiers des contribuables décédés ayant réalisé des bénéfices de guerre qui auraient échappé à l'impôt devront notamment produire les déclarations prescrites par l'article 129, faute de quoi les impositions et compléments d'imposition reconnus exigibles seront établis dans les conditions prévues à l'article 132 » (en ce sens *Rapport* n° 140 de M. Bérenger, p. 152).

Assiette et recouvrement de la contribution extraordinaire.

ART. 136. — *Sont maintenues les dispositions légales relatives à l'assiette et au recouvrement de la contribution extraordinaire sur les bénéfices de guerre en ce qu'elles n'ont pas de contraire à la présente loi.*

Le législateur a tenu à préciser que l'ensemble de la législation concernant l'assiette et la perception de la contribution extraordinaire subsiste intégralement, à la seule exception des dispositions directement abrogées par la loi de finances du 13 juillet 1925 ou incompatibles avec elles.

Mais il n'en est pas de même des dispositions d'ordre *pénal* destinées à réprimer les *manœuvres frauduleuses* en matière de dissimulation de bénéfices de guerre.

Ces dispositions, n'étant relatives ni à l'assiette ni à la perception de la contribution extraordinaire, ne sont *point maintenues en vigueur par l'article* 136.

Or, en vertu de la législation antérieure (art. 11 de la loi du 31 juillet 1920), la répression des manœuvres frauduleuses punies par l'article 20 de la loi du 1er juillet 1916 ne pouvait être poursuivie que jusqu'à l'expiration du dernier des délais fixés par l'article 14 de la loi du 25 juin 1920 pour l'établissement des impositions, c'est-à-dire jusqu'au 30 juin 1925.

Il suit de là incontestablement, à notre sens, qu'aucune poursuite nouvelle pour dissimulation de bénéfices de guerre ne peut plus valablement être introduite, aucune plainte déposée, aucune instruction ouverte depuis le 30 juin 1925.

Bénéfice normal. — Preuves.

ART. 137. — *A défaut de comptabilité, les divers modes d'appréciation du bénéfice normal prévus à l'article 2 de la loi du 1er juillet 1916 ne peuvent empêcher le contribuable de faire, par tous les moyens en son pouvoir, et même par des présomptions graves, précises et concordantes, la preuve de son bénéfice normal.*

Lorsque le bénéfice normal aura été déterminé par le moyen d'un coefficient, il est interdit de déterminer le bénéfice supplémentaire par un coefficient autre que celui admis pour le bénéfice normal.

A défaut de comptabilité, les divers modes d'appréciation du bénéfice normal prévu à l'article 2 de la *loi du 1*er *juillet* 1916 ne peuvent empêcher le contribuable de faire, par tous les moyens *en son pouvoir*, et même par des présomptions graves, précises et concordantes, la preuve de son bénéfice *normal*.

Lorsque le bénéfice normal aura été déterminé par le moyen d'un coefficient, il est interdit de déterminer le bénéfice supplémentaire par un coefficient autre que celui admis pour le bénéfice normal.

Le législateur s'est justement ému de la jurisprudence de nombreuses commissions de taxation qui, à défaut d'une comptabilité régulière et complète, rejettent systématiquement tous les éléments fournis par le contribuable, et pour la détermination du bénéfice normal, s'en tiennent à l'un des procédés forfaitaires précisés au troisième alinéa de l'article 2 de la loi du 1er juillet 1916.

Le Conseil d'Etat lui-même, notamment dans une décision du 27 juillet 1923 (*Revue des Impôts*, n° 1245-I) a admis que, si le contribuable, ayant déclaré pour son bénéfice normal, la moyenne des produits nets réalisés antérieurement au 1er août 1914, n'a pas fourni les justifications qu'exigeait la commission du premier degré, il appartient à cette dernière de déterminer le montant de ce bénéfice, d'après l'un des procédés forfaitaires prévus par l'article 5 de la loi du 1er juillet 1916.

D'autre part, le législateur a été frappé des conséquences inéquitables et parfois absurdes du procédé qui consiste, après avoir entièrement rejeté la comptabilité du contribuable sous prétexte qu'elle n'est pas absolument régulière et complète, à déterminer le bénéfice normal en appliquant au chiffre d'affaires un coefficient forfaitaire de productivité très bas, et le bénéfice net en appliquant au chiffre d'affaires, en période d'imposition, un coefficient beaucoup plus élevé, notablement plus élevé même que le coefficient appliqué au même chiffre d'affaires, dans la même entreprise, pour l'établissement de l'impôt sur les bénéfices commerciaux et industriels.

Cette méthode a, malheureusement, été très souvent pratiquée par les commissions de taxation et elle a été approuvée par la Commission supérieure qui, notamment le 27 mars 1923 (*Revue des Impôts*, n° 1553-I), décidait qu'en l'absence d'une comptabilité régulière la commission du premier degré est fondée à déterminer tant le bénéfice normal que le bénéfice net, en faisant état du chiffre d'affaires réalisé par le contribuable, *sans qu'elle soit tenue d'appliquer dans les deux cas le même coefficient de bénéfice.*

Contre ces procédés et leurs conséquences, le rapport déposé par M. Violette au nom de la Commission des finances de la Chambre (*Rapport* n° 537, p. 21) s'élève très vivement :

« Il s'agit ici, écrit-il, de mettre un terme à une jurisprudence vraiment scandaleuse de certaines commissions du premier degré qui ont considéré les présomptions de la loi de 1916 et notamment le forfait de 5.000 francs comme une véritable pénalité contre quiconque n'avait pas de comptabilité. Les présomptions de la loi de 1916 ne doivent jouer au contraire que s'il n'y a *aucun* autre moyen d'information.

» Voilà un commerçant qui offre de faire la preuve de son bénéfice normal par les *rudiments de comptabilité* en sa possession, par des factures, par des pièces de régie, par des lettres de voiture, des relevés d'expédition. De quel droit négliger tout cela ? le frapper, contre toute vérité, comme s'il n'avait jamais fait plus de 5.000 francs de bénéfice normal, alors que la preuve manifeste est là ? *Cet abus est intolérable, on ne comprend pas que l'Administration l'ait admis, et il doit prendre fin. Ceux qui en sont victimes* sont les petits et moyens commerçants qui ne pouvaient guère se douter en 1912 et 1913 qu'un jour viendrait où on leur demanderait de justifier de leurs affaires suivant la comptabilité réglée par le Code de commerce.

« De même votre Commission ne veut pas admettre que pour atteindre un commerçant qui devrait être exempté, on use d'un véritable expédient qui consiste à imaginer pour la période d'imposition supplémentaire un coefficient très différent de celui qui est adopté pour la période normale. *De telles pratiques sont indéfendables* ».

M. Henry Bérenger, dans son rapport au nom de la Commission des finances du Sénat (*Rapport* n° 140, p. 153), condamne à son tour « la jurisprudence suivie jusqu'à ce jour en matière de détermination de bénéfice normal et de bénéfice supplémentaire ». *Il importe*, déclare-t-il, *que cette jurisprudence soit réformée et rectifiée*.

L'article 137 oblige les commissions de taxation, pour l'établissement direct du bénéfice normal par la moyenne des résultats des trois exercices d'avant-guerre, à prendre en considération tous les éléments de preuve que fournit le contribuable, et même des *présomptions* graves, précises et concordantes.

Si les bénéfices en période normale et en période d'imposition sont obtenus par l'application au chiffre d'affaires d'un coefficient forfaitaire de productivité, le même coefficient doit *obligatoirement* être appliqué dans les deux périodes.

Il est à remarquer que l'article 137 n'introduit pas, à proprement parler, de dispositions nouvelles dans la législation de la contribution extraordinaire.

Il a pour objet de « mettre un terme à une jurisprudence scandaleuse » (*Rapport* de la Commission des finances de la Chambre) de « réformer et rectifier » la jurisprudence (*Rapport* de la Commission des finances du Sénat). Il paraît donc bien nettement ressortir des travaux préparatoires qu'il s'agit en l'espèce de dispositions purement *interprétatives* par lesquelles le législateur met fin à des errements de jurisprudence contraires à sa volonté certaine et au véritable sens de dispositions législatives antérieures.

A défaut même des travaux préparatoires, le texte de l'article paraît indiquer ce caractère *interprétatif*. A la différence des articles 129 et suivants qui sont rédigés *au futur* (les personnes... *devront produire*; ...*seront tenues* de souscrire;.. les droits *seront compris*;... *il pourra être* établi des taxations;... il *en sera* de même, etc.), l'article est rédigé *au présent*. Il n'est pas dit, à l'article 137, *qu'à l'avenir* rien ne pourra empêcher le contribuable de faire par tous les moyens la preuve de son véritable bénéfice normal; il n'est pas dit non plus *qu'à l'avenir* il *sera interdit* de déterminer le bénéfice supplémentaire par un coefficient autre que celui admis pour le bénéfice normal.

C'est *dès à présent* que, selon le vœu du législateur et l'interprétation qu'il donne de la loi en vigueur, à laquelle il n'apporte aucune modification, il en *est* ainsi.

Il semble donc difficile de dénier à l'article 137 le caractère d'une disposition *interprétative* (*Contra* déclaration de M. Caillaux, ministre des Finances, au Sénat, 28 mai 1925, *Journal officiel* 29 mai, Débats parlementaires, Sénat, p. 1041).

Mais si l'on admettait qu'il en est ainsi, les redevables qui ont été imposés contrairement aux dispositions de l'article seraient en droit de saisir à nouveau les commissions de taxation pour en réclamer le bénéfice, nonobstant toute décision contraire, même passée en force de chose jugée.

Car il est de principe et de jurisprudence constante que la règle générale de la non-rétroactivité n'est pas applicable aux lois interprétatives, c'est-à-dire aux lois ayant pour objet d'expliquer et de fixer le sens obscur ou contesté d'une loi antérieure (En ce sens Civ. 29 nov. 1842, *Répertoire Dalloz*, v° *Douanes*, n° 72; 23 décembre 1845, D. P. 48. 5. 302; 29 août 1865, D. P. 65. 1. 331; Trib. Lyon, 21 janvier 1893, sous Lyon S. 1895. 2. 185; Douai, 8 juillet 1895, avec une note de M. Pic, D. P. 98.2. 481; Grenoble, 31 octobre 1899, D. P. 1900. 2. 350; Civ. 24 juillet 1900, D. P. 1900. 1. 302; 11 janvier 1905, D. P. 1905. 1. 163; Trib. civ. Lorient, 4 juin 1912, D. P. 1913. 5. 62; et les auteurs : Merlin, *Répertoire*, v° *Effet rétroactif*, sect. 3, paragraphe 13; Toullier, t. 1, n° 81; Aubry et Rau, t. 1, paragraphe 30, note 9; Demolombe, t. 1, n° 66; Laurent, t. 1, n° 167; Huc, t. 1, n° 94; Baudry-Lacantinerie et Houques-Fourcade, t. 1, n° 141; Beudant, n°s 133 et 134; Planiol, t. 1, n° 251; cit. Dalloz, *Répertoire pratique*, v° *Loi*, n° 179). Et il est constant que les lois interprétatives sont rétroactives même si elles n'ont pas été expressément qualifiées telles (Civ., 29 août 1865. D. P. 65. 1. 331; Dalloz, *Répertoire pratique*, v° *Loi*, n° 188).

Quoi qu'il en soit sur ce point, il est hors de doute en tout cas que les commissions de taxation et la Commission supérieure sont tenues, dans l'établissement des impositions qu'elles ont actuellement ou auront à fixer, d'observer rigoureusement les règles par lesquelles le législateur, dans l'article 137, a entendu réformer et rectifier leur jurisprudence antérieure.

Entreprises sinistrées : calcul du bénéfice supplémentaire.

Art. 138. *Pour l'établissement de la contribution extraordinaire instituée par la loi du 1er juillet 1916, sont déduites du bénéfice supplémentaire les sommes correspondant à l'intérêt, calculé au taux de 6 p. 100 pour les deux premières périodes d'imposition et au taux de 8 p. 100 pour les périodes suivantes, des capitaux employés dans les entreprises sinistrées situées en Alsace ou en Lorraine, et à l'amortissement habituel de ces entreprises.*

Les contribuables seront recevables à réclamer le bénéfice des dispositions du présent article, nonobstant toute décision contraire, même passée en force de chose jugée, à la condition de présenter leur demande à la commission du 1er degré au plus tard dans les deux mois de la promulgation de la présente loi.

Les redevables de la contribution extraordinaire qui possèdent des entreprises sinistrées en territoire français peuvent déduire du montant de leurs bénéfices supplémentaires les sommes correspondant à l'intérêt à 6 p. 100 (8 p. 100 à partir du 1er janvier 1917) des capitaux engagés dans ces entreprises et à leur amortissement habituel.

Par analogie avec la règle posée par ces dispositions, l'article 138 autorise les contribuables possédant plusieurs établissements, les uns situés en Alsace ou en Lorraine, les autres dans les anciens départements, à retrancher du montant des bénéfices supplémentaires obtenus dans ces derniers, les sommes représentant l'intérêt à 6 p. 100 ou à 8 p. 100 des capitaux par eux investis dans leurs entreprises sinistrées d'Alsace ou de Lorraine, ainsi que l'amortissement de ces entreprises suivant les règles antérieures suivies dans ces entreprises.

DISPOSITIONS DIVERSES

Marchés par l'Office national de l'azote et par les mines domaniales de potasse d'Alsace avec leurs entrepreneurs et fournisseurs.

ART. 139. — *Par dérogation à l'article 78 de la loi du 15 mai 1818, sont soumis aux dispositions de l'article 22 de la loi du 11 juin 1859, les marchés par l'Office national de l'azote et par les mines domaniales de potasse d'Alsace avec leurs entrepreneurs et leurs fournisseurs.*

ART. 140. — *Les mémoires et factures produits par les fournisseurs et entrepreneurs créanciers de l'Office national de l'azote et des mines domaniales de potasse d'Alsace ne sont pas assujettis aux droits de timbre de dimension institués par l'article 12 de la loi du 13 brumaire an VII.*

ART. 141. — *Les dispositions des deux articles ci-dessus auront, en ce qui concerne les mines domaniales de potasse d'Alsace, effet rétroactif depuis l'achat de ces mines par l'Etat français, sans toutefois que les droits de timbre ou d'enregistrement qui auraient été antérieurement perçus, en vertu des lois visées aux articles 139 et 140, puissent donner lieu à restitution.*

Taxe sur le chiffre d'affaires. — Charbons : taxe à la production.

ART. 142. — *A partir du premier jour du trimestre qui suivra la promulgation de la présente loi, la perception de l'impôt institué par les articles 59 et 72 de la loi du 25 juin 1920 sera exclusivement reportée, en ce qui concerne les charbons de terre, lignites, cokes et agglomérés, sur les affaires de ventes effectuées par les exploitants de mines de charbon ou les fabricants de coke, ainsi que sur l'importation de ces produits, à l'exclusion de toutes autres affaires.*

Le taux de la taxe est fixé à 1.80 p. 100. Ce taux comprend la part perçue au profit des départements et des communes, part fixée à 0.15 p. 100.

Sont exceptés de l'impôt les charbons servant à la consommation de la mine et des mineurs, ainsi que le charbon vendu entre assujettis à l'impôt, ou pour la fabrication du coke ou pour l'exportation directe.

Dans le cas d'une cokerie appartenant à une usine métallurgique, la taxe est due sur la valeur de production cédée par la cokerie à ladite usine.

L'article 142 et l'article 143 constituent, en ce qui concerne les affaires portant sur la vente des *charbons* et les affaires portant sur la vente des *animaux et de la viande de boucherie*, les premières applications du système de *la taxe à la production*.

Déjà sous la précédente législature, le Gouvernement et la Commission des finances de la Chambre s'étaient orientés dans la voie de la *taxation à la production.*

Le 7 octobre 1922, M. de Lasteyrie, ministre des Finances, avait saisi le président de la Commission des finances du Sénat d'une proposition tendant à organiser, pour certaines marchandises, une taxe perçue en une seule fois à la production ou à l'importation. « La Haute Assemblée, écrivait M. de Lasteyrie, m'a paru accueillir favorablement l'idée que, pour certains produits, et pour le charbon notamment, il serait opportun de renoncer à assujettir à l'impôt sur le chiffre d'affaires chacune de leurs transmissions successives, et de se borner à percevoir cet impôt à la production ou à l'importation, sauf, dans ce cas, à en relever le taux dans la mesure nécessaire pour procurer au Trésor des recettes équivalentes. Les redevables se trouveraient ainsi réduits à un très petit nombre, composé de maisons importantes dont la surveillance serait facile, de sorte que, tout en soustrayant beaucoup de commerçants au contrôle des agents du fisc, on assurerait à l'impôt un bien meilleur rendement » (Cité p. 13 du *Rapport* n° 513 de M. Bokanowski, rapporteur général de la Commission des finances chargée d'examiner le projet de loi adopté par la Chambre des députés, adopté avec modifications par le Sénat, ayant pour objet de modifier certaines dispositions relatives à la taxe sur le chiffre d'affaires).

Le Sénat avait déjà adopté en 1922, à une voix de majorité, une proposition de M. le sénateur Perrier, organisant, « en ce qui concerne les opérations commerciales sur le charbon, la perception de l'impôt sur les affaires de vente effectuées par les exploitants des mines de charbon, ainsi que sur les importations de ces produits, à l'exclusion de toutes autres affaires de vente ou de commission ».

C'est cette proposition qui, reprise avec succès par M. le sénateur Perrier pendant la discussion de la loi de finances du 13 juillet 1925, est maintenant entrée dans la loi. L'honorable sénateur avait surtout fait valoir (Sénat, 2e séance du 9 juillet 1925, *Journal officiel* 10 juillet 1925, Débats parlementaires, Sénat, p. 1457), que le commerce du charbon, à la suite de l'application de l'impôt sur le chiffre d'affaires, s'est complètement modifié dans sa méthode et son caractère, qu'il était jusqu'alors un commerce de vente ordinaire, mais qu'il s'est « transformé depuis d'une façon totale pour ne plus consister qu'en opérations de courtage et de commission. »

L'article 142 exempte, à partir du premier jour du trimestre qui suivra la promulgation de la loi, de l'application des articles 59 et 72 de la loi du 25 juin 1920, c'est-à-dire de la taxe sur le chiffre d'affaires et de la taxe à l'importation, toutes les affaires portant sur les *charbons de terre, lignites, cokes* et *agglomérés*, sauf les affaires de vente effectuées par les *exploitants des mines de charbon ou les fabricants de coke.*

Les affaires faites par ces derniers sont frappées, non de la taxe de 1,10 p. 100 instituée par la loi du 25 juin 1920, mais d'une taxe dont le taux est fixé à 1,80 p. 100 et dont la répartition entre l'État d'une part, les départements et les communes de l'autre, est fixée par le second alinéa.

Toutefois cette taxe n'est pas applicable :

a) Aux charbons servant à la *consommation de la mine elle-même* et *à celle des mineurs*, cette dernière exception s'expliquant par le fait que les entreprises minières cèdent généralement à titre gratuit à leur personnel ouvrier le charbon nécessaire à la consommation de leur foyer familial;

b) Aux charbons *vendus par une entreprise exploitant des mines de charbon à une autre entreprise analogue*, ou à un fabricant de coke et réciproquement;

c) Aux charbons *directement exportés à l'étranger ou dans les colonies*, et qui bénéficient de l'exemption générale des affaires d'exportation instituée par l'article 72, paragraphe 3 de la loi du 25 juin 1920.

Au cours de la discussion au Sénat (*loc cit.*, p. 1458), M. le sénateur Perrier avait signalé que « certaines grandes industries incorporent les houillères dans leur entreprise : aussi elles ne paient pas l'impôt sur le charbon qu'elles consomment » : la loi ne vise pas cette situation, et il ne saurait être question, en l'absence d'un texte législatif précis, de percevoir la taxe sur le chiffre d'affaires en l'absence de toute mutation de la marchandise.

Le quatrième alinéa de l'article 142 s'applique uniquement aux usines métallurgiques qui s'approvisionnent *de coke* dans une cokerie leur appartenant : la taxe sera, dans ce cas, due par l'entreprise « sur la valeur de production cédée par la cokerie à ladite usine ». Ce texte s'est substitué au texte primitif de l'amendement Perrier dont le dernier alinéa (*loc. cit.*, p. 1457) était ainsi conçu : « Dans le cas d'une cokerie appartenant à une usine métallurgique, la taxe est due sur la production cédée par la cokerie à ladite mine ou vendue à d'autres ». Que faut-il entendre par « *valeur de production cédée?* » Le texte ne parle pas de la valeur de *la* production, mais bien de la *valeur de production*. Il paraît s'agir du *prix de revient*, pour la cokerie, du coke qu'elle cédera à l'usine propriétaire, par opposition à la valeur marchande que la même quantité de coke aurait si elle était cédée à des tiers. On ne comprendrait pas en effet que l'usine payât la taxe sur le chiffre d'affaires sur un prix de vente théorique incorporant un bénéfice inexistant.

Taxe sur le chiffre d'affaires. Animaux et viande de boucherie. Taxe à l'abatage.

ART. 143. — *A partir du 1er octobre 1925 sont exonérées des impôts institués par les articles 59 à 72 de la loi du 25 juin 1920 les affaires portant sur le commerce des bœufs, veaux, moutons, porcs et chevaux destinés à la boucherie, ainsi que celui de la viande fraîche provenant de ces animaux.*

A partir de la même date, il est institué à l'abatage des animaux désignés ci-dessus une taxe dont le montant est fixé comme suit :

Veau et mouton, 0 fr. 15 par kilogramme du poids vif de l'animal;

Porc, bœuf et cheval, 0 fr. 10 par kilogramme du poids vif de l'animal.

L'importation de la viande fraîche, frigorifiée ou congelée à provenir de ces mêmes animaux est taxée ainsi qu'il suit :

Veau et mouton, 0 fr. 30 par kilogramme de viande nette importée;

Porc, bœuf et cheval, 0 fr. 20 par kilogramme de viande nette importée.

Un décret portant règlement d'administration publique fixera les modalités d'application de la taxe à l'abatage.

Les contraventions seront constatées et poursuivies dans les mêmes conditions que celles relatives à l'impôt sur le chiffre d'affaires.

La taxe à l'importation sera liquidée et perçue conformément aux dispositions de l'article 72 de la loi du 25 juin 1920.

L'article 143, inspiré des mêmes préoccupations que l'article 142 précédent, exempte des impôts institués par les articles 59 et 72 de la loi du 25 juin 1920, c'est-à-dire de la taxe sur le chiffre d'affaires et de la taxe à l'importation, les affaires de boucherie, et institue, en compensation, une taxe à l'abatage.

L'exonération est accordée aux affaires portant sur le commerce de *la viande de boucherie, viande sur pied ou viande fraîche;* elle ne porte que sur les *bœufs, veaux, moutons, porcs et chevaux, à la condition que ces animaux soient destinés à la boucherie,* et sur la viande *fraîche provenant de ces animaux.*

Il résulte du texte que ne bénéficient pas de l'exemption les affaires portant sur la vente de viande frigorifiée, congelée, séchée, etc...

Pour compenser le défaut de taxe à l'abatage, quand il s'agira de viande importée, un tarif spécial de taxation est prévu pour les importations de viande.

Le contentieux de la taxe à l'abatage est réglé selon les dispositions qui régissent celui de la taxe sur le chiffre d'affaires en ce qui concerne, notamment, la preuve des contraventions, la poursuite du recouvrement par voie de contrainte, la compétence du Conseil de préfecture (Art. 70 de la loi du 25 juin 1920).

A défaut de disposition contraire, il en faut décider de même pour la *prescription de l'action de l'Administration* fixée à trois ans par l'article 70, 3e alinéa, de la loi du 25 juin 1920.

En ce qui concerne la taxe à l'importation de la viande fraîche, frigorifiée ou congelée, la loi du 13 juillet 1925 se réfère purement et simplement aux règles de liquidation et de perception fixées par l'article 72 de la loi du 25 juin 1920, c'est-à-dire que l'impôt sera perçu « comme en matière de douane »; que c'est le fait de l'importation et non la vente qui rendra l'impôt exigible; que le droit sera exigible au comptant et avant mainlevée des marchandises, par une déclaration faite suivant les formes prescrites pour les droits d'importation (Art. 2 et 5 de l'arrêté du 28 août 1920), et que le contentieux de la taxe sera, comme en matière de douane, de la compétence du tribunal de paix et, en appel, du tribunal civil.

Secret professionnel.

ART. 145. — *L'article 31 de la loi du 31 juillet 1920 est complété ainsi qu'il suit :*

« Lorsqu'une plainte régulière aura été portée par l'Administration contre un redevable et qu'une information aura été ouverte, les agents de l'Administration ne pourront opposer le secret professionnel au juge d'instruction qui les interrogera sur les faits faisant l'objet de la plainte. »

Cet article a pour objet de délier du secret professionnel les agents de l'Administration lorsqu'ils seront interrogés par un juge d'instruction chargé d'instruire une plainte déposée *par l'Administration contre un redevable.*

Le texte voté par les Chambres diffère notablement de celui du projet du Gouvernement.

On sait que, d'après les dispositions des articles 23 de la loi du 15 juillet 1914, 18 de la loi du 1er juillet 1916, 51 de la loi du 31 juillet 1917, toute personne appelée, en raison de ses fonctions ou attributions, à intervenir dans l'établissement, la perception ou le contentieux des impôts sur le revenu et de la contribution extraordinaire sur les bénéfices de guerre est astreinte au secret professionnel dans les termes de l'article 378 du Code pénal et passible des peines prévues à cet article.

Il en résultait que l'interdiction de communiquer des renseignements touchant la situation des contribuables au regard des impôts en question était considérée comme ayant un caractère absolu; que le secret professionnel devait être opposé, même en matière criminelle, à un juge d'instruction qui demanderait communication des renseignements contenus dans les déclarations souscrites par les contribuables en matière d'impôts sur les revenus (Avis du Comité consultatif du contentieux au ministère des Finances, 15 mars 1918) et que les agents de l'administration des Finances commettraient une violation du secret professionnel s'ils fournissaient à l'autorité judiciaire des renseignements touchant la situation fiscale des contribuables.

L'article 31 de la loi du 31 juillet 1920 ne modifiait en rien cette situation; il disposait, dans son deuxième paragraphe, que, « dans le cas d'information ouverte par l'autorité judiciaire, celle-ci devra donner connaissance à l'administration des Finances de toute indication qu'elle pourrait recueillir au cours de la procédure et de nature à faire présumer une fraude commise en matière fiscale, ou une manœuvre quelconque ayant eu pour objet ou ayant eu pour résultat de frauder ou de compromettre un impôt »; mais la réciproque n'était pas vraie, les agents de l'administration des Finances restant tenus d'opposer le secret professionnel à l'autorité judiciaire.

Le texte proposé par le Gouvernement complétait en ces termes l'article 31 de la loi du 31 juillet 1920 : « De leur côté les agents de l'administration des Finances ne pourront opposer le secret professionnel aux juges d'instruction qui, pour les besoins d'une information en cours, et quel que soit le chef d'inculpation, leur demanderont des renseignements sur la situation fiscale des inculpés ».

Le texte définitif de l'article est exactement conforme à la rédaction que la Commission des finances de la Chambre avait opposée au texte du Gouvernement : la Commission avait, en effet, « refusé d'admettre qu'au cours d'une information *quelconque*, le juge d'instruction puisse faire entendre des agents de l'Administration pour leur demander si, par hasard, ils ne connaîtraient pas des particularités susceptibles d'entraîner l'ouverture de nouvelles informations. Si des agents connaissent de telles particularités, c'est à leurs chefs hiérarchiques qu'ils doivent les révéler et c'est ensuite à l'Administration qu'il incombe, sous sa responsabilité, de saisir la justice » (*Rapport* n° 537 de M. Viollette, p. 219).

Le texte voté a donc une portée et un but tout différents de ceux du projet du Gouvernement.

Les agents de l'Administration ne sont déliés du secret professionnel qu'à l'égard du juge d'instruction qui les interroge, au cours d'une information régulièrement ouverte *sur une plainte portée par l'Administration elle-même* contre un redevable, et s'ils sont interrogés *sur les faits mêmes qui font l'objet de la plainte de l'Administration.*

En d'autres termes, c'est seulement quand l'Administration elle-même est plaignante, et que *sur sa plainte* une information régulière est ouverte *contre un redevable* pris en cette qualité de redevable, que les agents de l'Administration doivent témoigner, sans pouvoir opposer le secret professionnel, mais *seulement sur les faits mêmes visés dans la plainte.*

Comme l'indique très clairement le passage précité du rapport de la Commission des finances de la Chambre, le juge d'instruction ne peut, au cours d'une information ouverte sur une plainte *n'émanant pas de l'administration des Finances*, interroger les agents de l'Administration pour susciter des renseignements susceptibles de justifier l'ouverture d'une nouvelle information contre le prévenu.

Si des questions étaient posées à des agents de l'Administration dans ces conditions, ils auraient le devoir strict d'opposer le secret professionnel, sous peine de commettre la violation du secret professionnel sanctionnée par l'article 378 du Code pénal.

Il en serait de même s'ils répondaient, même au cours d'une information ouverte sur une plainte régulière de l'Administration, sur d'autres faits que ceux expressément visés dans cette plainte : si par exemple le juge d'instruction informait sur une plainte pour dissimulation de bénéfices de guerre, les agents de l'Administration ne pourraient fournir des renseignements sur la situation fiscale de l'inculpé au regard de l'impôt général sur le revenu ou de la taxe sur le chiffre d'affaires, c'est-à-dire sur des *faits ne faisant pas l'objet de la plainte.*

Relèvement du tarif des taxes relatives aux dessins et modèles.

ART. 146. — *L'article 8 de la loi du 14 juillet 1909 sur les dessins et modèles, complété par la loi du 6 janvier 1916, est modifié comme suit :*

« Au moment où les dépôts s'effectuent, il est versé au secrétariat du conseil ou au greffe du tribunal une indemnité de 3 fr. 95 par dépôt, plus 5 centimes par objet déposé, non compris les frais de timbre du registre des déclarations et transcriptions de dépôt et du certificat de dépôt.

» Cette indemnité reçoit l'attribution suivante :

» 1° A la commune du siège des prud'hommes ou du tribunal de commerce une allocation de cinquante centimes (0 fr. 50) plus la taxe de cinq centimes (0 fr. 05) par objet déposé;

» 2° Au secrétaire du conseil des prud'hommes ou au greffier du tribunal, une indemnité de trois francs quarante-cinq centimes (3 fr. 45), y compris l'allocation prévue par l'article 38 de la loi du 27 mars 1907.

» Lorsque, soit au cours, soit à la fin de la première période, la publicité du dépôt est requise, il est payé une taxe de 50 francs par chacun des objets qui, sur la demande du déposant, sont extraits de la boîte et

conservés avec publicité par l'Office national, conformément aux dispositions de l'alinéa 4 de l'article 6; la taxe est de 10 francs par chacun des objets que l'office, sur la demande du déposant, garde en dépôt sous la forme secrète.

« La prorogation d'un dépôt, à l'expiration des vingt-cinq premières années, est subordonnée au payement d'une nouvelle taxe dont le montant est de 75 francs par chacun des objets qui demeurent protégés si le dépôt a été rendu public et de 115 francs s'il est resté jusqu'alors secret. »

Aux termes de l'article 8 de la loi du 14 juillet 1909 sur les dessins et modèles, lorsque la publicité d'un dépôt est requise, il doit être payé au profit de l'Office national de la propriété industrielle une taxe de 30 francs par objet déposé qui doit être conservé avec publicité par l'Office national. La taxe était de 5 francs par chaque objet conservé en dépôt par l'Office national sous la forme secrète, pendant une période de vingt-cinq ans.

D'une part, la prorogation d'un dépôt à l'expiration des vingt-cinq premières années était subordonnée au payement d'une nouvelle taxe dont le montant était de 50 francs par chacun des objets qui demeuraient protégés, si le dépôt avait été rendu public, et de 75 francs, s'il était resté jusqu'alors secret.

L'article 146 porte de 30 à 50 francs la taxe due en cas de publicité du dépôt et de 5 à 10 francs la taxe due pour le maintien au secret du dépôt pendant la première période de vingt-cinq ans. Par voie de conséquence, les taxes dues sont portées pour la deuxième période de vingt-cinq ans à 75 francs par objet, si celui-ci a été précédemment rendu public, et à 115 francs s'il a été maintenu secret.

BUDGETS ANNEXES

Relèvement de droits et taxes.
(Budget annexe des postes, télégraphes et téléphones).

ART. 152. — *L'article 78 de la loi du 22 mars 1924 est modifié comme suit :*

I. — LETTRES ET PAQUETS CLOS.

Jusqu'à 20 grammes : 0 fr. 30.
De 20 à 50 grammes : 0 fr. 50.
De 50 à 100 grammes : 0 fr. 75.

. . . .

II. — PAPIERS DE COMMERCE ET D'AFFAIRES.

Remplacer les deuxième et troisième alinéas de ce titre par le suivant :

« Par exception, sont admis au tarif de 0 fr. 25 jusqu'à 20 grammes :

» 1° Les factures, relevés de comptes ou de factures, bordereaux d'expéditions ou notes d'honoraires, expédiés sous bande, sous enveloppe ouverte ou sur carte à découvert et réduits à leurs énonciations constitutives;

» 2° Sans changement. »

. . . .

III. — CARTES POSTALES ILLUSTRÉES.

Remplacer le texte des trois alinéas compris sous ce titre par le suivant :

« Les taxes et conditions d'admission des cartes postales illustrées sont les mêmes que celles de cartes postales ordinaires.

» Par exception, les cartes postales illustrées dont l'ensemble du verso est occupé par une illustration ou gravure, à l'exclusion de toute annotation manuscrite, sont admises :

» 1° Au tarif des imprimés ordinaires, lorsqu'elles ne portent que la date, la signature et l'adresse de l'expéditeur;

» 2° Au tarif de 0 fr. 15 lorsqu'elles portent, en outre des mentions précédentes, une inscription manuscrite de un à cinq mots. »

IV. — IMPRIMÉS.

Remplacer le deuxième alinéa compris sous le titre « IV. Imprimés » par le suivant :

. . . .

» Jusqu'au poids de 20 grammes : 0 fr. 05. »

» Intercaler le paragraphe suivant qui annulera le paragraphe 2 du titre « V. Imprimés » de la loi du 29 mars 1920;

» 2° Imprimés autres que ceux visés à l'alinéa précédent :

» Jusqu'à 50 grammes : 0 fr. 10;

» De 50 à 100 grammes : 0 fr. 15;

« Au dessus de 100 grammes : 0 fr. 15 par 100 grammes ou fraction de 100 grammes. »

Numéroter 3° le paragraphe 2° relatif aux imprimés dits « urgents ».

Numéroter 4° le paragraphe 3° relatif aux cartes de visite et le remplacer par le suivant :

« 4° a) Cartes de visite contenant les indications manuscrites ou imprimées ci-après :

« Nom, prénoms, qualité ou profession et adresse de l'expéditeur, jours et heures de consultation ou de réception : tarif des imprimés ordinaires.

« b) Cartes de visite portant toutes indications manuscrites ou imprimées autres que celles indiquées ci-dessus :

« Jusqu'à 5 mots : 0 fr. 15;

« Au-dessus de 5 mots : tarif des lettres. »

Le titre « V. Droit fixe de recommandation » est remplacé par le texte ci-après :

V. — DROIT FIXE DE RECOMMANDATION

Lettres, paquets clos, cartes postales ordinaires et envois de valeurs déclarées : 0 fr. 75.

Objets affranchis à prix réduit : 0 fr. 50.

Enveloppes de valeurs à recouvrer : 0 fr. 50

ART. 133. — *Lorsqu'un journal ou écrit périodique contient des échantillons qui, par leur forme et leur présentation, peuvent être facilement encartés, la taxe à percevoir, en plus du prix du port du journal ou de l'écrit périodique, est celle correspondant au tarif des échantillons d'après le poids total des encartages. En aucun cas la taxe de ces envois ne peut dépasser celle applicable à un envoi d'échantillons de même poids.*

ART. 134. — *L'article 82 de la loi du 22 mars 1924 est modifié comme suit :*

. . . .

Remplacer l'alinéa compris sous le paragraphe « a) Télégrammes privés ordinaires » par les deux alinéas suivants :

Taxe de 0 fr. 20 par mot avec minimum de perception de 2 francs.

Surtaxe fixe de 0 fr. 50 par télégramme.

Remplacer par les suivants l'alinéa compris sous le paragraphe : « b) Télégrammes urgents jouissant de la priorité de transmission et de remise » :

Taxe de 0 fr. 60 par mot avec minimum de perception de 6 francs.

Surtaxe fixe de 0 fr. 50 par télégramme.

. . . .

Remplacer l'alinéa compris sous le paragraphe : « c) Télégrammes sémaphoriques » par le suivant :

« Taxe maritime : 0 fr. 20 par mot avec minimum de 2 francs et maximum de 4 francs. »

. . . .

Remplacer le paragraphe : « f) Redevances pour droit d'usage des lignes d'intérêt privé » et le texte compris sous ce titre, par le titre et le texte ci-après :

« f) Redevances pour droit d'usage des lignes d'intérêt privé desservies par téléphone ou par télégraphe :

— *Lignes reliant divers postes privés appartenant au même permissionnaire ou à des permissionnaires coassociés :*

» *Par kilomètre de ligne et par an : 360 francs;*

» *Par poste en sus de deux et par an : 360 francs.* »

» *Les nouvelles taxes prévues sous ce paragraphe seront appliquées à partir du 1er janvier 1926 en ce qui concerne les lignes d'intérêt privé existantes pour lesquelles, en exécution des contrats en cours, les redevances pour droits d'usage afférents à l'année 1925 ont été calculées sur la base des tarifs précédemment en vigueur.*

ART. 155. — *L'article 22 de la loi du 29 mars 1920 est modifié comme suit :*

Remplacer par les suivants les trois alinéas compris sous le paragraphe : « a) Pour chaque télégramme téléphoné par une ligne d'abonnement ou par une ligne d'intérêt privé » :

Au départ : 0 fr. 25;

A l'arrivée : 0 fr. 15.

Pour les télégrammes de presse transmis par une ligne d'intérêt privé, chacune de ces taxes est fixée à 0 fr. 10.

L'indication éventuelle « Téléphone » à placer, s'il y a lieu, en tête de l'adresse des télégrammes à téléphoner à l'arrivée n'est pas taxée.

....

Remplacer le paragraphe d) par le suivant :

d) *Dans tous les cas où une perception postale est prévue, taxe d'une lettre simple.*

ART. 156. — *La taxe terminale française pour les télégrammes du régime extra-européen est fixée à 0 fr. 20 par mot.*

ART. 157. — *Le premier alinéa de l'article 9 de la loi du 29 mars 1920 est modifié comme suit :*

« *Pour les envois de sommes ne dépassant pas 10 francs, le droit à percevoir est fixé uniformément à 0 fr. 35.*

« *Pour les envois de sommes supérieures à 10 francs, le droit de commission calculé dans les conditions indiquées audit alinéa est augmenté de 0 fr. 65.* »

ART. 158. — *Le premier alinéa de l'article 10 de la loi du 29 mars 1920 est modifié comme suit :*

« *Le droit perçu sur les mandats échangés entre la France et l'Algérie, d'une part, et les colonies françaises, d'autre part, est celui du régime intérieur français avec minimum de 0 fr. 40.* »

ART. 159. — *Le dernier alinéa de l'article 14 de la loi du 29 mars 1920 est modifié comme suit :*

« *La taxe de renouvellement des mandats-poste ne peut être inférieure à 0 fr. 40 par période de validité.* »

ART. 160. — *Les 1er, 3e et 4e alinéas de l'article 17 de la loi du 29 mars 1920 sont remplacés respectivement par les alinéas suivants :*

« *Dans le régime intérieur français et dans les relations franco-coloniales, la taxe des enveloppes d'envois de valeurs à recouvrer se compose d'une taxe d'affranchissement calculée d'après le tarif des lettres et d'une taxe de recommandation de 0 fr. 50.*

» Il est perçu pour chaque somme recouvrée un droit d'encaissement calculé comme suit :

» Jusqu'à 100 francs : 0 fr. 15 par 20 francs ou fraction de 20 francs;
» De 100 fr. 01 à 500 francs, 0 fr. 90;
» Au-dessus de 500 francs et jusqu'à 5.000 francs, 0 fr. 90 pour les premiers 500 francs, plus 0 fr. 15 par 500 francs ou fraction de 500 francs excédant;
» Au-dessus de 5.000 francs : 2 fr. 25 pour les premiers 5.000 francs, plus 1 fr. 25 par 5.000 francs ou fraction de 5.000 francs.
» Chaque valeur demeurée impayée est assujettie à un droit de présentation fixé à 10 centimes. »

ART. 161. — *Dans le régime intérieur français et dans les relations franco-coloniales, les envois contre remboursement sont soumis au même droit d'encaissement et au même droit de présentation que les valeurs à recouvrer.*

ART. 162. — *Dans le régime intérieur, ainsi que dans les relations franco-coloniales et intercoloniales, la perte des objets recommandés, sauf le cas de force majeure, donne droit, soit au profit de l'expéditeur, soit, à défaut ou sur la demande de celui-ci, au profit du destinataire, à une indemnité fixée comme il suit :*

50 francs pour les lettres, paquets clos, cartes postales ordinaires et envois de valeurs à recouvrer;
25 francs pour les objets affranchis à prix réduit.

ART. 163. — *Le troisième alinéa de l'article 86 de la loi de finances du 30 juin 1923 est remplacé par le texte ci-après :*

« Les retraits opérés au moyen de chèques nominatifs émis par les titulaires à leur profit donnent lieu à la perception d'un droit fixé à 0 fr. 10 par 1.000 francs ou fraction de 1.000 francs excédant, avec minimum de perception de 0 fr. 35. »

....

ART. 164. — *L'article 80 de la loi du 22 mars 1924 est remplacé par le texte suivant :*

« Le droit applicable aux mandats émis en représentation de chèques d'assignation et de chèques au porteur est fixé comme suit :

» Jusqu'à 10 francs : 0 fr. 20;
» De 10 fr. 01 à 20 francs : 0 fr. 30;
» De 20 fr. 01 à 40 francs : 0 fr. 50;
» De 40 fr. 01 à 60 francs : 0 fr. 70;
» De 60 fr. 01 à 100 francs : 0 fr. 90.
» Au delà de 100 francs, le droit est le même que celui des mandats-poste ordinaires diminué de 0 fr. 20.
» Les mandats payables à domicile sont, en outre, passibles de la taxe de factage de 0 fr. 25 qui est inscrite au débit du compte du tireur. »

ART. 165. — *Le paragraphe c de l'article 82 de la loi du 22 mars 1924 est remplacé par le texte suivant :*

« Correspondances pneumatiques :

» Jusqu'à 7 grammes : 1 franc.
» Au-dessus de 7 grammes et jusqu'à 15 grammes : 1 fr. 50;
» Au-dessus de 15 grammes et jusqu'à 30 grammes : 2 fr. 50. »

ART. 166. — *Par dérogation aux dispositions du premier paragraphe de l'article 84 de la loi du 22 mars 1924, le régime forfaitaire reste applicable aux postes téléphoniques demandés dans le réseau de Paris par les questeurs des Chambres législatives.*

Ces postes continueront à être soumis aux conditions d'abonnement prévues par les articles 25 à 29 de la loi du 29 mars 1920.

ART. 167. — *L'article 79 de la loi du 22 mars 1924 est modifié comme suit :*

« 1° Les objets de correspondance transportés par la voie de l'air dans les limites du régime intérieur français et franco-colonial sont passibles des taxes postales suivantes :

» Jusqu'à 20 grammes : 0 fr. 40;
» De 20 à 50 grammes : 0 fr. 70;
» De 50 à 100 grammes : 1 franc;
» Au-dessus de 100 grammes, par 100 grammes ou fraction de 100 grammes excédant : 0 fr. 20.

» Ils acquittent en outre une surtaxe aérienne dont le taux, dans chaque cas particulier, sera fixé par décret ratifié par la prochaine loi de finances.

» 2° Les objets de correspondance transportés par la voie aérienne de France à l'étranger sont passibles, en sus des taxes postales ordinaires applicables aux envois de même catégorie de surtaxes aériennes dont le taux, dans chaque cas particulier, sera fixé par décret ratifié par la prochaine loi de finances. »

ART. 168. — *Le titre VIII : « Avis de réception des objets chargés et recommandés » de l'article 1er de la loi du 29 mars 1920 est remplacé par le suivant :*

VIII. — AVIS DE RÉCEPTION DES OBJETS CHARGÉS ET RECOMMANDÉS.

« Taxe fixe de 0 fr. 75. »

L'article 15 de la loi du 29 mars 1920 est remplacé par le suivant :

« ART. 15. — La taxe de l'avis de payement d'un mandat ou d'un bon de poste est fixée à 0 fr. 75. »

ART. 169. — *L'article 29 de la loi du 30 mars 1902 est complété comme suit :*

« La même franchise est concédée pour le retour de ces ouvrages et de ces publications au siège des bibliothèques pédagogiques. »

ART. 170. — *Les taux spéciaux d'affranchissement applicables aux correspondances adressées aux contribuables par les agents des administrations chargés du recouvrement de l'impôt sur le chiffre d'affaires et concernant cet impôt, sont fixés par décret.*

Ces divers articles ne comportent aucun commentaire.

On remarquera en ce qui concerne les chèques postaux, que l'article 163 établit un tarif progressif de 0 fr. 10 par 1.000 francs, avec minimum de perception de 0 fr. 35 pour les droits à percevoir sur les *chèques nominatifs des titulaires de comptes courants postaux à l'occasion des retraits effectués*, alors que ce droit était fixé par l'article 86 de la loi du 30 juin 1923 à 0 fr. 25, quel que fût le montant du retrait.

DISPOSITIONS SPECIALES

Dommages de guerre.

ART. 211. — *Par modification à l'article 6 de la loi du 28 février 1923, les obligations de la Défense nationale afférentes au règlement des intérêts sur dommages de guerre seront, à partir du 1er janvier 1925, aliénables toutes les fois que le montant total des intérêts annuels dûs à un même sinistré ne dépassera pas 500 francs.*

Les premiers décomptes égaux ou inférieurs à 1.000 francs et ceux intéressant les communes et établissements publics, quel qu'en soit le montant, pourront également être payés en obligations aliénables.

ART. 212. — *Toute société coopérative de reconstruction qui a ou aura reçu au nom de ses membres, en règlement d'indemnité de dommages de guerre ou à titre d'avances remboursables, des obligations de la Défense nationale, aura la faculté, sous réserve d'obtenir leur consentement préalable, de répartir entre ses adhérents la perte résultant de la différence entre la valeur d'émission desdites obligations et leur valeur de remploi telle qu'elle a été fixée par l'article 8 de la loi du 18 juillet 1923, modifié par l'article 13 de la loi du 28 décembre 1923. La répartition de cette perte entre les adhérents sera effectuée au prorata du montant des travaux exécutés pour chacun d'eux et de ceux compris dans le programme pour la réalisation duquel des obligations ont été reçues.*

Chaque adhérent sera dispensé de l'obligation de remploi jusqu'à concurrence de la somme lui incombant dans la répartition ainsi effectuée.

ART. 213. — *L'article 17 de la loi du 15 août 1920, relative au régime des sociétés coopératives de reconstruction, est complété ainsi qu'il suit :*

« Ces subventions leur seront versées sur justifications des dépenses réellement faites entraînées par leur fonctionnement et dans les limites d'un maximum fixé par le barème ci-après applicable par tranche :

BAREME IMPORTANCE DES TRAVAUX	TAUX de la SUBVENTION
	p. 100
De 0 à 1.000.000 fr.	1,00
De 1.000.001 à 3.000.000 fr.	0,75
De 3.000.001 à 7.000.000 fr.	0,50
De 7.000.001 à 10.000.000 fr.	0,40
De 10.000.001 à 50.000.000 fr.	0,20
De 50.000.001 à 200.000.000 fr.	0,10
Au-dessus de 200.000.000 fr.	0,05

ART. 214. *Les dispositions de l'article 13 de la loi du 28 décembre 1923 sont étendues à la reconstitution des biens mobiliers.*

ART. 215. *Le ministre des finances est autorisé à émettre des obligations de la Défense nationale destinées au règlement d'indemnités pour dommages de guerre, tant en capital qu'en intérêts, dans les départements du Bas-Rhin, du Haut-Rhin et de la Moselle.*

Le montant total de ces obligations ne devra pas dépasser, pour l'année 1925, la somme de 150 millions de francs.

Bien que ces articles ne contiennent point de dispositions fiscales, nous avons cru devoir, en raison de leur intérêt pratique pour les bénéficiaires d'indemnités de *dommages de guerre*, leur consacrer un rapide commentaire.

L'article 6 de la loi du 28 février 1923, après avoir décidé que « le règlement de tous avances et acomptes sur indemnités de dommages de guerre, de quelque nature que ce soit, pourra désormais être effectué, sur la demande du sinistré, par voie de remise d'obligations de la Défense nationale, émises en conformité des dispositions des articles 1er et 2 du décret du 14 mai 1919 », précisait que « les obligations remises en payement seront nominatives et inaliénables lorsqu'elles seront afférentes au règlement des intérêts. »

L'application de ce texte a eu pour résultat la création d'une quantité considérable de titres inaliénables d'une très faible valeur, entraînant, sans aucun avantage, un travail supplémentaire considérable pour les services de la Dette inscrite.

Aussi le Gouvernement a-t-il été amené à demander, dans le projet de loi de finances, que les obligations fussent *aliénables toutes les fois que le montant total des intérêts annuels dus au même sinistré ne dépasserait pas 500 francs.*

Le deuxième alinéa de l'article 211, tenant compte de la situation précaire des budgets communaux dans les régions libérées, applique le bénéfice du paiement en obligations *aliénables*, prévu pour les premiers décomptes égaux ou inférieurs à 1.000 francs, aux communes et établissements publics, quel que soit le montant de l'acompte.

Ainsi l'inaliénabilité des obligations, qui avait été prévue dans le but d'éviter qu'une masse de titres pût être jetée sur le marché et avilir les cours, sera levée à partir de 1925 en faveur des *petits sinistrés*. Du fait que les obligations en question seront émises *au porteur*, les sinistrés se trouveront dispensés de produire, lors du remboursement, des pièces notariées ou autres leur occasionnant des frais et le remboursement pourra se faire sans formalités administratives compliquées.

L'article 6 de la loi du 18 juillet 1923 précisait que, dans le cas où, par application de l'article 6 de la loi du 6 février 1923, le règlement de tout ou partie d'une indemnité de dommages de guerre a lieu en obligations de la Défense nationale, l'attributaire qui aurait affecté à la reconstitution de ses biens immobiliers détruits ou endommagés une somme égale à la valeur en bourse au cours moyen du mois de leur admission à la cote des obligations reçues par lui en paiement, serait considéré comme ayant procédé au *remploi de la totalité* des sommes dont l'Etat s'est ainsi libéré envers lui.

L'article 212 donne aux sociétés coopératives de reconstruction qui ont reçu pour leurs membres, soit en règlements d'indemnités de dommages de guerre, soit à titre d'avances remboursables, des obligations de la Défense nationale, la faculté, *avec l'agrément préalable de leurs membres*, de répartir entre ceux-ci, proportionnellement au montant des travaux exécutés par chacun d'eux et de ceux compris dans le programme pour la réalisation duquel ces obligations ont été reçues, *la perte résultant de la différence entre la valeur d'émission des obligations et leur valeur de remploi.*

L'article 212 stipule la *dispense de l'obligation du remploi*, pour chaque adhérent de la société coopérative de reconstruction, à concurrence de sa part dans la perte de valeur ainsi répartie.

L'article 213 ne comporte aucun commentaire.

L'article 214 étend aux dommages *mobiliers* qui sont obligatoirement réglés en obligations de la Défense nationale par application de l'article 6 de la loi du 28 février 1923, les dispositions de l'article 13 de la loi du 28 décembre 1923, qui dispensait partiellement du remploi, en matière *immobilière*, le sinistré attributaire d'obligations de la Défense nationale lorsqu'il a affecté à la reconstitution une somme égale à la valeur en bourse des obligations reçues par lui en payement, au cours moyen du mois précédant l'émission de la réquisition.

Les dispositions de l'article 214 ont pour effet de dispenser le sinistré de la totalité du remploi tout en dispensant l'Etat de payer une soulte.

L'article 215 ne comporte aucun commentaire.

Interdiction de l'usage, pour la publicité commerciale, de prospectus présentant extérieurement l'apparence des avis comminatoires envoyés par les percepteurs aux contribuables négligents.

ART. 221. — *Est interdit l'usage de prospectus, affiches, tracts, etc., imitant les sommations et tous autres imprimés utilisés pour le recouvrement des impôts, contributions, taxes et revenus par les administrations de l'Etat, des départements, des communes et des établissements publics.*

Toute personne qui aura contrevenu aux dispositions qui précèdent sera punie d'une amende de 16 francs par exemplaire distribué en contravention aux dispositions du présent article.

L'exposé des motifs du Projet de loi de finances déposé par le Gouvernement indique que divers établissements commerciaux, et notamment des music-halls, des concerts et cinématographes, adressent au public des avis présentant extérieurement l'apparence des sommations adressées aux contribuables retardataires pour le paiement de leurs impôts directs : « ce procédé de publicité a donné lieu à de nombreuses plaintes; les destinataires ont fait observer que, remplissant ponctuellement leurs obligations fiscales, il leur était extrêmement désagréable de recevoir, par l'intermédiaire de leur concierge ou de leurs employés, des prospectus qui, par leur aspect extérieur, ressemblent de façon parfaite aux avis comminatoires envoyés par les percepteurs aux contribuables négligents. »

Le texte du Gouvernement a été modifié pour qu'il fût bien établi qu'il y aurait *autant de contraventions que d'exemplaires distribués*, sans quoi « la publicité se fût ingéniée à réaliser des tirages à des milliers d'exemplaires et alors la pénalité de 20 francs serait vraiment indiscernable dans le total des frais exposés. » (*Rapport* n° 537, sous l'article 268).

Modifications à la loi sur les retraites ouvrières et paysannes.

ART. 265. — *L'article 11, paragraphe 1, de la loi du 5 avril 1910 est complété et modifié ainsi qu'il suit :*

« § 1. — *Sont également et obligatoirement affectées, sous peine des sanctions prévues au premier alinéa de l'article 23 ci-après, au fonds de réserve les contributions patronales correspondant à l'emploi :*

» 1° — *Des salariés français et étrangers dont la retraite, constituée sous un régime résultant des dispositions de la présente loi ou de toutes autres dispositions légales ou réglementaires, est liquidée ou en instance de liquidation;*

» 2° — *Des salariés français et étrangers âgés de soixante ans ou plus, qui ne bénéficieraient d'aucune retraite constituée dans ces conditions.* »

ART. 266. — *Le second alinéa de l'article 23 de la loi du 5 avril 1910 est complété ainsi qu'il suit :*

« *Un délai de cinq ans, à dater du versement effectué par l'employeur, est accordé aux intéressés pour en demander le transfert à leur compte individuel. A l'expiration de ce délai, le versement est définitivement acquis au fonds de réserve.* »

La disposition qui précède est applicable aux versements effectués antérieurement ou postérieurement à la promulgation de la présente loi.

ART. 267. — *L'article 23 de la loi du 5 avril 1910 est complété ainsi qu'il suit :*

« Les employeurs qui, conformément aux dispositions figurant dans les cahiers des charges relatifs aux travaux de l'État, des départements et des communes, ont mis en réserve dans leur comptabilité les contributions patronales, devront, dans les six mois suivant la promulgation de la présente loi, effectuer le versement de ces contributions au fonds de réserve dans les conditions fixées au présent article. Le délai de cinq ans prévu à l'alinéa précédent s'applique à ces contributions. »

Bien que ces articles ne contiennent pas de dispositions fiscales à proprement parler, nous avons cru devoir, en raison de leur intérêt pratique, leur consacrer un rapide commentaire.

L'article 11 de la loi du 5 avril 1910 sur les *retraites ouvrières et paysannes*, prévoit que les salariés étrangers travaillant en France sont soumis au même régime que les salariés français. Mais ils ne peuvent bénéficier des contributions patronales et des allocations ou bonifications budgétaires que si des traités avec les pays d'origine garantissent aux nationaux français des avantages équivalents. Dans le cas contraire, les contributions patronales sont affectées à *un fonds de réserve*. Au fonds de réserve sont également affectées (§ 4) les contributions patronales correspondant à l'emploi des salariés français dont la retraite est déjà liquidée.

L'article 265 étend cette affectation obligatoire aux contributions patronales correspondant à l'emploi des salariés français ou *étrangers* dont la retraite est liquidée *ou en instance de liquidation*, et *des salariés français ou étrangers, âgés de soixante ans ou plus, qui ne bénéficieraient d'aucune retraite* constituée sous un régime résultant des dispositions de la loi du 5 avril 1910 ou d'autres dispositions légales ou réglementaires (1).

(1) Au moment où nous mettons sous presse, le ministère du Travail publie un avis précisant les obligations des employeurs relatives à l'emploi de salariés retraités ou âgés de plus de soixante ans :

Aux termes de l'article 265 de la loi de finances du 13 juillet 1925, les employeurs sont tenus de verser à la fin de chaque mois, à la caisse du percepteur, les contributions patronales fixées par la loi sur les retraites ouvrières pour tout salarié qui a cessé d'être soumis aux obligations de cette loi, soit qu'il soit bénéficiaire d'une retraite ouvrière ou de toute autre retraite constituée en vertu d'une législation ou d'une réglementation spéciale, soit qu'il ait atteint l'âge de soixante ans et ne bénéficie ou ne soit pas appelé à bénéficier d'une telle retraite. Ces contributions ne sont dues que pour les salaires dont la rémunération annuelle n'excède pas 10 000 francs.

Le versement desdites contributions doit être appuyé d'une déclaration indiquant les noms et prénoms des salariés employés, et les périodes d'emploi motivant ce versement.

Les employeurs pourront utiliser à cet effet les imprimés du modèle P. 285 en vente dans les imprimeries administratives.

Les mêmes versements devront être effectués pour l'emploi des salariés qui déclareront avoir demandé la liquidation de leur retraite ouvrière ou de la retraite

L'article 23, 1er alinéa de la loi du 5 avril 1910, prévoit que l'employeur ou l'assuré par la faute duquel l'apposition des timbres prescrite par la loi n'aura pas eu lieu sera condamné par le juge de simple police au payement de la somme représentant les versements à sa charge, et qui sera portée au compte individuel de l'assuré.

Le second alinéa du même article dispose que l'employeur qui aura été dans l'impossibilité d'apposer le timbre prescrit pourra se libérer de la somme à sa charge en la versant à la fin de chaque mois, directement ou par la poste, au greffier de la justice de paix ou à l'organisme, reconnu par la loi, auquel serait affilié l'assuré : tous les trois mois le greffier déposera les fonds qu'il aura ainsi touchés à la Caisse des dépôts et consignations, qui les versera au fonds de réserve, conformément à l'article 16-2° de la loi du 5 avril 1910.

L'article 266 ouvre aux intéressés un délai de cinq ans, *à dater du versement ainsi effectué par l'employeur*, pour demander que soit opéré le transfert de ces sommes à leur compte individuel; ce délai expiré, le versement est définitivement acquis au fonds de réserve.

Le second alinéa de l'article 266 rend ces dispositions applicables indistinctement à tous les versements ainsi effectués, qu'ils l'aient été avant ou après la promulgation de la loi du 13 juillet 1925.

L'article 267 rend applicables les dispositions de l'article 23 de la loi du 5 avril 1910 aux employeurs qui, en exécution des clauses de leur cahier des charges avaient mis en réserve dans leur comptabilité leurs contributions patronales; ils devront les verser effectivement, dans les six mois courant à partir du 13 juillet 1925, au fonds de réserve. Et les intéressés auront, conformément au précédent article 266, un délai de cinq ans, à dater du versement effectué par l'employeur, pour demander que soit opéré à leur compte individuel le transfert de ces sommes.

Sociétés d'habitations à bon marché.

ART. 321. — *Le premier paragraphe, et le tableau qui le suit, de l'article 2 de la loi du 5 décembre 1922, sont remplacés par les dispositions suivantes :*

« *Les avantages concédés par la présente loi s'appliquent aux maisons des-*

à laquelle ils auraient droit en vertu d'une législation ou réglementation spéciale.

Les prescriptions résultant de l'article 265 de la loi du 13 juillet 1925 n'apporteront aucune modification aux dispositions de l'article 23 de la loi sur les retraites ouvrières d'après lesquelles les employeurs peuvent se libérer des contributions mises à leur charge pour les salariés *soumis aux obligations de ladite loi*, en les versant *au greffe de la justice de paix*, lorsque les intéressés s'abstiennent de présenter leur carte d'assurance au moment du paiement de leur salaire.

tinées à l'habitation collective lorsque la valeur locative de chaque logement ne dépasse pas les maxima déterminés ci-après :

DÉSIGNATION	LOGEMENTS comprenant 3 pièces habitables ou plus de 9 mètres superficiels au moins avec cuisine et W. C. et ayant une superficie totale d'habitation entre les murs et cloisons d'au moins 45 mètres carrés.	LOGEMENTS comprenant 2 pièces habitables de 9 mètres superficiels au moins avec cuisine et W. C et ayant une superficie totale d'habitation entre les murs et cloisons d'au moins 35 mètres carrés.	LOGEMENTS comprenant 1 pièce destinée à 1 habitation de 9 mètres superficiels au moins et cuisine ayant une superficie totale d'habitation entre les murs et cloisons d'au moins 25 mètres carrés avec ou sans W. C.	LOGEMENTS comprenant 1 chambre isolée de 9 mètres superficiels au moins et ayant une superficie totale d'habitation entre les murs et cloisons d'au moins 15 mètres carrés avec ou sans W. C.
	1	2	3	4
1° Immeubles non situés dans la ville de Paris ou sa banlieue telle qu'elle est définie au 2°	1.092	873	655	386
2° Immeubles situés dans la ville de Paris et banlieue de la ville de Paris dans un rayon de 30 kilomètres à compter du point de départ du kilométrage des routes nationales.	1.310	1.092	764	4[illegible]

« Les chiffres de la colonne 1 seront augmentés d'un cinquième par pièce supplémentaire de 9 mètres superficiels au moins, à la condition que le logement de quatre pièces habitables soit attribué à une famille comprenant, au moment de l'entrée en jouissance, six personnes au moins, dont quatre enfants ou pupilles de la nation, âgés de moins de seize ans. Les logements comportant un nombre de pièces supérieur à quatre ne pourront être attribués qu'aux familles comprenant, par pièce supplémentaire, un nombre de personnes supérieur de deux au minimum ci-dessus. »

Cet article a pour objet de réajuster, en tenant compte de la hausse des valeurs locatives, les chiffres maxima fixés par l'article 2 de la loi du 5 décembre 1922, portant codification des lois sur les habitations à bon marché et la petite propriété, pour l'application des avantages concédés par la loi. Les chiffres anciens ne correspondaient plus aux prix actuels de construction et rendaient à peu près impossible l'obtention des avantages prévus par le législateur pour « encourager la construction de maisons salubres et à bon marché en faveur des personnes peu fortunées et notamment des travailleurs vivant principalement de leur salaire. »

———

13183. — Bordeaux. — Imp. Cadoret, 17, rue Poquelin-Molière.

www.ingramcontent.com/pod-product-compliance
Ingram Content Group UK Ltd.
Pitfield, Milton Keynes, MK11 3LW, UK
UKHW020953230726
13923UKWH00007B/293

9 782329 041544